应用型本科经济管理类专业基础课精品教材

统 计 学

主 编 胡春春

副主编 龙游宇 田苗苗 罗 云
　　　　熊国宝 宋 鸽 张文利

北京理工大学出版社
BEIJING INSTITUTE OF TECHNOLOGY PRESS

内 容 简 介

本书结合应用型人才培养的特点及实际工作者的需要进行编写，共包括10章内容，主要有统计概论、统计调查、统计整理、统计分析指标、抽样与参数估计、假设检验、相关与回归分析、时间序列分析与预测、统计指数、统计分析报告。本书内容全面、完整，各章开篇有引例，图表制作中增加了Excel操作，章后有思考与练习。通过本书的学习，学生可具备基本的统计思想，掌握基本的统计方法，培养应用统计分析方法和解决实际问题的能力，为进一步的学习和工作打好基础。

本书既可以作为高等院校统计学专业的教材，也可以作为其他专业的参考资料和教材。

版权专有　侵权必究

图书在版编目（CIP）数据

统计学/胡春春主编．—北京：北京理工大学出版社，2017.7（2019.2重印）
ISBN 978-7-5682-4559-3

Ⅰ. ①统… Ⅱ. ①胡… Ⅲ. ①统计学-高等学校-教材 Ⅳ. ①C8

中国版本图书馆CIP数据核字（2017）第192653号

出版发行 / 北京理工大学出版社有限责任公司
社　　址 / 北京市海淀区中关村南大街5号
邮　　编 / 100081
电　　话 /（010）68914775（总编室）
　　　　　（010）82562903（教材售后服务热线）
　　　　　（010）68948351（其他图书服务热线）
网　　址 / http：//www.bitpress.com.cn
经　　销 / 全国各地新华书店
印　　刷 / 河北鸿祥信彩印刷有限公司
开　　本 / 787毫米×1092毫米　1/16
印　　张 / 16.5　　　　　　　　　　　　　　　责任编辑 / 高　芳
字　　数 / 390千字　　　　　　　　　　　　　文案编辑 / 赵　轩
版　　次 / 2017年7月第1版　2019年2月第3次印刷　责任校对 / 周瑞红
定　　价 / 41.80元　　　　　　　　　　　　　责任印制 / 施胜娟

图书出现印装质量问题，请拨打售后服务热线，本社负责调换

前言

统计学是收集、整理、分析数据的方法论学科,与数据科学息息相关。几年前,奥巴马的数据团队通过收集、存储和分析选民数据帮助其获得了总统连任;马云领导的阿里巴巴早在2008年就已把大数据作为一项公司战略。在不知不觉中,世界已经进入了大数据时代。大数据是人类自身产生的一种新资源,与支撑传统经济发展的土地、石油、煤、水等自然资源不同,这种人造资源越用越多、越用越便宜、越用越有价值。以知识、创新、ICT(信息、通信、技术)、IT(互联网技术)、DT、人工智能为主要特征的新产业、新业态、新模式更多地依靠这种新资源。以大数据开发为基础的一大批产业将形成新的经济增长点,实现新旧动能转换,推动经济发展。随着大数据时代的到来,统计学也进入一个新的发展阶段。

当今社会,各行各业,包括政府、企业、个人等都希望从大数据这座金矿中挖掘出对自己有价值的金子,除了挖掘各种各样的数据外,最为关键的是与专业的数据分析技能相结合,而具备基本的统计理论和方法,拥有基本的收集、整理和分析统计数据的能力,已经成为人类自我发展的基本要求。

统计学在高等院校的经济、管理、工程技术等专业中属于必修课程,是实践性和应用性很强的方法论学科。随着我国市场化步伐的加快,无论是国民经济管理,还是公司企业乃至个人的经营、投资决策,都越来越依赖于数量分析,依赖于统计方法。统计方法已成为经济管理、生物、医学、心理、教育、体育等许多学科领域科学研究的重要方法。

对于高等院校来说,要培养能分析问题、解决问题,具有创新精神的人才,统计学是不可或缺的重要教学内容。统计学基本知识的掌握和能力的养成需要学生不断地学习和实践。

要学习,就需要好的教材。我国出版的统计学教材已经非常多,但随着大数据时代的来临、科技的发展、知识更新速度的加快,统计学教材也需要不断补充、更新和完善,出于此目的,编者组织编写了本书。通过本书的学习,学生能较好地掌握基本统计思想和各种定量分析方法,帮助其提高分析问题、解决问题的能力。本书的特色为:内容全面、完整,各章开篇有引例，有新意，逻辑严密，语言深入浅出、通俗易懂，理论联系实际，注重应用。本书图表制作及有关计算中增加了 Excel 操作，章后有思考与练习。由于篇幅的限制，本书中 Excel 实践操作的配套资源可在北京理工大学出版社的官网下载。

本书由韶关学院经济管理学院的胡春春副教授任主编，韶关学院经济管理学院的龙游宇、田苗苗、罗云，广东科技学院管理系的熊国宝、宋鸽和华南农业大学珠江学院的张文利任副主编。

在本书的编写过程中，参考了很多专家的研究成果，在此表示诚挚的感谢。由于编者时间和水平有限，书中难免有不足之处，恳请各位专家和读者批评指正。

编　者

目 录

第1章 统计概论 …………………………………………………………………… (1)

1.1 统计学的产生和发展 …………………………………………………………… (2)
- 1.1.1 统计学的萌芽 ……………………………………………………………… (2)
- 1.1.2 统计学的创始和流派 ……………………………………………………… (3)
- 1.1.3 统计学的发展 ……………………………………………………………… (4)
- 1.1.4 现代统计学 ………………………………………………………………… (5)

1.2 统计概述 ………………………………………………………………………… (6)
- 1.2.1 统计的含义 ………………………………………………………………… (6)
- 1.2.2 统计学的研究对象及其特点 ……………………………………………… (7)
- 1.2.3 统计的职能 ………………………………………………………………… (8)

1.3 统计的工作过程与统计研究的基本方法 …………………………………… (10)
- 1.3.1 统计的工作过程 …………………………………………………………… (10)
- 1.3.2 统计研究的基本方法 ……………………………………………………… (11)

1.4 统计数据分类 …………………………………………………………………… (12)
- 1.4.1 按计量内容和层次分 ……………………………………………………… (12)
- 1.4.2 按收集方法分 ……………………………………………………………… (13)
- 1.4.3 按时间状况分 ……………………………………………………………… (13)

1.5 统计学中的基本概念 …………………………………………………………… (14)
- 1.5.1 总体与总体单位 …………………………………………………………… (14)
- 1.5.2 标志、指标与变量 ………………………………………………………… (15)
- 1.5.3 指标体系 …………………………………………………………………… (17)

第 2 章 统计调查 (22)

2.1 统计调查概述 (23)
2.1.1 统计调查的概念及地位 (23)
2.1.2 统计调查的基本要求 (24)
2.1.3 统计调查的种类 (24)

2.2 统计调查方案的设计 (26)
2.2.1 确定调查方案 (26)
2.2.2 调查问卷的设计 (29)

2.3 统计资料的收集方法 (32)
2.3.1 统计报表 (32)
2.3.2 普查 (34)
2.3.3 概率抽样 (37)
2.3.4 非概率抽样 (39)

第 3 章 统计整理 (43)

3.1 统计整理的意义和步骤 (45)
3.1.1 统计整理的意义 (45)
3.1.2 统计整理的步骤 (46)

3.2 数据预处理 (47)
3.2.1 数据的审核 (47)
3.2.2 数据的筛选 (48)
3.2.3 数据的排序 (48)
3.2.4 数据透视表 (48)

3.3 品质数据的整理与图示 (49)
3.3.1 分类数据的整理与图示 (49)
3.3.2 顺序数据的整理与图示 (52)

3.4 数值型数据的整理与图示 (54)
3.4.1 频数分布表的制作 (54)
3.4.2 数值型数据的图示 (57)

3.5 统计表 (63)
3.5.1 统计表的概念和结构 (63)
3.5.2 统计表的设计技巧 (64)

第4章 统计分析指标 (70)

4.1 总量指标 (72)
4.1.1 总量指标概述 (72)
4.1.2 总量指标的种类 (73)
4.1.3 计算和运用总量指标应注意的问题 (75)

4.2 相对指标 (75)
4.2.1 相对指标概述 (76)
4.2.2 相对指标的种类 (76)
4.2.3 计算和运用相对指标应注意的问题 (80)

4.3 平均指标 (81)
4.3.1 平均指标概述 (81)
4.3.2 平均指标的计算 (82)
4.3.3 平均指标的应用原则 (92)

4.4 标志变异指标 (92)
4.4.1 标志变异指标概述 (93)
4.4.2 标志变异指标的计算 (93)

第5章 抽样与参数估计 (104)

5.1 抽样与抽样误差 (105)
5.2 参数估计 (106)
5.2.1 参数和统计量 (106)
5.2.2 点估计 (107)
5.2.3 区间估计 (108)

5.3 样本容量的确定 (111)
5.3.1 估计总体均值时样本容量的确定 (111)
5.3.2 估计总体比例时样本容量的确定 (111)

第6章 假设检验 (116)

6.1 假设检验概述 (117)
6.1.1 假设检验的基本思想 (117)
6.1.2 假设检验的步骤 (118)
6.1.3 两类错误和假设检验的规则 (119)

6.2 单侧检验和双侧检验 ………………………………………………………… (119)
6.3 总体参数的假设检验 ………………………………………………………… (120)
  6.3.1 总体均值的检验 ……………………………………………………… (120)
  6.3.2 总体成数的检验 ……………………………………………………… (122)
  6.3.3 总体方差的检验 ……………………………………………………… (123)

第7章 相关与回归分析 ………………………………………………………… (130)

7.1 变量间关系的度量 …………………………………………………………… (132)
  7.1.1 函数关系与相关关系 ………………………………………………… (132)
  7.1.2 相关关系的判断与测定 ……………………………………………… (133)
7.2 一元线性回归分析 …………………………………………………………… (139)
  7.2.1 一元线性回归模型 …………………………………………………… (139)
  7.2.2 参数的最小二乘估计 ………………………………………………… (141)
  7.2.3 回归直线的拟合优度 ………………………………………………… (143)
  7.2.4 回归分析的显著性检验 ……………………………………………… (145)
  7.2.5 利用回归方程进行预测 ……………………………………………… (147)
7.3 一元非线性回归分析 ………………………………………………………… (149)
  7.3.1 几种常见的非线性回归 ……………………………………………… (149)
  7.3.2 一元非线性回归的应用举例 ………………………………………… (151)

第8章 时间序列分析与预测 …………………………………………………… (158)

8.1 时间序列及分析指标 ………………………………………………………… (159)
  8.1.1 时间序列概述 ………………………………………………………… (159)
  8.1.2 时间序列的描述性分析 ……………………………………………… (163)
  8.1.3 预测方法的选择与评估 ……………………………………………… (167)
8.2 平稳序列的预测 ……………………………………………………………… (169)
  8.2.1 移动平均法 …………………………………………………………… (169)
  8.2.2 指数平滑法 …………………………………………………………… (171)
8.3 趋势性序列的预测 …………………………………………………………… (173)
  8.3.1 线性趋势预测 ………………………………………………………… (173)
  8.3.2 非线性趋势预测 ……………………………………………………… (175)
8.4 复合序列因素分析 …………………………………………………………… (177)
  8.4.1 复合序列因素分析概述 ……………………………………………… (177)

8.4.2 季节因素分析与分离 ……………………………………………………… (177)

第9章 统计指数 …………………………………………………………………… (188)

9.1 统计指数的概念、分类及作用 …………………………………………………… (190)
   9.1.1 统计指数的概念 …………………………………………………………… (190)
   9.1.2 统计指数的分类 …………………………………………………………… (190)
   9.1.3 统计指数的作用 …………………………………………………………… (192)

9.2 加权指数 …………………………………………………………………………… (192)
   9.2.1 加权综合指数 ……………………………………………………………… (192)
   9.2.2 加权平均指数 ……………………………………………………………… (195)

9.3 指数体系与因素分析 ……………………………………………………………… (198)
   9.3.1 指数体系 …………………………………………………………………… (198)
   9.3.2 因素分析 …………………………………………………………………… (198)
   9.3.3 总量指标变动的因素分析 ………………………………………………… (199)
   9.3.4 平均指标变动的因素分析 ………………………………………………… (203)

9.4 常用价格指数介绍 ………………………………………………………………… (206)
   9.4.1 居民消费价格指数和零售物价指数 ……………………………………… (206)
   9.4.2 农产品收购价格指数 ……………………………………………………… (206)
   9.4.3 进出口商品价格指数与贸易条件指数 …………………………………… (207)
   9.4.4 股票价格指数 ……………………………………………………………… (208)
   9.4.5 空间价格指数 ……………………………………………………………… (208)

第10章 统计分析报告 ……………………………………………………………… (215)

10.1 统计分析报告概述 ……………………………………………………………… (218)
   10.1.1 统计分析报告的概念与特点 …………………………………………… (218)
   10.1.2 统计分析报告的作用 …………………………………………………… (219)
   10.1.3 统计分析报告的种类 …………………………………………………… (220)

10.2 统计分析报告的结构格式 ……………………………………………………… (221)
   10.2.1 标题 ……………………………………………………………………… (221)
   10.2.2 导语 ……………………………………………………………………… (222)
   10.2.3 正文 ……………………………………………………………………… (222)
   10.2.4 结尾 ……………………………………………………………………… (223)

10.3 统计分析报告的说理方法 ……………………………………………………… (224)

  10.3.1 统计的方法 ………………………………………………………… (224)
  10.3.2 逻辑的方法 ………………………………………………………… (225)
  10.3.3 辩证的方法 ………………………………………………………… (225)
  10.3.4 综合运用说理方法 …………………………………………………… (225)
 10.4 统计分析报告的类型 ……………………………………………………… (226)
  10.4.1 说明型 ………………………………………………………………… (226)
  10.4.2 计划型 ………………………………………………………………… (227)
  10.4.3 总结型 ………………………………………………………………… (227)
  10.4.4 公报型 ………………………………………………………………… (228)
  10.4.5 调查型 ………………………………………………………………… (228)
  10.4.6 分析型 ………………………………………………………………… (228)
  10.4.7 研究型 ………………………………………………………………… (229)
  10.4.8 预测型 ………………………………………………………………… (229)
 10.5 统计分析报告的写作程序 ………………………………………………… (230)
  10.5.1 选择分析课题 ………………………………………………………… (230)
  10.5.2 拟定分析提纲 ………………………………………………………… (232)
  10.5.3 收集加工资料 ………………………………………………………… (232)
  10.5.4 分析认识事物 ………………………………………………………… (233)
  10.5.5 构思内容形式 ………………………………………………………… (233)

附录 …………………………………………………………………………………… (239)

 附录1 标准正态分布表 ……………………………………………………… (239)
 附录2 标准正态分布分位数表 ……………………………………………… (241)
 附录3 t 分布表 ……………………………………………………………… (243)
 附录4 χ^2 分布上侧分位数表 ………………………………………………… (245)
 附录5 F 分布上侧分位数表 ………………………………………………… (247)

参考答案 ……………………………………………………………………………… (253)

参考文献 ……………………………………………………………………………… (254)

第1章 统计概论

★教学目标

1. 了解统计学的产生和发展，了解统计学的各种流派
2. 掌握统计学的含义和研究对象，认识统计的职能
3. 掌握统计的工作过程和统计研究的基本方法
4. 掌握各种类型的统计数据的特征，掌握统计学中的基本概念

★知识结构图

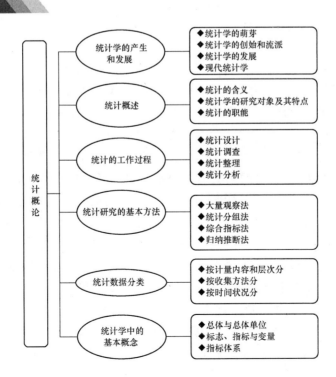

★ 引 例

原始的统计活动与方法

结绳记事（计数）：原始社会创始的以绳结形式反映客观经济活动及其数量关系的记录方式。结绳记事（计数）是被原始先民广泛使用的记录方式之一。文献记载："上古结绳而治，后世圣人易之以书契，百官以治，万民以察。"（《周易·系辞下》）

其结绳方法，据古书记载为："事大，大结其绳；事小，小结其绳，之多少，随物众寡"（《易九家言》），即根据事件的性质、规模或所涉数量的不同结系出不同的绳结。民族学资料表明，近现代有些少数民族仍在采用结绳的方式来记录客观活动。

虽然目前未发现原始先民遗留下的结绳实物，但原始社会绘画遗存中的网纹图、陶器上的绳纹和陶制网坠等实物均提示出先民结网是当时渔猎的主要条件，因此，结绳记事作为当时的记录方式是具有客观基础的。

到了今日，已没有人再用这种方法来记事，然而对于古代人来说，这些大大小小的结是他们用来回忆过去的唯一线索。这些"结"代表了最原始的统计活动。

统计学是一门很古老的科学，一般认为其学理研究始于古希腊的亚里士多德时代，迄今已有两千三百多年的历史。它源于研究社会经济问题，到目前已经渗透社会和自然科学各领域，是现代社会经济管理和科学研究的重要手段。

1.1 统计学的产生和发展

1.1.1 统计学的萌芽

"结绳记事"告诉人们，人类在原始蒙昧状态之下就开始了统计实践活动。可以推测，在原始社会部落酋长就需要知道自己部落的人口数、牲口数等。《尚书·禹贡》记述了夏禹时代（公元前22世纪）古中国分为九州，有人口约1 352万。《尚书·禹贡》记述的九州的基本土地情况，被西方经济学家推崇为"统计学最早的萌芽"。西周时古中国就建立了较为系统的统计报告制度。春秋时，齐国管仲就提出"不明于计数而欲举大事，犹无舟楫行于水，险也"，其中的"数"就是指一定范围内的人口、土地、财富等统计数字。秦时《商君书》中提出"强国知十三数"，其中包括粮食储备、各国人数、农业生产资料及自然资源等。可见当时的统治者就已经注意到了统计对于治理国家的重要意义，甚至制定了统计汇报制度。据《周礼·天官冢宰》和《周礼注疏》等记载，下级向上级报告称为"入其书"，其后发展为"上计"制度，也就是一种统计制度，凡人口、土地、财富、收入等均包括在"上计"这种报告制度之中。汉代规定，官吏误了"上计"期限，要受免职处分。北周《刑书要制》规定："正长（即地方基层官吏）隐没五户及十丁以上，皆处死。"隋朝《户律》规定："诸脱户（即漏报户口）者，家长徒（即强制犯人戴钳或枷劳动）三年。"古代的统计意识就是在这样的背景下发展起来的，可惜没有形成系统的统计理论。

与中国古代相类似,始于古希腊的亚里士多德撰写的"城邦政情"(Matters of State)或"城邦纪要"也是早期的统计。亚里士多德一共撰写了一百五十余种纪要,其内容包括各城邦的历史、行政、科学、艺术、人口、资源和财富等社会和经济情况的比较、分析,具有社会科学特点。此外,公元前27世纪,埃及为了建造金字塔和大型农业灌溉系统,曾进行了全国人口和财产调查。公元前15世纪,犹太人为了战争的需要进行了男丁的调查。大约公元前6世纪,罗马帝国规定每5年进行一次人口、土地、牲畜和家奴的调查,并以财产总额作为划分贫富等级和征丁课税的依据。15世纪至18世纪,欧洲出现了许多以报道国情为内容的统计著作。"城邦政情"式的统计研究延续了一两千年,直至17世纪中叶才逐渐被"政治算术"这个名词所替代,并且很快演化为"统计学"(Statistics)。统计学依然保留了"城邦"(State)这个词根。

1.1.2 统计学的创始和流派

17世纪中叶至18世纪中叶是统计学的创立时期。在这一时期,统计学理论初步形成了一定的学术派别,主要有国势学派和政治算术学派。

1. 国势学派

国势学派又称记述学派,产生于17世纪的德国。由于该学派主要以文字记述国家的显著事项,故称记述学派。其主要代表人物是海尔曼·康令和阿亨华尔。康令是第一个在德国黑尔姆斯太特大学以"国势学"为题讲授政治活动家应具备知识的学者。阿亨华尔在格丁根大学开设"国家学"课程,其主要著作是《近代欧洲各国国势学纲要》,书中讲述了"一国或多数国家的显著事项",主要用对比分析的方法研究了解国家组织、领土、人口、资源财富和国情国力,比较了各国实力的强弱,为德国的君主政体服务。因在外文中"国势"与"统计"词义相通,后来将其正式命名为"统计学"。该学派在进行国势比较分析中,偏重事物性质的解释,而不注重数量对比和数量计算,但为统计学的发展奠定了经济理论基础。但随着资本主义市场经济的发展,对事物量的计算和分析显得越来越重要。该学派后来发生了分裂,分化为图表学派和比较学派。

2. 政治算术学派

政治算术学派产生于17世纪中叶的英国,创始人是威廉·配第(1623—1687),其代表作是于1676年完成的《政治算术》(Politcal Arithmetic)一书。这里的"政治"是指政治经济学,"算术"是指统计方法。《政治算术》的问世,标志着统计学的诞生。《政治算术》是一部用数量方法研究社会问题的著作。在这部书中,他利用实际资料,运用数字、重量和尺度等统计方法对英国、法国和荷兰三国的国情国力,做了系统的数量对比分析,从而为统计学的形成和发展奠定了方法论基础。因此,马克思说:"威廉·配第——政治经济学之父,在某种程度上也可以说是统计学的创始人。"

★ 相关链接

威廉·配第简介

威廉·配第出生于英国的一个手工业者家庭,从事过许多职业,从商船上的服务员、水手到医生、音乐教授。他头脑聪明,学习勤奋,敢于冒险,善于投机,晚年成为拥有大片土地的大地主,还先后创办了渔场、冶铁和铝矿企业。马克思对配第的人品是憎恶的,说他是个"十分轻浮的外科军医",是个"轻浮的掠夺成性的、毫无气节的冒险家";但是对于他的经济思想给予极高的评价,称他为"现代政治经济学的创始者""最有天才的和最有创见的经济研究家",是"政治经济学之父,在某种程度上也可以说是统计学的创始人"。

英国资产阶级革命的胜利奠定了英国最先产生古典政治经济学的阶级基础。1640 年英国爆发资产阶级革命,英国资本主义经济迅速发展,工场手工业日趋兴盛,产业资本逐渐代替商业资本在社会经济中占据重要地位。配第代表新兴的产业资本的利益和要求,积极著书立说,为英国统治殖民地、夺取世界霸权寻找理论根据,他正是从这时开始研究经济学问题的。

政治算术学派的另一个代表人物是约翰·格朗特(1620—1674)。他以 1604 年伦敦教会每周一次发表的"死亡公报"为研究资料,在 1662 年发表了《关于死亡公报的自然和政治观察》的论著。书中分析了 60 年来伦敦居民死亡的原因及人口变动的关系,首次提出通过大量观察,可以发现新生儿性别比例具有稳定性和不同死因的比例等人口规律,并且第一次编制了"生命表",对死亡率与人口寿命做了分析,从而引起了普遍的关注。他的研究清楚地表明了统计学作为国家管理工具的重要作用。

1.1.3 统计学的发展

18 世纪末至 19 世纪末是统计学的发展时期。在这一时期,各种学派的学术观点已经形成,并且形成了两个主要学派,即数理统计学派和社会统计学派。

1. 数理统计学派

18 世纪,概率理论日益成熟,为统计学的发展奠定了基础。19 世纪中叶,把概率论引进统计学从而形成了数理学派。其奠基人是比利时的阿道夫·凯特勒(1796—1874),其主要著作有《论人类》《概率论书简》《社会制度》和《社会物理学》等。他主张用研究自然科学的方法研究社会现象,正式把古典概率论引进统计学,使统计学进入一个新的发展阶段。由于历史的局限性,凯特勒在研究过程中混淆了自然现象和社会现象的本质区别,对犯罪、道德等社会问题,用研究自然现象的观点和方法做出了一些机械的、庸俗化的解释。但是,他把概率论引入统计学,使统计学在"政治算术"所建立的"算术"方法的基础上,在准确化道路上大大跨进了一步,为数理统计学的形成与发展奠定了基础。

★相关链接

阿道夫·凯特勒简介

阿道夫·凯特勒出身于比利时甘特市的一个小商人家庭,1819 年(23 岁)在甘得大学获得博士学位。其 1823 年建议政府建立天文台,为了筹建工作,被派往法国学习,由此与拉普拉斯、泊松、傅立叶等人相识，并从拉普拉斯学习概率论；1827 游学英国伦敦；1829—1830 年先后到德国、法国、瑞士、意大利等国考察。据说，他曾偶然接触到人寿保险公司实际业务问题，这促成了他从事统计的研究。1823 年天文台建成后，其被任命为台长，并开始发表人口及犯罪方面的统计研究。1841 年成立的比利时中央统计委员会，由他任终身主席。

2. 社会统计学派

社会统计学派产生于 19 世纪后半叶，创始人是德国经济学家、统计学家克尼斯（1821—1889），主要代表人物有恩格尔（1821—1896）、梅尔（1841—1925）等。他们融合了国势学派与政治算术学派的观点，沿着凯特勒的"基本统计理论"向前发展，但在学科性质上认为统计学是一门社会科学，是研究社会现象变动原因和规律性的实质性科学，以此同数理统计学派通用方法相对立。社会统计学派在研究对象上认为统计学是研究总体而不是个别现象，而且认为由于社会现象的复杂性和整体性，必须整体地进行大量观察和分析，研究其内在联系，才能揭示现象的内在规律。这是社会统计学派的"实质性科学"的显著特点。

社会经济的发展，要求统计学提供更多的统计方法；社会科学本身也不断地向细分化和定量化发展，也要求统计学能提供更有效的调查整理、分析资料的方法。因此，社会统计学派也日益重视方法论的研究，出现了从实质性方法论转化的趋势。但是，社会统计学派仍然强调在统计研究中必须以事物的质为前提和认识事物质的重要性，这同数理统计学派的计量不计质的方法论性质是有本质区别的。

★ **相关链接**

恩斯特·恩格尔简介

恩斯特·恩格尔，19 世纪德国统计学家和经济学家，以恩格尔曲线和恩格尔定律闻名。他早年与法国社会学家弗雷德里克·勒普莱开展了对家庭的调查。恩格尔确信在家庭的收入与该户分配于食物和其他项目的支出之间，存在着一定联系。这是经济学中最早确立的定量函数关系之一。不仅如此，他还发现，收入较高的家庭用于食物的支出一般多于较穷的家庭，但食物开支在总预算中所占比重一般同收入成反比。从这一经验性规律出发，他进一步推断出，在经济发展过程中，相对于其他经济部门而言，农业将萎缩（1857 年）。1860—1882 年恩格尔在柏林任普鲁士统计局局长期间，以普鲁士统计局的名义为

发展和加强官方统计学做了大量工作。他对官方统计学的影响远不仅限于德国，1885 年他参与创立了国际统计学会。

1.1.4 现代统计学

现代统计学源于数理统计学派。数学家为了解释支配机遇的一般法则进行了长期的研究，逐渐形成了概率论理论框架。在概率论进一步发展的基础上，到 19 世纪初，数学家们逐渐建立了观察误差理论、正态分布理论和最小平方法则。于是，现代统计方法便有了比较

坚实的理论基础。现代统计学的代表人物首推比利时统计学家奎特莱（AdolpheQuelet），他将统计分析科学广泛地应用于社会科学、自然科学和工程技术科学领域，因为他深信统计学是可以用于研究任何科学的一般研究方法。到今天，统计学的范畴已覆盖了社会生活的一切领域，几乎无所不包，成为通用的方法论科学，被广泛用于研究社会和自然界的各个方面，并发展成为有着许多分支学科的科学。

现代统计学突破了传统的对已经发生和正在发生的事物进行统计的局限，统计预测和决策科学得到快速发展。20世纪30年代以来，特别是第二次世界大战以来，由于经济、社会、军事等方面的客观需要，统计预测和统计决策科学有了很大发展，使统计走出了传统的领域而被赋予新的意义和使命。这也就使得统计在现代化管理和社会生活中的地位日益重要。人们的日常生活和一切社会生活都离不开统计。英国统计学家哈斯利特说："统计方法的应用是这样普遍，在我们的生活和习惯中，统计的影响是这样巨大，以致统计的重要性无论怎样强调也不过分。"甚至有的学者还把当今时代叫作"统计时代"。

现代统计学不断吸收新的理论和方法，不断应用新的技术手段，统计科学和统计工作都取得了革命性的发展。首先，信息论、控制论、系统论与统计学的相互渗透和结合，使统计科学得到进一步发展和完善。信息论、控制论、系统论在许多基本概念、基本思想、基本方法等方面有着共通之处，三者从不同角度、侧面提出了解决共同问题的方法和原则。三者的创立和发展，彻底改变了世界的科学图景和科学家的思维方式，也使统计科学和统计工作从中汲取了营养，拓宽了视野，丰富了内容，出现了新的发展趋势。其次，计算技术和一系列新技术、新方法在统计领域不断得到开发和应用。近几十年来，计算机技术不断发展，使统计数据的搜集、处理、分析、存储、传递、印制等过程日益现代化，提高了统计工作的效能。计算机技术的发展，日益扩大了传统的和先进的统计技术的应用领域，促使统计科学和统计工作发生了革命性的变化。如今，计算机科学已经成为统计科学不可分割的组成部分。随着科学技术的发展，统计理论和实践在深度和广度方面也不断发展。

1.2 统计概述

1.2.1 统计的含义

"统计"一词有三种含义，即统计工作、统计资料和统计科学。统计工作、统计资料、统计科学三者之间的关系是：统计工作的成果是统计资料，统计资料和统计科学的基础是统计工作，统计科学既是统计工作经验的理论概括，又是指导统计工作的原理、原则和方法。

统计工作也称统计实践，或统计活动，是在一定统计理论指导下，运用科学的方法搜集、整理、分析和提供关于社会经济现象数量资料的工作的总称，是统计的基础。它是随着人类社会的发展，因治理国家和其他管理的需要而产生和发展起来的，已有四五千年的历史。现实生活中，统计工作作为一种认识社会经济现象总体和自然现象总体的实践过程，一般包括统计设计、统计调查、统计整理和统计分析四个环节。统计工作从产生之日起就是为一定的阶级服务的，无论是封建社会还是资本主义社会，其都是为代表少数人的统治阶级服务的，在社会主义社会则是为无产阶级服务的。因此，统计工作不仅受统计学理论和方法的指导，还受国家的制度、法律和政策的制约和影响。

统计资料也称统计信息，是指通过统计工作取得的用来反映一定社会经济现象总体或自然现象总体的特征或规律的数字资料、文字资料、图表资料及其他相关资料的总称，包括刚刚调查取得的原始资料和经过一定程度整理、加工的次级资料，其形式有统计表、统计图、统计手册、统计年鉴、统计公报、统计报告和其他有关统计信息的载体。

统计科学也称统计学，从理论上讲，其有广义和狭义之分。广义的统计学研究社会现象、自然现象和经济现象的数量关系，以通用的统计理论和方法为主要研究内容。狭义的统计学包括数理统计学、社会经济统计学以及由其派生出来的应用统计学和专业（部门）统计学。本书阐述的基础理论是社会经济统计学，它指的是研究如何搜集、整理和分析统计资料的理论与方法，是统计工作经验的总结和理论概括，是系统化的知识体系。此外，统计学还可分为描述统计学和推断统计学，前者是指统计学利用数据描述社会经济和自然的状态，后者则是指依据数据的形态建立一个用以解释其随机性和不确定性的数学模型，并以之来推论研究中的步骤及其母体。

1.2.2 统计学的研究对象及其特点

一般来说，统计学研究的对象是大量的社会经济现象总体的数量特征和数量关系，以及通过这些数量方面反映出来的客观现象发展变化的规律性，即通过对这些社会经济现象的数量表现、数量界限、数量变化以及数量与数量之间的相互关系的研究，总结出社会经济现象数量方面的规律性。统计学研究的社会经济现象有其时间、地点以及其他条件要求，既不同于社会学和经济学的研究，也不同于数学和应用数学的研究。从社会经济的角度来看，统计学的研究对象具有如下特点：

1. *数量性*

数量性是统计学研究对象的基本特点，数字就是统计的语言，数据资料是统计的原料。一切客观事物都有质和量两方面，没有无量的质，也没有无质的量。一定的质规定着一定的量，一定的量也表现为一定的质。从认识的角度，可以在一定的质的情况下，通过认识事物的量进而认识事物的质。因此，事物的数量是我们认识客观现实的重要方面，通过分析研究统计数据资料，研究和掌握统计规律性，就可以达到统计分析研究的目的。

例如，要分析和研究国民生产总值，就要对其数量、构成及数量变化趋势等进行认识，这样才能正确地分析和研究国民生产总值的规律性。我国国家统计局 2016 年 2 月发布的统计公报指出：2015 年我国国内生产总值 676 708 亿元，比上年增长 6.9%。其中，第一产业增加值 60 863 亿元，增长 3.9%；第二产业增加值 274 278 亿元，增长 6.0%；第三产业增加值 341 567 亿元，增长 8.3%。第一产业增加值占国内生产总值的比重为 9.0%，第二产业增加值比重为 40.5%，第三产业增加值比重为 50.5%，首次突破 50%。全年人均国内生产总值 49 351 元，比上年增长 6.3%。

2. *总体性*

统计学是以客观现象总体的数量作为其研究对象的。统计学的研究对象是自然、社会经济领域中现象总体的数量方面,即统计的数量研究是对总体普遍存在着的事实进行大量观察和综合分析,得出反映现象总体的数量特征和资料规律性。自然、社会经济现象的数据资料和数量对比关系等一般是在一系列复杂因素的影响下形成的。在这些因素中,有起决定和普遍作用的主要因素,也有起偶然和局部作用的次要因素。由于种种原因,在不同的个体中,它们相互结合的方式和实际发生的作用都不可能完全相同。所以,对于每个个体来说就具有一定的随机性质,而对于有足够多数个体的总体来说又具有相对稳定的共同趋势,显示出一定的规律性。

例如,全国人口普查的目的是全面掌握全国人口的基本情况,包括人口的总数、分布、构成、收入以及文化素质等,是为研究制定人口政策和经济社会发展规划提供依据,为社会公众提供人口统计信息服务,而不是为了了解某个人或家庭的基本情况。

3. 变异性

统计研究对象的变异性是指构成统计研究对象的总体各单位,除了在某一方面必须是同质的以外,在其他方面又要有差异,而且这些差异并不是由某种特定的原因事先给定的。这就是说,总体各单位除了必须有某一共同标志表现作为它们形成统计总体的客观依据以外,还必须在所要研究的标志上存在变异的表现。否则,就没有必要进行统计分析研究了。

例如,全国工业企业构成总体,其同质性是每家工业企业都是进行工业生产经营活动的,差异性则表现在各工业企业的行业特点、职工人数、工业生产总值、工业增加值、销售额、利润等方面各不相同。

1.2.3 统计的职能

统计的职能指的是统计在认识社会和管理社会中所具有的功能。统计要达到认识社会的目的,不仅需要科学的方法,而且需要强有力的组织领导。我国《统计法》第二条规定:"统计的基本任务是对经济社会发展情况进行统计调查、统计分析,提供统计资料和统计咨询意见,实行统计监督。"因此,概括地说,统计兼有信息、咨询、监督三种职能。

1. 信息职能

信息职能是统计部门根据科学的统计指标体系和统计调查方法,灵敏、系统地采集、处理、传输、存储和提供大量的以数据描述为基本特征的社会经济信息。

随着社会主义市场经济的发展,市场规模不断扩大,市场竞争越来越激烈,统计信息对企业的经营和发展发挥着越来越重要的作用。首先表现在企业内部生产过程上,统计信息成为指挥生产和反馈生产过程的重要手段。如原材料库存、在产品、半成品、产成品等方面的统计信息,就反映了生产过程中连续不断横截面上的数量特征,是分析生产过程正常与否的重要依据。此外,如生产计划的制订、生产调度等工作都得依靠统计信息。其次,从企业外部来说,众多方面的统计信息是企业经营胜败的关键。如产品销售的市场信息(既包括本企业的产品销售信息,也包括同类企业的产品销售信息,还包括市场份额在空间上分布的统计信息)就是企业进行下期经营决策的关键依据。再次,消费品市场、生产资料市场、资金市场、证券市场、劳动市场、技术市场、房地产市场和信息技术市场等与企业生产过程有关的统计信息对企业经营决策也起着重要作用。

市场统计信息不仅是企业经营决策的重要依据，也是宏观经济调控的重要依据，在宏观经济管理中起着重要作用。首先，统计信息在行业管理和地区管理决策中有着重要的作用。行业管理和地区管理是国民经济管理的重要组成部分，国民经济行业统计核算和地区统计核算是新国民经济核算体系的重要组成部分；其次，统计信息在国民经济管理决策中有着重要的作用，统计信息已成为国民经济管理决策的重要依据，统计信息在宏观经济形势判别和进行宏观经济运行决策中也有着重要作用，部分统计信息已成为决策或咨询的重要参考。

2. 咨询职能

咨询职能指利用已经掌握的丰富的统计信息资源，运用科学的分析方法和先进的技术手段，深入开展综合分析和专题研究，为科学决策和管理提供各种可供选择的咨询建议与对策方案。

统计咨询职能不是统计信息发布，它是将统计信息以商品的形式推向市场，实现统计有偿服务的重要手段。统计咨询的发展有利于统计工作的良性循环，有利于提高统计信息的质量，也有利于统计工作的进步。现代社会是信息爆炸的社会，提供高质量的统计咨询服务无论是对企业经营发展还是对保障国民经济正常运行都有重要意义，比如，全国人民代表大会召开期间，统计部门向人大代表提供统计咨询服务，便于人大代表正确了解国民经济，提出有价值的提案。

随着市场经济不断发展，统计咨询服务的内涵不断丰富，统计咨询服务的范围不断扩展，统计咨询服务行业也不断发展。统计咨询服务不再局限于提供若干条有用的信息，已经发展到向委托人提供所需的量化水平高、时效性和针对性强的分析报告等。民间的统计调查机构发展迅速，所提供咨询服务的范围从社会经济方面拓展到了自然和技术等方面。

3. 监督职能

监督职能指根据统计调查和分析，及时、准确地从总体上反映经济、社会和科技的运行状态，并对其实行全面、系统的定量检查、监测和预警，以促使国民经济按照客观规律的要求，持续、稳定、协调地发展。

统计监督职能是更高层次的社会服务，起到保证国民经济和社会发展不偏离正常轨道的监督作用。统计作为观察社会、经济和科技发展的"仪表"，用数字语言全面、准确、及时地反映社会主义市场经济建设过程和改革开放的成果，灵敏地跟踪各项政策的执行情况，关注与广大人民群众切身利益相关的社会分配制度、住房制度、社会就业与社会保障政策等问题，促使各级政府重视这些问题并采取积极有效的措施加以调控。目前，统计监督正在以先进的电子技术、宏观经济监督体、预警指标体系为手段，以真实可靠的统计数据为依据，提供及时准确的经济运作监控。

统计的三种职能是相互联系、相辅相成的。统计信息职能是保证咨询和监督职能有效发挥的基础；统计咨询职能是统计信息职能的延续和深化；统计监督职能则是在信息、咨询职能基础上进一步拓展并促进统计信息和咨询职能的优化。

1.3 统计的工作过程与统计研究的基本方法

1.3.1 统计的工作过程

当人们开始有意识地了解认识某个事物而开展统计实践活动时,一般会先设计一个方案,然后展开调查收集资料,最后对资料进行整理分析。也就是说,理论上讲,一次完整的统计活动包括四个阶段,即统计设计、统计调查、统计整理和统计分析。例如,要了解全国的中小企业发展状况,需要了解其整体规模、行业和区域分布、利润等情况,这需要在全国各地展开调研,是一项庞大而复杂的工作,通常是由国家统计局先设计一个方案,明确调查对象和指标体系,安排好工作分配和资料收集整理的模式,最后汇总分析。

1. 统计设计

统计设计是根据研究的目的和所要研究问题的性质,在有关学科理论的指导下,对统计工作的各个方面和各个环节全盘考虑和安排,制定统计指标、指标体系和统计分类,给出统一的定义、标准,同时提出收集、整理和分析数据的方案和工作进度等。这是统计工作的第一阶段,是有效组织统计工作的前提。

2. 统计调查

统计调查即统计数据的收集,即根据统计设计制定的调查方案,有计划、有目的地向每个总体单位收集资料的过程。统计数据的收集有两种基本方法:实验法和调查法。调查法主要有统计报表制度、重点调查、典型调查、抽样调查、普查等方法。统计就是用数据说话,各种数据都来源于统计调查,"没有调查就没有发言权"就指出了统计工作的重要性。统计调查是整个统计工作的基础。

3. 统计整理

统计整理就是按照统一的目的和要求,对调查收集的大量统计资料进行审核、加工整理和汇总,使之系统化、条理化,成为可以反映总体特征的综合资料的过程。在统计整理阶段,主要使用的方法包括统计分布,统计分组,分配数列,统计表、统计图的制作等。统计整理是统计调查的深入和继续,也是统计分析的基础和前提,起着承上启下的作用。

4. 统计分析

统计分析是应用各种统计分析方法对整理好的统计资料进行深入分析,从而认识和解释所研究对象的本质和规律性,进而提出建议和进行预测的活动过程。统计分析运用的主要方法有综合指标法、动态数列法、指数法、抽样法、相关分析法等,分析的结果一般要形成统计分析报告。统计分析是统计工作的最后阶段,是经过定量到最终定性的认识阶段。

统计工作的四个阶段是紧密联系的。统计设计是整个统计工作的准备阶段,是在初步的定性认识的基础上做出的安排;统计调查是统计整理和统计分析的基础,统计整理是统计调查的继续和发展,也是统计分析的前提;统计调查和统计整理一起通过搜集调查数据,并对数据进行加工整理形成定量认识;统计分析是统计工作得出最终成果的阶段,是在对统计资料深入分析的基础上形成新的定性认识。因此,统计工作的四个阶段是从定性认识开始,经过定量认识,再到新的定性认识的过程。统计工作的四个阶段可以通过图 1-1 来说明。

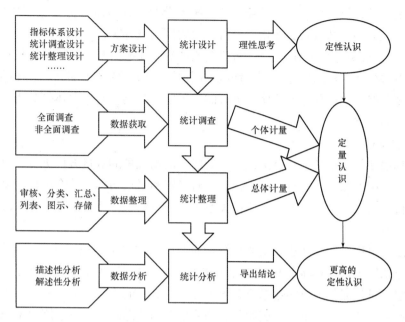

图 1-1 统计工作框架结构图

1.3.2 统计研究的基本方法

在长期的统计实践活动中,在无数统计工作实践经验的基础上,人们通过对大量社会经济现象数量方面研究的概括和总结,形成了社会经济统计的一系列专门的研究方法。这些研究方法因研究对象的复杂性而呈现出多样性特点,但其中最为基本和常用的方法仍然是大量观察法、统计分组法、综合指标法和归纳推断法。

1. 大量观察法

所谓大量观察法,是指对被研究现象总体的全部或足够多数的单位进行调查研究的方法,其主要依据为大数定律。个体现象数值的偶然差异在个体现象相当大量的情况下是会相互抵消的,这一原理称为大数定律。统计研究要运用大量观察法是由研究对象的大量性和复杂性决定的。大量的复杂的社会经济现象是在诸多因素的综合作用下形成的,各个单位往往由于受偶然因素的影响,其特征及数量表现差别很大。例如,一般人都认为新生儿的男女比例是1:1,而通过对新生儿性别的"大量观察"发现,实际比例大致为107:100。这是统计学最早研究的数量规律性之一。该方法主要用于统计调查阶段。

2. 统计分组法

社会经济现象是多层次、多种类的,是错综复杂的,只有运用统计分组法划分社会经济现象的类型,确定所研究现象的同质总体,才能为统计资料的加工整理和统计分析研究奠定基础。所谓统计分组法,就是根据统计研究的目的,结合研究对象的特点,按照一定的标志,把所研究的对象划分为不同类型但又相互联系的几个部门的统计研究方法。统计分组法是统计研究的基本方法,在统计工作的各个阶段都有意义。统计调查必须首先对社会经济现象类型加以分组,才能确定调查的范围,占有必要的资料;统计整理阶段也必须运用统计分组法将大量的原始资料进行加工整理和汇总；统计分组法还是统计分析过程中的重要方法，如分类分析现象内部的结构及其变化、分析现象之间的依存关系等。

统计分组（Statistical Grouping）是指根据统计研究任务的要求和研究现象总体的内在特点，把现象总体按某一标志划分为若干性质不同但又有联系的几个部分。总体的变异性是统计分组的客观依据。统计分组是总体内进行的一种定性分类，它把总体划分为一个个性质不同的范围更小的总体。

3. 综合指标法

综合指标法就是运用各种综合指标对社会经济活动现象的数量方面进行综合概括的分析方法。统计中常用的综合指标有总量指标、相对指标和平均指标，综合指标用来综合反映经济现象的规模、水平、结构、速度、比例关系等。该方法主要用于统计分析阶段。

4. 归纳推断法

归纳推断法也称统计推断法，指的是统计研究中，在一定的把握程度（置信度）之下，通过观察部分总体单位（样本）的数据来判断总体数量特征的归纳推理的方法。这一方法在人们所掌握的只是部分单位的数据或有限单位的数据，而人们所关心的是整个总体甚至是无限总体的数量特征时尤其重要。例如民意测验谁会当选总统、体育锻炼对增强心脏功能是否有益、某种新药是否提高了疗效、全国新生儿性别比例如何等，这时只靠部分数据的描述是无法获得总体特征的，因而可以利用归纳推断的方法来解决。归纳推断是逻辑归纳法在统计推理中的应用，所以称为归纳推理的方法。统计推断可以用于总体数量特征的估计，也可以用于对总体某些假设的检验，所以又有不同的推断方法。

以上方法在实际应用的过程中通常是彼此联系、相互结合的。统计分组法、综合指标法建立在大量观察法的基础上，而统计分组法又为综合指标法创造了前提条件。除以上四种方法外，统计分析研究还广泛运用动态分析法、指数分析法、平衡分析法、相关分析法等，这些方法是综合指标法的进一步发展。

1.4 统计数据分类

统计数据是采用某种计量尺度对事物进行计量的结果，采用不同的计量尺度会得到不同类型的统计数据。

1.4.1 按计量内容和层次分

从计量的内容和层次来看，统计数据可分为品质型数据和数值型数据。

1. 品质型数据

品质型数据主要是用以说明事物的品质特征，即类型、顺序等，不能用数值大小表示，其结果均表现为类别，也称为定性数据或品质数据（Qualitative Data）。品质型数据又可分为定类数据和定序数据，即分类数据和顺序数据。

定类数据指的是其取值表现为类别，但不区分顺序的数据，是按事物的某种属性对其进行平行的分类或分组的数据。如人口数据中，性别的取值表现为"男"或"女"且不区分先后顺序。此外，人口的籍贯、货币的种类以及产业的类型等都是定类数据。

定序数据指的是其取值表现为类别，但要区别先后或优劣的顺序的数据，是对事物之间等级差别和顺序差别的一种测度。例如，人可以根据年龄分为幼年、少年、青年、中年、壮年、老年等；满意程度可分为非常满意、比较满意、没有不满、不满意、很不满意几类。此外，人口的学历、职称、和产品的等级、品质等都是定序数据。

2. 数值型数据

数值型数据指的是说明社会经济现象的数量特征的数据，其特点就是其取值能够用数值来表现，因此也称为定量数据或数量数据（Quantitative Data）。收入 300 元、年龄 2 岁、考试 100 分、重量 3 千克等，这些数值就是数值型数据。数值型数据可以直接用算术方法进行汇总和分析，对品质型数据的数值则需特殊方法来处理。数值型数据根据其表现形式不同又可以分为定距数据和定比数据。

定距数据（Interval Data）是对事物类别或次序之间距离的测度的数据，通常使用自然或物理单位作为计量尺度，可以进行加、减运算以精确计算数据。例如，30 ℃和 20 ℃之间相差 10 ℃，－30 ℃和－20 ℃之间也是相差 10 ℃。再比如，1 等星比 2 等星亮 10 倍，0 等星比 1 等星亮 10 倍，－1 等星又比 0 等星亮 10 倍。定距数据可以进行加减运算，不能进行乘除运算。其原因为定距尺度中没有绝对零点（定距尺度中的"0"只是作为比较的标准）。

定比数据（Ratio Data）是由有绝对零点（"0"表示没有，或者是理论上的极限）的定比尺度计量形成的数据，其取值仍为数值，可以进行加减乘除运算。

定比数据与定距数据的区别在于是否有绝对零点，在定距数据中，"0"表示一个特定的数值，而在定比数据中，"0"表示"没有"或"无"。在实际生活中，"0"在大多数情况下均表示事物不存在，如长度、高度、利润、薪酬、产值等，所以在实际统计中，这些变量的取值不会出现负数。由于在定距尺度中"0"表示特定含义，因此有些书上把定距尺度看作定比尺度的特殊形式，对两者不加以区别。

1.4.2　按收集方法分

统计数据主要来源于两种渠道：一是直接的调查和科学的试验，这是统计数据的直接来源，称为第一手或直接的统计数据；二是别人调查或试验的数据，这是统计数据的间接来源，称为第二手或间接的统计数据。第一手统计数据搜集的组织形式有普查、抽样调查、统计报表、重点调查、典型调查等。第二手统计资料多来源于专业统计部门整理公布的统计资料。

1.4.3　按时间状况分

按照数据所反映的时间状况，可将数据分为时点型数据和时期型数据。

时点型数据是指反映某种社会经济现象在某一时点（或时刻）上的状态及发展水平的绝对数，其大小没有时间维度。例如，资产负债表中的期初资产、期末资产、流动资金、存款、黄金储备、外汇储备以及人口数等都是时点型数据。由于时点型数据测量的是某一时点上社会经济呈现的状态，在经济学中又将其称为存量。时点型数据具体数值的大小与时间间隔长短没有直接关系，通常是通过按期登记一次取得。时点型数据的指标不能相加或相加没有意义，如上一时刻的人口数加下一时刻的人口数是没有意义的。

时期型数据是指反映社会经济现象在一段时期内发展过程的总量的数据。例如，反映社会产品和劳务的生产、分配情况的国民生产总值（GDP）、劳动者收入总额、投资总额、流动资金增加额等都是时期型数据。时期型数据是在一定时期内测度的数据，具有连续统计的特点（时点型数据不具有连续统计的特点）。时期型数据的数值大小与所包括的时期长短有直接的关系，同一数据相加有意义，其结果反映的是更长时期内的状态。由于时期型数据是反映一定时期内发生的某种经济变量变动的数值，在经济学中又将其称为流量。

划分时点型数据和时期型数据对于理解经济活动中各种经济变量的关系及其特征和作用至关重要。例如在财富与收入这两个经济变量中，财富就是一个时点型数据（存量），它是某一时刻所持有的财产；收入则是一个时期型数据（流量），它是由货币的赚取或收取的流动率来衡量的。存量与流量之间有着密切的关系，流量来自存量，流量又归于存量之中，如一定的国民收入来自一定的国民财富，而新增加的国民财富则靠新创造的国民收入来计算。

1.5 统计学中的基本概念

1.5.1 总体与总体单位

1. 概念

总体（Population），也称统计总体，是指在统计工作中需要调查或统计的某一客观存在、某一社会经济现象或具有同一性质的所有个别单位的集合。构成总体的这些个别单位就是总体单位。总体和总体范围的确定，取决于统计研究的目的。例如，要调查中国的工业生产发展状况，全中国的工业企业就是一个总体，每一家在中国的工业企业都是一个总体单位。在性质上，中国的每家工业企业的经济职能是相同的，都是从事工业活动的基本单位。但是，如果要调查了解的是广东省工业生产发展状况，则广东省的工业企业就是一个总体。

总体是一个简化的概念，它可以分为自然总体和测量总体。所谓自然总体就是由客观存在的具有相同性质的许多个别事物构成的整体；自然总体中的个体通常具有多种属性，个体所具有某种共同属性的数值的整体称为一个测量总体。

如果统计总体中包括的单位数是有限的，称为有限总体；如果统计总体中包括的单位数是无限的，称为无限总体。

2. 基本特征

形成总体的必要条件，即总体必须具备的三个特性：同质性、大量性和变异性。

同质性是指构成总体的所有总体单位所具有的一个相同性质，它是将总体各单位结合起来的基础。例如全国的工业企业中的每一家企业，其共同性就是它们都是在我国从事工业生产的企业。同质性是统计总体的根本特征，只有个别事物具有同质性，统计才能通过对个别事物的观察研究，归纳和揭示出总体的综合特征和规律性。

大量性是指构成总体的总体单位要有足够多的数量，或者说要有足够多的同质单位构成总体，而不是个别或少数的单位。个别单位或少数单位往往具有特殊性和偶然性，不足以代表和说明总体的特征和规律。因此，大量性是构成总体的基本前提。只研究某家大型工业企业、某个地方的工业企业或某个工业生产行业都不能说明我国工业发展的状况，必须对各地区、各行业和各种规模的工业企业有大量的观察才能得出正确的结论。同理，要研究我国大学生毕业就业情况，只研究某高校、某个地区的高校或者某个专业的学生也不能得出正确的认识。

变异性又称差异性，指的是总体中的各总体单位除了在某一方面具有相同的性质之外，在其他方面或多或少地存在差异。例如，对于工业企业这个总体，每家工业企业在从事的具体生产活动、企业法人、员工人数以及产值等方面或多或少都存在差异性。再如，要调查了解某班同学（总体）的情况，作为班上的每个同学都是有差异的总体单位。

1.5.2 标志、指标与变量

在统计研究过程中，需要考察总体及总体单位与总体相联系的某个（某些）特征以及这些特征的数值分布情况，这就需要清楚标志、指标和变量的关系。

1. 标志

标志是用来说明总体单位的特征或属性的名称。例如，要调查了解全国劳动人口的状况，则每个劳动者的性别、年龄、民族、籍贯、收入和支出等在统计上都是标志。标志是依附于总体单位而存在的。一个总体单位可以有许多特征，需要用许多不同的标志加以说明。

标志按其是否可以用数值来表示可分为品质标志和数量标志（对应品质型数据和数值型数据）。品质标志是说明总体单位某方面属性的标志，这一属性不能用数值表示，如学生的姓名、性别、民族和籍贯等。数量标志则是表示总体单位的数量特征或数量属性的标志，其具体表现形式为数值，如学生的身高、体重、年龄等。标志在各个总体单位的表现称为标志表现。品质标志的标志表现为文字，数量标志的标志表现为数值。品质标志和数量标志如图1-2所示。

图1-2 品质标志与数量标志

标志按其变异情况可以分为不变标志和可变标志。不变标志即标志的具体表现是相同的或一致的。不变标志是统计总体同质性的体现，一个统计总体至少存在一个不变标志。可变标志即标志的具体表现不尽相同，如各个企业的职工人数、增加值等。可变标志是统计总体变异性的体现。

2. 指标

指标是用以反映社会经济现象的规模、水平、结构、比例、速度等数量特征和数量关系，以阐明社会经济发展规律的名称和具体表现。因此，对统计指标通常有两种理解和使用方法：一是概念性指标，用来反映总体现象总体数量状况的基本概念，例如年末全国人口总数、全年国内生产总值、国内生产总值年度增长率等。二是具体的统计指标，反映现象总体数量状况的概念和数值。例如，2015年年末全国就业人员74 432万人，全年对外贸易顺差255亿美元，规模以上工业企业实现利润总额8 152亿元，全社会固定资产投资55 118亿元，比上年增长26.7%等。

用科学的统计指标分析现象之间的数量关系、反映现象的规律性，是统计的中心任务之一。这要求加深对统计的认识，明确其特点。统计指标的三大特点：一是数量性。所有的统计指标都是可以用数值来表现的，这是统计指标最基本的特点。统计指标所反映的就是客观现象的数量特征，这种数量特征是统计指标存在的形式，没有数量特征的统计指标是不存在的。二是综合性。综合性是指统计指标既是同质总体大量个别单位的总计，又是大量个别单位标志差异的综合，是许多个体现象数量综合的结果。统计指标的形成都必须经过从个体到总体的过程，它是通过个别单位数量差异的抽象化来体现总体综合数量的特点的。三是具体性。统计指标的具体性有两方面的含义：其一是统计指标不是抽象的概念和数字，而是一定的具体的社会经济现象的量的反映，是在质的基础上的量的集合。这一点使社会经济统计和数理统计、数学相区别。其二是统计指标说明的是客观存在的、已经发生的事实，它反映了社会经济现象在具体地点、时间和条件下的数量变化。这一点又和计划指标相区别。

统计指标按照其反映的内容或其数值表现形式，可以分为总量指标、相对指标、平均指标和变异指标四种。总量指标是反映现象总体规模的统计指标，通常以绝对数的形式来表现，因此又称为绝对数，例如土地面积、国内生产总值、财政收入等。总量指标按其反映的时间状况不同又可以分为时期指标和时点指标。时期指标又称时期数，它反映的是现象在一段时期内的总量，如产品产量、能源生产总量、财政收入、商品零售额等。时期数通常可以累积，从而得到更长时期内的总量。时点指标又称时点数，它反映的是现象在某一时刻上的总量，如年末人口数、科技机构数、公司员工数、股票价格等。时点数通常不能累积，各时点数累计后没有实际意义。相对指标又称相对数，是两个绝对数之比，如经济增长率、物价指数、全社会固定资产增长率等。相对数的表现形式通常为比例和比率两种。平均指标又称平均数或均值，它反映的是现象在某一空间或时间上的平均数量状况，如人均国内生产总值、人均利润等。变异指标是指综合反映总体各单位标志值变异程度的指标，它用以反映总体中变量数值分布的离散趋势，或者说反映平均数代表现象一般水平的代表性程度。变异指标是说明总体特征的另一个重要指标，与平均数的作用相辅相成。一般来说，标志变动度越小，则平均数的代表性越大。标志变动度可用来说明现象的稳定性和均衡性，它和平均指标结合应用还可以比较不同总体标志值的相对差异程度。常用标志变动度指标有全距、四分位差、平均差、标准差等。

统计指标按其所反映总体现象的数量特性的性质不同可分为数量指标和质量指标。数量指标是反映社会经济现象总规模水平和工作总量的统计指标，一般用绝对数表示，如职工人数、工业总产值、工资总额等。质量指标是反映总体相对水平或平均水平的统计指标，一般用相对数或平均数表示，如计划完成程度、平均工资等。

由于统计指标反映一定社会经济范畴的内容，因此统计指标的确定，一方面必须和经济理论对范畴所做的一般概括相符合，要以经济理论为指导，设置科学的统计指标；另一方面，统计指标又必须是对社会经济范畴的进一步具体化，才能确切地反映社会经济现象的数量关系。如政治经济学对"劳动生产率"这个经济范畴做了一般的概括说明，即劳动生产率是表明单位劳动时间所创造的使用价值，但劳动生产率作为一个统计指标时，就必须明确规定其劳动时间是指工人的劳动时间，还是企业全体职工的劳动时间，即确定是工人劳动生产率还是全员劳动生产率。

3. 变量

在统计中把说明现象某种特征的概念称为变量，变量的具体表现为变量值，统计数据就是变量的具体表现。变量包括可变标志与所有的统计指标，标志值与指标值都是变量值。

根据变量值的数据的种类不同，变量可以相应地分为定类变量、定序变量和数值变量（即分类变量、顺序变量和数值型变量）等类型。定类变量是指变量值由定类数据来记录的变量。例如，性别就是一个定类变量，其变量值是表示男或女，经济类型也是一个定类变量，其变量值表示为集体经济、国有经济等。定序变量是指变量值由定序数据来记录的变量。例如，受教育程度是一个定序变量，其变量值可以表现为小学、初中、高中、大学等。数值变量是指变量值由数量数据来记录的变量，其数值一般是通过测量活动取得，带有计量单位，如产品产量、产品数量、年龄、时间等。而数值变量根据其取值的不同分为离散变量和连续变量。离散变量可以取有限个值，而且其取值都以整位数断开，如人数、产品数量等；而连续变量可以取无穷多个值，取值连续不断，如身高、体重等。

按变量的性质不同可以将变量分为确定性变量和随机变量。确定性变量是指影响变量值的变动有某种起决定性作用的因素，使该变量沿着一定的方向呈上升或下降变动，如国民生产总值、粮食总产量等，不同年份虽然会有波动，但长期趋势是上升的。随机变量是指变量值的大小没有一个确定的方向，带有偶然性，如某一时间内公共汽车站等车乘客人数、一段路中遇到的红灯个数等。

4. 统计标志、指标与变量的关系

标志和指标是两个既有区别又有联系的概念。两者的主要区别是：标志是说明总体单位特征的，而指标是说明总体特征的；标志有不能用数值表示的品质标志与能用数值表示的数量标志，然而不论什么指标，都是用数值表示的。标志与指标的主要联系是：统计指标的数值是从总体单位的标志值汇总得到的，如一个县的粮食实际入库总产量是所属各乡村粮食实际入库量的汇总数，一个工业主管局的总产量是所属各企业总产量的总和等；在一定的研究范围内，指标和数量标志之间存在着变换关系，当研究目的改变，如原来的总体变为总体单位，则相应的统计指标就变为数量标志了，反之亦然。

变量为可变的数量标志和所有的统计指标，并且所有的标志值和指标值都是变量值。有些可变的数量标志不是统计指标，但它属于变量。

1.5.3 指标体系

指标体系（Indication System，IS）指的是若干个相互联系的统计指标所组成的有机体，它是将抽象的研究对象按照其本质属性和特征的某一方面的标志分解成具有行为化、可操作化的结构，并对指标体系中每一构成元素（即指标）赋予相应权重的过程，是进行预测或评价研究的前提和基础。

例如，分析和评价一个国家的可持续发展综合国力状况如何，涉及经济、科技、社会、军事、外交、生态、环境等很多方面，采用一个或几个指标不足以分析和评价一个国家的可持续发展综合国力问题，需要建立一个可持续发展综合国力指标体系。我国根据可持续发展综合国力指标体系的设计原则和设计思路，分经济、军事、科技、生态、社会发展水平、国际影响等7个领域邀请了63位专家学者，通过分领域召开专家座谈会的形式，在课题组预先提出的指标体系的基础上，进行充分酝酿和讨论，最后确定了由经济力、科技力、军事力、社会发展程度、政府调控力、外交力、生态力7类85个具体指标构成的可持续发展综合国力指标体系。该指标体系的详细内容见表1-1。

表1-1 可持续发展综合国力指标体系

类别	二级指标	三级指标（具体指标）
经济力	人力资源	人口总数、文盲率、婴儿死亡率、平均预期寿命、人口自然增长率
	陆地资源	国土面积、可耕地面积、森林面积
	矿产资源（储量）	铁矿、铜矿、铝土矿
	能源资源（储量）	煤炭、原油、天然气保有储量、已探明地下水储量
	经济实力总量	国内生产总值、发电量、钢产量、水泥产量、谷物总产量、棉花总产量、能源消费量、一次能源生产量、资源平衡占GDP的比重，每一美元GDP所产生工业二氧化碳排放量
	经济实力人均量	人均国内生产总值、人均发电量、人均钢产量、人均水泥产量、人均粮食产量、每万人口煤保有储量、人均淡水资源总量、人均商业能源消费量
	经济结构	服务业增加值占GDP的比重
	经济速度	国内生产总值发展速度
	贸易构成	贸易占GDP的比重、货物和服务出口、货物和服务进口、外贸占世界贸易的比重
	财政金融	国际储备总额、外汇储备与短期债务的比例、上市公司市值占GDP的比重
科技力	科技成果	万人拥有专利数、科研成果对外转让
	科技队伍	科学家与工程师人数
	科技投入	科技投入占GNI（国民总收入）的比重
	科技活动	高技术产业占第三产业的比重，通信、计算机服务出口占总出口的比重，高技术产业的劳动生产率，第三产业在GDP中所占比重
军事力	军事人员	军事人员数、军队占劳动力的比重
	军事经济	军事支出占GDP的比重、军事支出占中央财政支出的比重、武器出口占总出口的比重、民用工业的军事动员能力
	核军事力量	核发射装置数、核弹头数、反导弹系统
社会发展程度	物质生活	每千人拥有医生数、人均卫生保健支出、医疗保健总开支占GDP的比重、农村居民人均居住面积、人均生活用电量、获得安全饮用水的人口占总人口的比重、社会负担系数、人口性别比、女性劳动力占总劳动力的比重、城市人口增长率、政府教育投入占国民收入的比重、福利开支占政府开支的比重
	精神生活	高等教育入学率、中等教育入学率、移动电话拥有率、成人识字率、个人计算机拥有率、电视人口覆盖率、万人上网人数、每万人口拥有电话机数

续表

类别	二级指标	三级指标（具体指标）
政府调控力	政府对经济干预能力	政府最终消费支出占GDP的比重、中央政府支出占GNP（国民生产总值）的比重、综合问卷调查（对政府长期行为做评估，如环境政策、科技政策、产业政策和制度创新能力等）
外交力	国际影响	综合问卷调查（对国际组织的参与，重要国家之间的首脑访问与会晤数量、对热点问题的介入能力、参与经济全球化程度）
生态力	生态系统服务价值	海岸带、热带林、温带/北方林、草原/牧场、潮汐带/红树林、沼泽/泛滥平原、湖/河、农田等生态系统

指标体系在微观领域也有体现，如评价服务行业（企业）的服务能力评价指标体系（图1-3）。

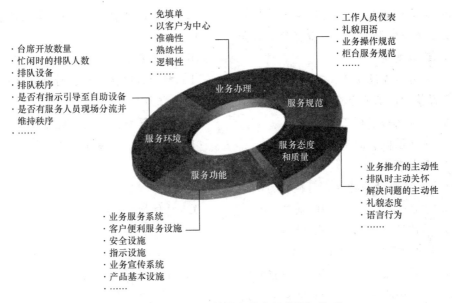

图1-3 某服务行业的服务能力评价指标体系

思考与练习

一、思考题

1. 为什么统计学会存在众多流派（学派）？
2. 国家为什么要专门为统计工作立法（《统计法》）？
3. 作为具有浓厚数学背景的学科，统计学专业的学生为什么还可以授予经济学或管理学学位？
4. 从统计发展的历程及计算机技术进步的角度来看，统计学的发展方向会怎么变化？
5. 简述社会经济统计学的研究特点。
6. 什么是统计总体和总体单位，如何认识两者的关系？

7. 标志是如何分类的？
8. 变量是如何划分的？
9. 简述标志与指标之间的区别与联系。
10. 统计工作的职能有哪些？
11. 简述我国社会经济统计工作的组织。

二、单项选择题

1. 统计的含义有三种，其中基础是(　　)。
   A. 统计学　　　　B. 统计方法　　　　C. 统计工作　　　　D. 统计资料
2. 对30名职工的工资收入进行调查，则总体单位是(　　)。
   A. 30名职工　　　　　　　　　　B. 30名职工的工资总额
   C. 每一名职工　　　　　　　　　D. 每一名职工的工资
3. 下列属于品质标志的是(　　)。
   A. 某人的年龄　　B. 某人的性别　　C. 某人的体重　　D. 某人的收入
4. 商业企业的职工人数、商品销售额是(　　)。
   A. 连续变量　　　　　　　　　　B. 离散变量
   C. 前者是连续变量，后者是离散变量　　D. 前者是离散变量，后者是连续变量
5. 了解某地区工业企业职工的情况，下列属于统计指标的是(　　)。
   A. 该地区每名职工的工资额　　　B. 该地区职工的文化程度
   C. 该地区职工的工资总额　　　　D. 该地区职工从事的工种

三、多项选择题

1. 社会经济统计的特点，可概括为(　　)。
   A. 数量性　　　　B. 同质性　　　　C. 总体性
   D. 具体性　　　　E. 社会性
2. 统计学的研究方法有(　　)。
   A. 大量观察法　　B. 归纳推断法　　C. 统计模型法
   D. 综合分析法　　E. 直接观察法
3. 下列标志属于品质标志的是(　　)。
   A. 学生年龄　　　B. 教师职称　　　C. 企业规模　　　D. 企业产值
4. 下列属于离散型变量的是(　　)。
   A. 年龄　　　　　B. 机器台数　　　C. 人口数　　　　D. 学生成绩
5. 总体、总体单位、标志、指标，这几个概念间的相互关系表现为(　　)。
   A. 没有总体单位就没有总体，总体单位也离不开总体而独立存在
   B. 总体单位是标志的承担者
   C. 统计指标的数值来源于标志
   D. 指标是说明统计总体特征的，标志是说明总体单位特征的
   E. 指标和标志都能用数值表现
6. 指标和标志之间存在着变换关系，是指(　　)。
   A. 在同一研究目的下，指标和标志可以对调

B. 在研究目的发生变化时，指标有可能成为标志
C. 在研究目的发生变化时，标志有可能成为指标
D. 在不同研究目的下，指标和标志可以相互转化

7. 在说明和表现问题方面，正确的定义是(　　)。
   A. 标志是说明总体单位特征的　　　B. 标志是说明统计总体特征的
   C. 变异是可变的数量标志的差异　　D. 变量是可变的数量标志
   E. 标志值是变量的数量表现

四、技能实训题

1. 上网搜集家乡（县市级）的统计公报，并相互比较讨论社会经济发展的质量。
2. 讨论应当如何学好统计学。

统计调查

★教学目标

1. 了解统计调查的意义和种类
2. 了解统计调查的基本要求
3. 掌握统计调查的分类、统计调查方案的设计和统计调查方法
4. 能够根据调查目的和客观实际情况，采用正确的调查方法，准确、及时地收集统计资料

★知识结构图

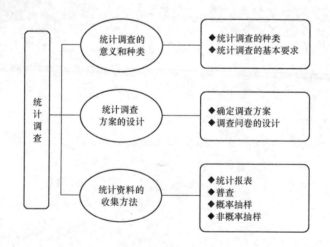

★引 例

价格调查采取的调查方法有哪些？

居民消费价格（CPI）调查，就是从成千上万种的商品和服务项目中按科学的抽样调查

方法抽选出一部分用来进行调查，而不是用全部商品和服务项目，这实际上就是统计术语中的抽样调查与重点调查的综合应用。CPI 调查的方法可以从理论和实践两方面来说。从理论上来看，CPI 调查采取的是抽样调查和重点调查相结合的方法。它既克服了重点调查受主观因素确定调查对象的影响，又吸收了抽样调查采取随机抽样的优势。从实际工作来看，价格调查的主要方法是：定人、定点、定时，直接对采价网点的代表规格品进行价格采集。在保证价格数据准确的前提下，也可以采取其他科学易行的方法调查，如聘请商家辅助调查员或联络员利用电脑采集价格直接上报或联网直报。

资料来源：国家统计局城市司. 价格调查采取的调查方法有哪些？

随着统计信息化程度的提高，调查手段的不断发展，今后 CPI 的调查方法也将逐步完善。现在已有部分城市利用手持数据采价器在市场上采价，当时采价即时报送，提高了数据的时效性和准确性。

2.1 统计调查概述

2.1.1 统计调查的概念及地位

统计调查是整个统计工作过程的基础环节，这个环节主要是为后续的统计整理和统计分析收集丰富而合乎实际的统计信息资料，进而达到对所研究现象的感性认识。统计调查是人们认识各种社会经济现象总体的开始，因此统计调查工作的质量，直接决定着整个统计工作的质量。

1. 统计调查的概念

统计调查与一般的社会调查一样，同属于调查研究的范畴。统计调查是根据统计研究的目的和要求，运用科学的调查方法，有计划、有组织、系统地向调查单位搜集实际数据信息资料的工作过程。例如，要研究某国国民经济的发展情况，就要搜集构成该国国民经济的各个行业、各个部门、各个要素的实际资料；要研究某个企业的生产情况，就要搜集反映该企业生产情况的有关实际资料。这些搜集的实际资料主要包括原始资料和次级资料两种。原始资料是指向调查单位收集的反映总体单位特征的、尚未进行加工整理的资料，如各项经济活动取得的原始记录、企业统计台账、调查问卷答案、实验结果等。次级资料是指已经经过一定的加工整理，在一定程度上能够说明总体特征的统计资料，如统计年鉴、会计报表，从报纸、杂志、网络中获取的数据资料等。

2. 统计调查的地位

由于次级资料都是从原始资料整理而来的，所以统计调查的基本任务，主要是准确、及时、全面、系统地搜集和统计与研究任务有关的原始资料，而这些以数字资料为主体的原始资料，是统计整理和统计分析的前提和基础。只有搞好统计调查工作，才能取得真实的反映社会经济现象的原始资料，才能对原始资料进行整理和分析，达到对社会经济现象规律性认识的目的，进而预测其未来发展趋势。因此，统计调查在整个统计工作中占据着非常重要的位置。

2.1.2　统计调查的基本要求

统计资料是国家管理机构等相关部门编制工作计划、制定相关政策的重要参考，也是检查和监督计划、政策执行情况的依据。收集统计资料必须做到准确、及时、全面和系统，这是对统计调查的基本要求。

1. 准确性

统计资料的准确性是指各项统计数字要真实可靠，能够如实反映客观情况。准确性是统计工作的生命线。但要求数字绝对准确是不可能的，因为有些误差难以避免。在调查过程的各个环节上，应该以科学的方法、严谨的态度开展工作，争取把调查误差控制在最小限度，使统计资料最大可能地反映实际情况。

2. 及时性

统计资料的及时性也就是时效性。它是指调查资料要在统计调查方案规定的调查期限内搜集并报送完毕。统计资料的准确与否、收集与上报的及时与否，直接影响到整个统计工作的质量，关系到统计工作的成败，也关系到统计资料能否充分发挥作用，所以准确性和及时性是衡量统计工作质量的重要标志。

3. 全面性

统计资料的全面性有两个层面的含义：一方面是指调查单位的全面性，即清点调查表的份数，检查应收回调查表是否如数收回；另一方面是指调查项目的全面性，即审阅每份调查表的调查项目，发现漏填项目要及时与调查单位联系，把资料补齐。调查单位、调查项目应尽量全面才能准确反映所研究个体的特征。

4. 系统性

统计资料的系统性是指在收集统计资料之前要做好充足准备工作，弄清楚调查对象、调查主客体、调查的目的、调查工作开展的流程，在调查过程中要做好调查资料的数据统计以便后续的整理分析。统计调查结束后要做好调查资料的总结工作，对调查结果以及必要的统计资料分析结果上报和进行交接。

2.1.3　统计调查的种类

客观事物的复杂性和统计研究目的的多样性，决定了统计调查方法的多样性。进行统计调查，必须根据统计研究的目的和调查对象的特点，选择合适的调查方式方法。统计调查可以从不同的角度，按不同的标准进行分类。

1. 全面调查和非全面调查

按照调查对象所包括的范围不同，统计调查分为全面调查和非全面调查。

全面调查是对构成调查对象的所有总体单位全部进行调查登记的一种调查方法。这是统计调查最基本的分类。在全面调查的情况下，被研究总体的所有单位都要被调查到。例如，2010年为了研究我国人口数量、性别比例、年龄结构、民族构成、受教育程度等人口问题而进行的第六次全国人口普查，就属于全面调查。全面统计报表和普查都是全面调查。

非全面调查是对构成被研究现象总体的一部分单位进行调查，主要包括抽样调查、重点调查和典型调查。例如，为掌握我国高等学校应届毕业生就业的基本情况，从中选择一部分重点院校的应届毕业生进行调查；为了解某地区居民家庭的消费水平情况，从该地区的居民家庭中随机抽取出一部分家庭进行调查，这些都属于非全面调查。虽然非全面调查不能够取得全面资料，但是因为调查单位少，所以可以节省人力、物力和时间，可以灵活、深入地对现象进行调查研究，在有些情况下，能够取得费力小、收效大的效果。非全面调查的优越性已经被人们认识，并在许多领域广泛应用。

2. 统计报表和专门调查

按照组织形式不同，统计调查可分为统计报表和专门调查。

统计报表是以原始记录为依据，按照一定的表格形式、时间要求和报送程序，定期向上级主管部门或国家统计部门提供和报送统计资料的一种调查方式。统计报表以全面统计报表为主，主要用于国家统计部门和各业务主管部门定期取得系统而全面的基本统计资料，掌握国民经济和社会发展的基本情况。统计报表在使用时必须遵守统计报表制度的相关规定，根据调查目的、调查范围、调查内容及表式等要求开展调查工作。

★相关链接

工业统计报表制度的统计范围为规模以上工业法人单位，即年主营业务收入2 000万元及以上的工业法人单位。按照"先进库，再有数"的原则，统一确定纳入一套表范围的调查单位。国家统计局普查中心负责组织相关专业部门共同确认分地区、分专业的调查单位，生成调查单位库。新建单位，因改制、重新注册、合并或拆分发生变化的单位，名称变更的单位每月调整一次；规模变动、破产、关闭等的单位，行政区划跨省变动、主要业务活动跨专业变动或组织机构代码变更的单位每年调整一次；单位的其他信息变更每月调整一次。辖区内规模以上工业法人单位按照在地原则对工业企业产销状况、财务状况、成本费用情况、主要工业产品销售、库存和生产能力以及企业生产经营景气状况等进行统计。

专门调查是指为了研究某些专门问题而专门组织的统计调查。这种调查的组织机构不是常设的，而是根据研究目的和任务临时设置的。专门调查属于一次性调查，包括普查、重点调查、典型调查和抽样调查等。

3. 经常性调查和一次性调查

按照调查资料的登记时间是否连续，统计调查可以分为经常性调查和一次性调查。

经常性调查是随着被研究现象情况的发展变化，将变化情况进行连续不断的登记。经常性调查的资料可以说明发展变化的过程，体现现象在一段时期的总量。例如，为得知国民经济总量在某个月内的变化情况，就要在一个月的时间内，对国民经济的变动情况进行连续不断的登记；为掌握某地区2015年养老保险资金的发放额度，就要对该地区在2015年期间养老保险资金的发放情况进行连续不断的登记。当然，对于进行调查的单位或部门来讲，往往要通过一段时间（如按月、按旬）才向调查单位搜集资料，但对于提供资料的各基层单位来说，仍需要对调查项目的承担者（调查单位）的发展变化情况进行连续不断的登记，才能提供准确的数据。

一次性调查是间隔一定时间而进行的调查。一次性调查的资料主要反映现象在一定时点上的状况。例如，工业普查、人口普查及对产品库存量的调查等，都属于一次性调查。一次性调查并不意味着只对某种现象进行一次调查,以后不再调查,而是指对某种现象的调查登记是通过一次性登记完成的,而没必要经常不断地登记。一次性调查可以是定期的,也可以是不定期的。例如,每 10 年进行一次的全国人口普查、第三次全国农业普查等都属于定期的,而科技普查一般属于不定期的。

2.2 统计调查方案的设计

2.2.1 确定调查方案

统计调查是一项涉及面广、程序步骤多、要求严格的科学工作。一项全国性的统计调查,往往需要动员成千上万的人协同工作才能完成。为了顺利完成调查任务,在调查之前需要设计一个完整的统计调查方案,使统计调查工作有计划、有组织地进行。统计调查方案是保证调查工作顺利开展,及时完成搜集统计资料工作的纲领性文件,一个完整的统计调查方案应该包括以下基本内容:

1. 调查目的

设计调查方案的首要问题是明确调查目的。明确调查目的就是要明确调查要解决的问题是什么。只有明确了调查目的,才能确定向谁调查,调查什么,以及用什么样的方法进行调查等问题,才能在调查工作中有的放矢。否则,调查得到的资料可能并不都是需要的,或者需要的资料却没能得到,在人力、物力和时间方面造成不必要的浪费,影响整个统计工作的进程。

★相关链接

固定资产投资价格调查的目的在于及时、准确地反映全社会及各类工程固定资产投资中涉及的各类投资品和取费项目价格的变动趋势和变动幅度,消除按现价计算的固定资产投资指标中的价格变动因素,真实地反映全社会及各类工程固定资产投资的规模、速度、结构和效益,为国家及各部门科学地制订、检查固定资产投资计划和进行国民经济核算提供科学、可靠的依据。

2. 调查对象

针对错综复杂的社会经济现象,科学地确定调查对象具有十分重要的意义。确定调查对象就是要确定有关社会经济现象总体的范围和界限,避免因界限不清而导致调查登记的重复或遗漏,保证资料的准确性。

确定调查对象的关键是从质的方面划分现象的类别,明确现象之间质的界限,从而确定调查对象的范围。例如,在对某省规模以上工业企业进行全面调查时,以该省所有的规模以上工业企业为调查对象,关键是把规模以上工业企业和规模以下工业企业区别开。按照国家规定,规模以上工业企业是指年主营业务收入在 500 万元及以上的工业企业。又如,为全面了解某地区所有的农村居民的生产、收入、消费、积累和社会活动等情况,进行农村住户调查，以该地区农村常住户为调查对象，除明确农村的范围之外，还要划分农村住户和城镇住户之间的界限、常住户和暂住户之间的界限。

3. 调查单位

调查对象是根据调查目的确定的、需要进行调查的某种社会经济现象的总体，它是由许多调查单位组成的。调查单位是构成调查对象的个体，是所要调查的具体单位。例如，我国工业普查的普查对象（调查对象）是全部工业企业，调查单位是每家工业企业；当对某城市所有中学的基本情况进行调查时，调查对象是该市所有的中学，调查单位是其中的每所中学。又如，我国农村住户固定资产投资抽样调查的调查对象是调查村的住户，其中的每一住户是调查单位。注意，不要把调查单位理解为从事调查工作的部门或单位。明确调查单位，还要明确调查单位与填报单位、总体单位的区别。

填报单位是按规定的时间和表式，负责提交调查资料的单位，一般是基层企事业单位或社团组织等。在许多调查中，调查单位与填报单位是一致的，但有时是不一致的。例如，在全面调查某省钢铁工业企业的能源消耗情况时，该省的每家钢铁工业企业既是调查单位，也是填报单位；但如果要调查这些企业中职工的工资情况，调查单位是这些企业中的每位职工，而填报单位依然是每家企业，此时调查单位与填报单位则是不一致的。

在全面调查中，所有的总体单位同时也是调查单位，总体单位和调查单位是一致的。而在非全面调查中，仅有一部分总体单位是调查单位，二者是不一致的。例如，当调查某地区房地产开发企业的基本情况时，该地区的每家房地产开发企业既是总体单位，也是调查单位；而如果只是对其中的一部分企业进行调查，调查单位只是被调查的每家企业。

4. 调查项目

调查项目是指对调查单位所要调查的主要内容，或者说是所要调查的主要事项的名称。通常以调查单位的有关标志为调查项目，有些情况下用某种标志把调查对象划分为若干个组，以说明各组特征的名称为调查项目。调查单位是调查项目的承担者。

★相关链接

我国劳动力调查制度规定，劳动力调查项目分为按户填报的项目和按人填报的项目。按户填报的项目包括户编号、户别、居住人口数、外出不满半年人口数、住房来源5个项目。按人填报的项目包括姓名、与户主关系、性别、出生年月、户口登记情况、受教育程度、婚姻状况、就业失业状况、工作时间、工作报酬、职业、未工作原因等29个项目。

在确定调查项目时，除了要依靠调查项目和个别研究现象的特点之外，还应注意以下几个问题：

（1）需要与可能相结合。确定的调查项目应当既是调查任务所需要的，又是能够取得确切资料的项目。对于不必要的项目，或者虽然需要但不可能取得资料的项目，应当加以限制。

（2）调查项目要有确切的含义、统一的解释。每个调查项目都应该有确切的含义和统一的解释，避免调查者或被调查者对调查项目有各自不同的理解，使调查结果无法汇总。

（3）调查项目之间要相互联系和衔接。各调查项目之间应该尽可能地相互联系和衔接，这样便于从整体上研究调查对象的特征,也便于有关项目之间相互核对,保证调查资料的质量。

(4) 调查项目之间要有连贯性。现行的调查项目与过去同类的调查项目之间要有连贯性,便于进行动态对比,有利于研究现象发展变化的规律性。

5. 调查表

调查表是将调查项目按一定的顺序加以排列而形成表格,是统计调查中收集原始资料的重要工具。调查表不仅有助于清晰地记录调查资料,而且有助于调查资料的整理汇总。

调查表主要有单一表和一览表两种形式。单一表是在一份表上只登记一个调查单位的项目,一览表则是在一份表上登记多个调查单位的项目。通常情况下,在调查项目较多时,使用单一表;在调查项目不多时,使用一览表。单一表容纳了较多的调查项目,便于在汇总整理时按多种标志进行分组;一览表包含了许多调查单位共同的调查项目,不仅在填表时省时省力,而且便于对调查单位之间的资料进行比较,便于检查资料的正确性。

为了使填表者能够正确填写调查表,必须附有填表说明和项目解释。填表说明用以提示填表时应注意的事项;项目解释则是说明调查表中某些项目的含义、包括的范围和计算方法等。填表说明和项目解释必须以国家制定的统一标准为依据,以保证统计调查中分类目录、统计编码和计算方法等方面的标准化。

6. 调查时间

调查时间是指调查资料所属的时间,分为时期和时点两种。明确规定调查时间对于确保调查资料的准确性,避免资料的重复和遗漏有重要意义。如果要调查的是时期现象,调查时间就是调查资料所反映的起讫时期。例如,在调查某交通运输公司2015年完成的旅客运输量时,调查时间是一个时期(一年),也就是从2015年1月1日至12月31日,调查所得的旅客运输量应该是该公司在2015年期间累计完成的旅客运输量。如果要调查的是时点现象,调查时间就是调查资料所规定的标准时点。例如,第六次全国人口普查的标准时点为2010年11月1日0时,那么,对于所有的时点性调查项目,就应该以2010年11月1日0时的资料为准。

7. 调查期限

调查期限是进行调查工作所需要的时间,包括收集资料和报送资料在内的整个调查工作过程所需要的时间。例如,北京市规定本市批发零售业单位2015年年报表在2016年1月15日前报送,则调查期限为15天。为保证调查资料的时效性,应尽可能缩短调查期限。

8. 调查工作的组织实施

制订严密而细致的组织实施计划是保证统计调查顺利进行的前提和基础。组织实施计划应该包括调查机构、调查地点、调查的组织形式、调查前的准备工作4个方面。

(1) 调查机构。调查机构是进行统计调查并对调查工作负责的机关、单位或组织。根据调查任务、调查范围和调查对象的不同,调查机构可以是国家统计局、省(市)统计局、业务主管部门的统计机构或者某一社会团体,也可以是专门组织的非常设机构,如人口普查办公室。在组织实施计划中,应规定各级调查机构的权利、职责及彼此的关系。

(2) 调查地点。调查地点是指登记调查资料的地点。一般情况下,调查地点和调查单位所在地是一致的。例如,执行统计报表制度的企事业单位都是在单位的所在地填报统计报表的。当调查单位的所在地有变化时，则应专门指定调查地点。

（3）调查的组织形式。调查的组织形式主要有定期统计报表和专门调查两大类。明确调查的组织形式，就是要明确是用定期统计报表的形式，还是用专门调查的形式来进行调查。由于社会经济现象十分复杂，又不断发展变化，统计活动必须适应新情况、新问题，根据调查对象和人力、物力条件的不同，灵活地运用不同的组织形式。

（4）调查前的准备工作。在调查工作的组织实施计划中，对调查前的准备工作也应做出具体规定。这些准备工作主要包括宣传教育、文件印刷、调查人员培训、调查经费开支预算等。对于规模较大而又缺少经验的统计调查，在调查正式开始之前，往往需要做试点调查。要根据试点调查中出现的新情况、新问题，对统计调查方案进行必要的修正和补充。还可以通过试点调查，积累制定和实施统计调查方案的经验，提高调查人员的业务能力，确保圆满完成统计调查任务。

2.2.2 调查问卷的设计

调查问卷又称调查表或询问表，是调查者根据调查目的和要求设计的，由一系列问题、备选答案、说明组成的系统记录调查内容的文件。采用问卷进行调查始于20世纪30年代的美国选举和民意调查，除此之外调查问卷还常应用于经济预测、心理测试、市场调查等方面。当今，问卷调查法已成为各国搜集信息资料的主要方式。我国从改革开放以来，此种方法已被广泛应用于各个领域，并被纳入统计制度范围。

调查问卷设计的好坏直接关系到搜集的数据的质量和分析结果。一份设计优良的问卷能有效地搜集数据，获取信息，所以设计时要尽可能地减少误差和矛盾，节省调查时间和调查成本。

1. 调查问卷的设计要求

问卷设计的中心思想是，如何提问和编排才能获取所需要的信息。成功的问卷应满足两个条件：一是所提的问题能让被调查者完全理解并愿意回答；二是获取的信息有价值并方便处理。因此，问卷的设计需要做到以下几点：

（1）确定研究主题，规定总体范围。问卷题目的拟定要围绕主题来展开，问卷中的问题要符合调查的信息需求，研究主题要明确。

（2）问卷中问题的描述要清楚、准确、简练、易懂。尽量避免使用专业术语和不规范的简称，要使被调查者易于理解。

（3）问题的排列要符合逻辑。要按照现象的发生、发展或时间顺序先简后繁、先易后难，彼此联系紧密。要有完整性、相关性，要重点突出，层次分明。

（4）避免诱导性提问。问卷中所提的问题不要带有主观诱导性、倾向性、暗示性，否则易使被调查者的回答偏离自己的真实想法，而影响调查资料的准确性。比如，"很多人都认为使用苹果手机可以象征身份、地位和财富，你也是这样认为的吗？"

（5）尽量避免敏感性问题。敏感性问题是指被调查者不愿意让别人知道答案的问题。比如，个人收入、个人隐私、政治态度、道德伦理等问题，问卷中应尽量避免，以免引起对方反感。被调查者可能会对这类问题拒答或者虚报瞒报，从而影响调查资料的质量。

2. 调查问卷的基本结构

一份完整的调查问卷，通常由调查问卷的题目、说明信（序语）、被调查者的基本情况、调查问题和答案、填写要求和解释等组成。

（1）调查问卷的题目。调查问卷的题目是问题的主体，题目要提纲挈领，要准确、醒目、突出，简明扼要地概括出问卷的内容和性质，要有吸引力和感染力，激发被调查者的兴趣，例如，"全国大学毕业生就业情况调查问卷""大学生就业心理调查问卷"等。

（2）说明信（序语）。说明信一般在问卷的开头，是致被调查者的一份短信，用诚恳、亲切、简练、准确的语言与被调查者沟通，使其了解此次调查的意义，引起被调查者的重视和兴趣，赢得被调查者的支持与合作。说明信的内容大致包括：调查的目的与意义，对调查者的希望和要求，依法保密的措施与承诺，回复的时间、地点、方式，主办单位和个人的身份等。

（3）被调查者的基本情况。被调查者的基本情况是指被调查者的一些主要特征，是对调查资料进行分类的基本依据。其主要包括被调查者的性别、民族、职业、文化、收入、婚姻、家庭人口等，有的还要求填写本人的姓名、地址、联系电话等。如果被调查者是单位，还需填写单位名称、地址、负责人、主管部门、职工人数、固定资产等。这些内容中哪些需要列入问卷，需要根据调查目的和要求而定。

（4）调查问题和答案。调查问题和答案是调查问卷最主要、最基本的组成部分，资料的搜集主要是通过这一部分来完成的，它也是问卷调查的目的所在，这一部分设计的好坏直接关系到调查资料的价值，影响整个调查目的的实现。下文将对调查问题与答案专门阐述。

（5）填写要求和解释。填写要求和解释是对填表的要求、方法、注意事项等总的说明，包括填写问卷的要求、调查项目的含义、被调查者应注意的事项等，其目的在于明确填写调查问卷的要求和方法。

除以上五部分外，结尾也可以加上对被调查者的感谢，征求被调查者对问卷的意见。

3. 调查问题与答案

在设计调查问卷时，首先应考虑问题的类型。问题通常可以分为开放式和封闭式两大类。

（1）开放式问题。开放式问题是指提出的问题留出了足够的空间由被调查者自由地回答。开放式问题主要分以下两种类型。

①填空题。它是指留出空格，由被调查者自己根据实际情况来填写的问题。

例如：您的年龄是_____。

您每个月的生活费是_____。

您使用过的手机品牌是_____、_____、_____。

②自由回答题。它是指由被调查者自由回答的问题。

例如：您家的电视是什么品牌？

您对高校大学生参加校外兼职有什么看法？

您对本公司提供的旅游服务满意度如何？有什么意见和建议？

开放式问题的优点是回答者有自我表达的机会，可以提出新的见解，提供丰富的信息。其缺点是答案不规范，不便于汇总分析；回答需要花费较多的时间，影响回收率，并且对被调查者的文化程度要求较高。这种问卷主要用于了解某些客观现象的实际状况。

（2）封闭式问题。封闭式问题是指问题的答案已经列出，回答者只需根据自己的情况和问卷的要求选择一个或几个现成的答案。这种问题的表达方法常见的有双项选择、多项选择、排序选择、等级评定等。

①双项选择法。双项选择题的答案只有两项，被调查者任选其一，是封闭式问题里最简单的一种。

例如：您家有电脑吗？　　A. 有　　B. 无

这种提问方法便于被调查者选择，调查后的数据处理简单，但只限于对简单事实的调查，对于既不肯定又不否定的答案就无法表示。例如：您近期是否打算购房？这个问题的答案有多种，即"是""否"和"没想好"等。

②多项选择法。它是指列出三个或三个以上的答案，由被调查者从中选择。根据答案多少的不同，其有三种选择类型：

第一，单选。要求被调查者只选择备选答案中的一个选项。

例如：请问您的月工资收入是多少？

A. 1 000 元以下　　　　　　　　B. 1 000 ~ 2 000 元
C. 2 000 ~ 3 000 元　　　　　　D. 3 000 ~ 4 000 元
E. 4 000 ~ 5 000 元　　　　　　F. 5 000 元以上

第二，多选。要求被调查者选择两个或者两个以上的答案。

例如：目前您迫切要解决的问题是什么？

A. 提高专业水平　　　　　　　B. 提高收入
C. 换工作　　　　　　　　　　D. 入党
E. 改善住房条件　　　　　　　F. 找对象
G. 得到理解　　　　　　　　　H. 其他（请注明）

第三，限选。要求在备选答案里限定选几项。

例如：你认为家庭耐用消费品中最重要的有哪几种？（限选三项）

A. 洗衣机　　B. 电冰箱　　C. 热水器　　D. 空调
E. 彩电　　　F. 相机　　　G. 汽车　　　H. 计算机
I. 健身器材　J. 手机

③排序选择法。在列出的多个答案中，由被调查者对所选的答案按要求顺序进行排序。

例如：你上大学确定专业方向时考虑的因素有哪些？（按考虑因素的先后顺序排序）

A. 就业率　　B. 预期收入　　C. 工作舒适　　D. 发展方向
E. 个人兴趣　F. 别人建议　　G. 个人特长　　H. 其他（请注明）

④等级评定法。答案由表示不同等级的形容词组成，让被调查者选择。

例如：你对我们公司提供的售后服务满意程度如何？

A. 非常满意　　B. 满意　　　C. 比较满意
D. 不满意　　　E. 很不满意

在等级评定中，常用的等级形容词有：很好、好、较好、一般、较差、差、很差；非常喜欢、喜欢、比较喜欢、无所谓、不喜欢等。

封闭式问卷的优点是答案标准，填写方便，便于分类汇总，省时省力，材料可信度较高；缺点是对复杂实务、主观判断性问题等，往往回答较粗略，不能完全代表回答者的意向，发生错误时不易被发现和纠正。这种问卷通常用于了解被调查者的基本意向。

为了克服封闭式问卷的缺点，也可采用半封闭式问卷，即在一份问卷里既有封闭式问题又有开放式问题，先列封闭式问题后列开放式问题，将两种问题的优点结合起来以收到更好的效果。

2.3 统计资料的收集方法

2.3.1 统计报表

1. 统计报表的特点

统计报表按统一规定的表格形式，统一的报送程序和报表时间，自下而上提供基础统计资料，是一种具有法律性质的报表。

统计报表的内容、格式、报送时间和程序等方面都有统一规定，这使得用统计报表收集资料具有一致性；通常情况下，统计报表要按既定的时间间隔、不断地填制并报送，这使得统计报表在填报时间方面具有周期性；统计报表主要以原始记录、统计台账和内部报表为资料来源，这又使得统计报表在资料来源方面具有相对可靠性。

2. 统计报表的作用

统计报表的作用与特点是分不开的：第一，统计报表提供的资料可以反映国民经济和社会发展的基本情况，是国家制定和检查国民经济与社会发展计划的重要依据；第二，定期提供的、系统的报表资料，便于进行动态对比和分析，为总结经济建设经验，研究经济发展变化的规律性提供依据；第三，由于统计报表层层上报、层层汇总，各级业务部门或主管系统的报表又成为指导生产、经营、管理和决策的重要工具和手段。

3. 统计报表的种类

（1）按报表内容和实施范围的不同，统计报表可分为国家统计报表、部门统计报表和地方统计报表。国家统计报表又称国民经济基本统计报表，是国家统计部门根据国家的有关调查计划和调查项目统一制定的报表，用以反映国民经济和社会发展的基本情况，包括农业、工业、基建、物资、商业、外贸、劳动工资、财政等方面最基本的统计资料。这种统计报表从国民经济的角度出发，按国民经济的部门分类，并在全国范围内实行。例如，我国现行的基本的单位统计报表、工业统计报表、运输邮电软件业统计报表、批发和零售业统计报表等，都属于国家统计报表。国家统计报表是统计报表体系的基本组成部分。

部门统计报表是为适应本部门业务管理的需要，根据本部门的调查计划和调查项目制定的统计报表，一般用以收集各级业务主管部门所需要的专业资料，在本业务部门系统内实行。例如，农业部的全国种子行业统计报表、商务部的酒类流通行业信息监测统计报表、工业和信息化部的全国监控化学品统计报表等，都属于部门统计报表。

地方统计报表是为满足地区计划和管理的需要，针对本地区的特点而补充制定的地区性统计报表。地方统计报表和部门统计报表对国家统计报表起补充作用。

（2）按报送周期长短的不同，统计报表可分为日报、旬报、月报、季报、半年报和年报。报送周期的长短直接影响到人力、物力和时间的耗费，也影响到报表中调查项目的繁简程度。通常情况下，报送周期短的，要求资料上报迅速，调查项目应少一些、粗一些；报送周期长的，要求内容全面，调查项目则多一些、细一些。日报和旬报叫作进度报表，主要是为了及时掌握生产、工作等重要事项的进展情况，一般仅限于填列少数、较为重要的调查项目；月报、季报和半年报主要用来掌握国民经济发展的基本情况，检查各月、季、年的生产工作计划执行情况；年报是具有一定总结性的报表，每年上报一次，报送周期最长，指标项目最多，内容也最为详尽，主要用来全面总结全年经济活动的成果，检查年度国民经济计划的执行情况等，如政府工作报告。

（3）按调查对象范围的不同，统计报表可分为全面统计报表和非全面统计报表。全面统计报表是被研究现象总体中的所有单位都要填报的报表。我国大多数统计报表是全面统计报表。例如，我国运输邮电软件业的所有企业都要填报的运输邮电软件业综合统计年报表就是一种全面统计报表。

★ **相关链接**

我国运输邮电软件业统计报表制度规定，运输邮电软件业调查范围包括全国铁路、公路、水路、港口、民航、管道运输企业、城市公交企业、邮电通信运营企业、软件和信息技术服务业企业。

非全面统计报表是由被研究现象总体中的一部分单位填报的报表。在我国的统计实践中，统计报表可以和抽样调查、重点调查、典型调查结合运用，也就是说，在进行抽样调查、重点调查或者典型调查时，可以配合使用统计报表来收集资料。例如，按照我国种植业抽样调查制度规定，在农村抽样调查网点内的调查单位要填报种植业抽样调查表。这说明，在进行种植业抽样调查时，使用了统计报表调查方式，但由于只需要被调查的样本单位填报种植业抽样调查表，所以抽样调查表为非全面统计报表。

（4）按填报单位的不同，统计报表可分为基层报表和综合报表。基层报表是由基层企事业单位填报的报表。综合报表是由业务主管部门或统计部门根据基层报表逐级汇总填报的报表。综合的层次越高，综合报表所对应的调查单位就越多，对应的调查范围也就越广。因此，综合报表主要用于搜集全面的基本情况，此外也常为重点调查等非全面调查所采用。

4. 统计报表的资料来源

（1）原始记录。原始记录是基层单位通过一定的表格形式，对生产经营活动的过程和成果所做的最初记载，是尚未加工整理的第一手资料。例如，公路运输企业中的行车路单、加油记录、轮胎使用情况卡；工业企业中的工人出勤记录、产品产量记录、原材料消耗记录；商业企业中的现金收支凭证、商品销售记录等，都属于原始记录。

统计报表中各项指标都是以原始记录为基础的，原始记录制度是否健全、原始记录是否真实，直接影响到统计报表资料的可靠性和真实性。基层单位应该从生产经营管理的需要和统计报表制度的要求出发，使原始记录的格式和内容，既要与本单位生产经营的特点、经营范围、管理水平等相适应，又要与统计报表制度规定的调查项目相适应，并随着企业生产经营情况的变化和管理的需要而不断改进和完善。

（2）统计台账。统计台账是基层单位根据填报统计报表和经营管理的需要，将分散的原始记录按时间顺序加以整理而形成的一种表册。例如，公路运输企业的单车生产情况台账，工业企业的班组统计台账、车间统计台账等。台账的设置主要以满足经营管理的需要和报表的填制为目的，便于及时汇总原始记录，检查原始记录的准确性。在期末时，以统计台账中经过汇总整理的资料作为填制报表的依据，可以节省统计报表的填制时间，提高统计报表的时效性。

（3）企业内部报表。企业内部报表主要用于反映本企业在一定时期内的生产经营情况，作为制订本企业生产经营计划、检查计划执行情况和填制统计报表的依据。例如，公路运输企业的汽车报废轮胎行驶里程统计表、车辆运用情况统计表就属于企业内部报表。企业内部报表中的资料主要来源于统计台账，也有的来源于原始记录。

2.3.2 普查

1. 普查的意义

普查是专门组织的一次性全面调查。它通常在全国范围内进行，主要用来收集某些不能够或不适合用定期的全面统计报表搜集的资料，以摸清一个国家的国情和国力，了解人力、物力和财力的现状及其利用情况，对于党和国家制定政策、编制计划，特别是对于制定经济和社会发展的长期规划，安排好人民的物质和文化生活具有重要意义。

普查是一种重要的统计调查方法。通过统计报表，虽然可以收集全面的基本统计资料，但不能代替普查。因为对有些社会经济现象，如农村基础设施、农村居民迁移、农村劳动力资源与就业状况、农业土地利用及农户土地经营状况；工业企业财务状况、工业企业劳动情况及主要工业生产设备技术状况等，不可能也不需要用定期的全面统计报表进行调查，而国家要管理社会经济，又必须掌握这方面比较全面、详细的资料，这就需要通过普查来解决。普查与全面统计报表相比，能够取得更加详细的全面资料，但耗费的人力、物力和时间比较多，因而不宜经常进行。

★相关链接

我国曾分期分批进行过多次专项普查。例如，2000 年进行了第五次全国人口普查，2003 年进行了第二次全国第三产业普查，2004 年进行了第一次全国经济普查，2006 年进行了第二次全国农业普查，2008 年进行了第二次全国经济普查，2010 年进行了第六次全国人口普查，2013 年进行了第三次全国经济普查，2016 年进行了第三次全国农业普查。

2. 普查的特点

（1）普查是一次性调查。普查一般用来调查属于一定时点现象的总量。由于时点现象的总量在短期内往往变化不大，不需要进行经常性调查，通常要间隔一段较长的时间进行一次调查。例如，我国第六次与第五次人口普查间隔了 10 年。当然，有些时期现象也可以采用普查的方式，如工业总产值、利润额、上缴税金等指标都可采用普查的方式取得。

（2）普查是全面调查。普查的对象范围广，总体单位数量大，指标的内容详细，并且规模宏大,所以普查比其他任何调查方式更能掌握大量、全面的统计资料。例如,人口普查的对象是全国的所有公民(不包括香港等地区),调查的内容不仅仅是人口数量,还有各种构成资料和社会特征资料,如性别构成、年龄构成、民族构成、生育率、死亡率、教育特征、经济特征等各方面的情况。

(3) 普查的工作量大。普查涉及面广、时间性强、复杂程度高、对组织工作的要求高,需要耗费大量的人力、物力和财力,因而不宜经常进行。

★相关链接

人口普查(Census)是指在国家统一规定的时间内,按照统一的方法、统一的项目、统一的调查表和统一的标准时点,对全国人口普遍地、逐户逐人地进行的一次性调查登记。人口普查工作包括对人口普查资料的搜集、数据汇总、资料评价、分析研究、编辑出版等全部过程,它是当今世界各国广泛采用的搜集人口资料的一种最基本的科学方法,是提供全国基本人口数据的主要来源。从1949年至今,我国分别在1953年、1964年、1982年、1990年、2000年与2010年进行过六次全国性人口普查。

我国第六次全国人口普查是在2010年11月1日0时进行的。该次普查的主要目的是查清我国人口在数量、结构、分布和居住环境等方面的变化情况,为实施可持续发展战略、构建社会主义和谐社会提供科学准确的统计信息支持。人口普查主要调查人口和住户的基本情况,内容包括姓名、性别、年龄、民族、受教育程度、行业、职业、迁移流动、社会保障、婚姻生育、死亡、住房情况等。

3. 普查的实施过程

根据普查的特点,在组织实施中要加强领导,发动群众,统一部署,统一行动,制定周密的普查方案。具体的实施过程如下:

(1) 成立专门的组织机构,领导和组织实施普查工作。由于普查的工作量巨大,任务繁重,因此必须自上而下地建立各层次的组织机构,配备专门人员负责普查工作。我国在历次人口普查工作中,首先国务院成立全国人口普查领导小组,各省、自治区和直辖市的各级政府也相应建立普查办公机构,各部门、各单位成立专门工作机构,配备专门人员负责人口普查工作。

(2) 确定统一的调查时间,即标准时间。因为普查的客观现象一般为时点现象,必须规定某一时点作为标准时间,主要是由于时点现象在各个时点上的状况变化频繁,如果不规定准确的时点,在登记时容易重复或遗漏。例如,第六次人口普查的标准时间是2010年11月1日0时,就是由于人口基数比较大,在每时每刻都有新出生人口和死亡人口,只有确定标准时间,才能准确反映标准时间上的人口数量。在2010年11月1日0时之前死亡的人口和2010年11月1日0时以后出生的人口,都不能进行登记;而2010年11月1日0时之前出生的人口和2010年11月1日0时以后死亡的人口,均应该予以登记。

(3) 普查人员的培训。普查登记工作开始之前,要对普查人员进行业务培训,使他们明确普查的要求,掌握相应统计指标的含义、计算口径、登记方法,以保证工作效率和工作质量。

（4）制定严格的质量控制办法。制定严格的质量控制办法，对普查工作的各个环节实行全面的质量管理和控制，明确责任，逐级负责，层层保管，保证普查资料的准确性和普查质量。

（5）规定各阶段的工作进度和要求，使各个环节互相衔接，有计划、按步骤进行。各有关部门纵向服从统一领导，横向保持必要的联系，彼此步调一致，协同工作，保证在规定的时间内完成任务。加强宣传，通过媒体广泛动员全社会全面参与、支持和配合普查工作，为普查工作的开展创造良好的舆论环境。第六次人口普查的标准时间为2010年11月1日0时，但在2009年国务院就已经成立领导小组，各种媒体就开始进行宣传，各种宣传标语随处可见，引起了全社会的高度重视。这次普查工作能取得良好效果，与宣传工作起到的积极推动作用密不可分。

4. 普查方案

（1）普查方案的内容。普查方案通常包括普查的目的、普查的领导机构、普查对象和范围、普查时间、普查的主要内容及表式、普查用标准目录、普查登记和报送原则、普查方法、普查的组织实施原则等主要内容，有的普查方案还包括单位清查、普查工作的进度安排、普查的数据处理和质量控制、数据的公布与开发利用等内容。制定普查方案主要是为了保证普查工作在上述各方面的一致性。

（2）制定普查方案应注意的问题。

①普查时间问题。在制定普查方案和进行普查工作的过程中，尤其应该注意普查的时间问题。普查时间涉及普查时点（标准时点）和普查时期。普查时点是指调查者在对时点现象进行登记时所依据的标准时点。规定普查的标准时点是为了避免调查资料的重复或遗漏。普查时期则是指调查者在对时期现象进行登记时所依据的标准时期。时期性调查项目的资料应该是现象在普查时期内的有关资料。在普查方案中，规定普查时间就是规定一个时间点（时点）或者一个时间段（时期），无论普查人员何时进行实际的调查工作，填报的都是现象在这个时间点或时间段的情况。

★ 相关链接

《第六次全国人口普查方案》规定：人口普查的标准时间是2010年11月1日0时。所谓人口普查的标准时间，就是规定一个时间点，无论普查员入户登记在哪一天进行，登记的人口及其各种特征都是反映那个时间点上的情况。根据上述规定，不管普查员在哪天进行入户登记，普查对象所申报的都应该是2010年11月1日0时的情况。通过这个标准时间，所有普查员普查登记完成后，经过汇总就可以得到2010年11月1日全国人口的总数和各种人口状况的数据。

②普查工作进度问题。进行全国性普查往往需要耗费相当长的时间，为保证调查资料在规定的期限内收集并报送完毕，在普查方案中一般还要规定普查的工作进度。例如，《第二次全国农业普查方案》规定，第二次全国农业普查分为以下几个阶段：培训阶段为2006年6—11月；现场工作准备阶段为2006年9—12月；登记阶段为2007年1—4月；数据处理阶段为2007年4—12月；资料开发和总结阶段为2007年12月—2008年12月。规定普查工作

进度，有利于普查的统一、顺利进行。

2.3.3 概率抽样

概率抽样又称随机抽样，是以概率论与数理统计为基础，按照随机原则抽取样本，使调查总体中的每一个单位都有同等概率被选为样本的抽样方式。概率抽样主要分为简单随机抽样、分层抽样、系统抽样、整群抽样等类型。现实生活中绝大多数抽样调查都采用概率抽样方法来抽取样本。

1. 简单随机抽样

简单随机抽样又称纯随机抽样。它是对总体中的所有单位不进行任何加工整理，完全随机地从总体中抽取调查样本的调查方式，是最基本也是最简单的一种抽样组织方式。它适用于均匀总体，即具有某种特征的单位均匀地分布于总体的各个部分，使总体的各部分都是同分布的。

简单随机抽样一般采用的方法有以下三种：

（1）抽签法。即先把总体中的每个单位按照自然顺序编上号码，并做成号签，再把号签充分混合后从中随机抽取一部分调查单位加以登记调查。

（2）查随机数表法。查随机数表，确定从总体中所抽取个体单位的号码，则号码所对应的个体进入样本。随机数表可随意从任何一区、任何一个数目开始，依次向各个方向顺序进行。

（3）计算机造数法。即用电子计算机编造随机数程序，把随机数作为总体中抽出个体进入样本的号码。

简单随机抽样在理论上最符合随机原则，但在实际应用中有很大局限性。第一，无论用抽签法、查随机数表法还是计算机造数法，均须对总体各个单位逐一编号，而进行抽样调查所面对的总体一般都很大，单位很多，编号查号工作量很大。第二，当总体各个单位标志变异程度较大时，简单随机抽样的代表性比较差。第三，对某些事物根本无法进行简单随机抽样。如对正在连续生产的大批量产品进行质量检验，就不可能对全部产品进行编号抽检。由于这些原因，限定了简单随机抽样形式的应用，但这种抽样方式在理论上来说最符合随机原则，它的抽样误差容易得到数学上的论证，所以可以作为设计其他更复杂的抽样组织形式的基础，同时也是衡量其他抽样组织形式抽样效果的比较标准。

2. 分层抽样

分层抽样又称类型抽样或分类抽样。它是先将总体各单位按某一标志加以分组，然后从各组中按随机原则抽取一定单位构成样本的抽样组织方式。这种方式一般应用于总体各单位在被研究标志上有明显差别的情况下。分层抽样根据在同质层内抽样方式的不同，又可分为一般分层抽样和分层比例抽样。一般分层抽样是根据样品变异性大小来确定各层的样本容量，变异性大的层多抽样，变异性小的层少抽样。在事先并不知道样品变异性大小的情况下，通常采用分层比例抽样。分层抽样在各层样本数的确定有以下三种方法：

（1）分层定比。即各层样本数与该层总体数如何抽样的比值相等。例如，样本大小 $n=50$，总体 $N=500$，则 $n/N=0.1$ 即为样本比例，每层均按这个比例确定该层样本数。

（2）奈曼法。即各层应抽样本数与该层总体数及其标准差的积成正比。

（3）非比例分配法。当某个层次包含的个案数在总体中所占比例太小时，为使该层特征在样本中得到足够的反映,可人为地适当增加该层样本数在总体样本中的比例。但这样做会增加推论的复杂性。

分层抽样一方面提高了样本的代表性;另一方面降低了影响抽样平均误差的总体方差。因此,通过这种组织方式获得的样本统计量的精度,比相同样本容量下通过简单随机抽样获得的要高。

★相关链接

某家单位的职工有500人,其中不到35岁的有125人,35岁至49岁的有280人,50岁以上的有95人。为了了解这家单位职工与身体状况有关的某项指标,要从中抽取一个容量为100的样本,由于职工年龄与这项指标有关,决定采用分层抽样方法进行抽取。因为样本容量与总体的个数的比为1:5,所以在各年龄段抽取的个数依次为125/5,280/5,95/5,即25,56,19。

3. 系统抽样

系统抽样也称等距抽样或机械抽样。它先按某一标志对总体各单位进行排队,然后依一定顺序和间隔来抽取样本单位。由于这种抽样是在各单位大小顺序排队基础上,按某种规则依一定的间隔取样的,所以可以保证所取得的样本单位比较均匀地分布在总体的各个部分,有较强的代表性。

作为总体各单位顺序排列的标志,可以是无关标志也可以是有关标志。所谓无关标志,是指和单位标志值的大小无关或不起主要影响作用的标志,如工业产品质量抽查按时间顺序取样,农产品产量抽样调查按田间的地理顺序取样,居民家庭生活水平调查按街道的门牌号抽取调查户等。

在对总体各单位的变异情况有所了解的情况下,也可以采用有关标志进行总体单位排队。所谓有关标志,是指作为排队顺序的标志和单位标志值的大小有密切的关系,如亩产量抽样调查,利用各县或乡近5年平均亩产量或当年估计亩产量排队,抽取调查单位;又如职工家计调查,按上年职工平均工资排队,抽取调查企业或调查户等。按有关标志排队充分地利用了分层抽样的一些特点,有利于提高样本的代表性。

系统抽样的平均误差和标志排列的顺序有关,情况比较复杂。如果用来排队的标志是无关标志,而且随机起点取样,那么其抽样误差就十分接近简单随机抽样的误差。为了简便起见,可以采用简单随机抽样误差公式来近似反映。如果按有关标志排队,是将总体所要调查的标志由大到小或由小到大排队,每个抽样间隔相当于分层抽样的各层,因此,其抽样误差的计算与分层抽样类似。

4. 整群抽样

整群抽样也称分群抽样或集团抽样。它是将总体划分为若干群,然后以群为单位从中随机抽取部分群,对中选群的所有单位进行全面调查的抽样组织方式。

在抽样调查中,如果总体单位多且分布区域广,缺少进行抽样的抽样框,或按经济效益原则不宜编制抽样框的情况下,宜采用这种方式。例如,要调查某市去年年底育龄妇女的生育人数,但又没有去年育龄妇女的档案资料,无法对育龄妇女抽样,就可以采用整群抽样的方式,将该市按户籍派出所的管辖范围分成许多区域,随机抽选其中若干区域,并按户籍册全面调查抽中的派出所辖区内育龄妇女的生育人数。整群抽样因为要对中选群进行全面调查,所以调查单位很集中,大大简化了抽样工作,节省了经费开支。

整群抽样是对中选群进行全面调查,因而只存在群间抽样误差,不存在群内抽样误差。这一点和分层抽样只存在组内抽样误差,不存在组间抽样误差恰好相反。因此,整群抽样和分层抽样虽然都要对总体各单位进行分组,但分组所起的作用是完全不同的。分层抽样分组的作用在于尽量缩小组内的差异程度,以达到扩大组间方差、提高估计准确性的目的;整群抽样分组的作用则在于扩大群内的差异程度,以达到缩小群间方差、提高估计准确性的目的。

整群抽样的好处是组织工作方便,确定一群便可以调查许多单位。但是抽样单位比较集中,限制了样本在总体中分配的均匀性,所以代表性较低,抽样误差较大。在实际工作中,采用整群抽样方法通常要增加一些样本单位,以减少抽样误差,提高估计的准确性。

2.3.4 非概率抽样

非概率抽样就是调查者根据自己的主观判断抽取样本的方法。由于这种方法不是严格按照随机抽样原则进行的,所以不符合大数定律存在的前提,也就无法确定抽样误差,无法正确地说明样本的统计值在多大程度上适合于总体。虽然根据样本调查的结果也可在一定程度上说明总体的性质、特征,但不能从数量上推断总体。根据抽样的特点,非概率抽样可分为方便抽样、定额抽样、立意抽样、滚雪球抽样和空间抽样。

1. 方便抽样

方便抽样是指所抽取的样本是总体中易于抽到的部分。最常见的方便抽样是偶遇抽样,即研究者将在某一时间和环境中所遇到的每一总体单位均作为样本。"街头拦人法"就是一种典型的偶遇抽样。例如,某些调查会使被调查者感到不愉快或麻烦,这时为了方便研究就可以采用自愿被调查者作为调查样本。

方便抽样是非概率抽样中最简单的方法,省时省钱,但样本代表性因受偶然因素的影响太大而得不到保证。在这种抽样中,研究者选择那些最容易接近的人作为研究对象。此法常用于干预试验或预调查,也可用于调查收尾时补缺。

2. 定额抽样

定额抽样也称配额抽样,是将总体依某种标准分层(群),然后按照各层样本数与该层总体数成比例的原则主观抽取样本。定额抽样与分层抽样很接近,最大的不同是分层抽样的各层样本是随机抽取的,而定额抽样的各层样本是非随机的。总体也可按照多种标准的组合分层(群),例如,在研究自杀问题时,考虑到婚姻与性别都可能对自杀有影响,可将研究对象分为未婚男性、已婚男性、未婚女性和已婚女性四个组,然后从各群非随机地抽样。定额抽样是通常使用的非概率抽样方法,样本除所选标志外无法保证代表性。

3. 立意抽样

立意抽样又称判断抽样,是研究人员根据研究目的的需要,结合主观判断从总体中选择那些被判断为最能代表总体的单位作为样本的抽样方法。当研究者对自己的研究领域十分熟悉,对研究总体比较了解时采用这种抽样方法,可获得代表性较高的样本。这种抽样方法多应用于总体小而内部差异大的情况,以及在总体边界无法确定或因研究者的时间与人力、物力有限时采用。

4. 滚雪球抽样

滚雪球抽样是指选择并调查几个具有研究目的所需要的特征的人,再依靠他们选择合乎研究需要的人,后者又可选择更多合乎研究需要的人,依次类推,样本就像滚雪球般由小变大。滚雪球抽样多用于总体单位的信息不足或观察性研究的情况。这种抽样中有些个体最后仍无法找到,有些个体被提供者漏而不提,两者都可能造成误差。

5. 空间抽样

空间抽样指对非静止的、暂时性的空间相邻群体进行抽样。例如,游行与集会没有确定的总体,参加者从一地到另一地,一些人离去又有一些人进来,但这些事件是在一定范围内进行的。对这样的总体在同一时间内抽样十分重要,一般样本组成不会经历时间上的太大变化。具体做法是:若干调查员间隔均匀的距离,从某一方向开始,访问离他最近的人,然后每隔一定步数抽取一人为调查对象。

非概率抽样最大的优点是简单易行、成本低、省时间,在统计上也比概率抽样简单。但由于无法排除抽样者的主观性,无法控制和客观地测量样本代表性,因此样本不具有推论总体的性质。非概率抽样多用于探索性研究和预备性研究,以及总体边界不清难以实施概率抽样的研究。在实际应用中,非概率抽样往往与概率抽样结合使用。

思考与练习

一、思考题

1. 什么是普查?普查为什么要规定标准时间?
2. 为什么要设计统计调查方案?一个完整的统计调查方案通常包括哪些主要内容?
3. 试举例说明调查对象与调查单位之间、调查单位与填报单位之间的关系。
4. 统计报表的种类有哪些?
5. 试分析概率抽样几种方法的区别与联系。

二、单项选择题

1. 从一批袋装奶粉中随机抽取1 000包进行质量检验,这种调查是(   )。
   A. 普查   B. 重点调查   C. 典型调查   D. 抽样调查
2. 了解某企业的期末在制品数量,由调查人员亲自到现场观察计数,这种收集资料的方式属于(   )。
   A. 采访法   B. 直接观察法   C. 大量观察法   D. 报告法
3. 对某公司全体员工进行身体健康状况调查,调查单位是(   )。
   A. 每位员工   B. 所有员工   C. 所有商品   D. 每一件商品
4. 统计调查收集的资料主要是指(   )。
   A. 原始资料   B. 总体资料
   C. 数字资料   D. 初次整理过的资料
5. 普查2010年11月1日0时的人口状况,要求将调查单位的资料在2010年11月10日前登记完成,则普查的标准时间是(   )。

A. 2010 年 10 月 31 日 24 时　　　　　B. 2010 年 11 月 10 日 0 时
C. 2010 年 11 月 9 日 24 时　　　　　D. 2010 年 11 月 1 日 24 时

6. 某市 2015 年工业企业经济活动成果的统计年报的呈报时间为 2016 年 1 月 31 日，则调查期限为(　　)。
   A. 一年　　　　B. 一个月　　　　C. 一年零一个月　　　　D. 一天

7. 在现实生活中使用最为广泛的非全面调查方式是(　　)。
   A. 普查　　　　B. 重点调查　　　　C. 抽样调查　　　　D. 典型调查

8. 调查大庆、胜利、大港、中原等几个大油田，以了解我国石油工业生产的基本情况，这种调查属于(　　)。
   A. 普查　　　　B. 重点调查　　　　C. 抽样调查　　　　D. 典型调查

9. 下列情况的统计调查，属于一次性调查的是(　　)。
   A. 商品库存量　　B. 商品购进额　　C. 商品销售量　　D. 商品销售额

10. 一个调查单位(　　)。
    A. 只能有一个标志　　　　　　B. 可以有多个标志
    C. 只能有一个指标　　　　　　D. 可以有多个指标

11. 在下列调查中，调查单位与填报单位一致的是(　　)。
    A. 公司设备调查　　　　　　B. 农村耕地调查
    C. 学生学习情况调查　　　　D. 汽车养护情况调查

12. (　　)是统计工作的根本准则，是统计工作的生命线。
    A. 及时性　　　　B. 完整性　　　　C. 连续性　　　　D. 真实性

13. 普查规定的标准时间是(　　)。
    A. 登记时限　　　　　　　　B. 时点现象的所属时间
    C. 时期现象的所属时间　　　D. 以上都对

14. 按调查对象包括的范围不同，统计调查可以分为(　　)。
    A. 经常性调查和一次性调查　　B. 全面调查和非全面调查
    C. 统计报表和专门调查　　　　D. 普查和抽样调查

15. 经常性调查与一次性调查的划分标准是(　　)。
    A. 调查对象包括的单位是否完全　　B. 最后取得的资料是否全面
    C. 调查登记的时间是否连续　　　　D. 调查工作是否经常进行

16. 调查时间是指(　　)。
    A. 资料所属的时间　　　　　　B. 调查工作起止的时间
    C. 规定提交资料的时间　　　　D. 开始进行调查的时间

17. 重点调查中的重点单位是指(　　)。
    A. 这些单位是工作的重点
    B. 在某方面做出成绩的单位
    C. 某一数量标志值在总体中占比重大的单位
    D. 典型单位

18. 典型调查中的典型单位是(　　)。

A. 工作做得好的单位 B. 工作中出现问题最多的单位
C. 具有举足轻重作用的单位 D. 具有代表性的少数单位

19. 先将总体各单位按某一标志排列,再依固定顺序和间隔来抽取必要的单位数的抽样组织形式,被称为( )。

A. 简单随机抽样 B. 等距抽样
C. 分层抽样 D. 整群抽样

20. 在总体内部情况复杂,单位数较多,且各单位之间的变异程度较大时,宜采用( )进行调查。

A. 整群抽样 B. 分层抽样 C. 纯随机抽样 D. 等距抽样

三、技能实训题

1. 某校拟对在校大学生兼职的情况进行一次问卷调查。调查项目包括：兼职时间的分配和利用,兼职的形式及时间占用,对大学生兼职的看法和建议。试设计简单的统计调查方案。

2. 你所在的学校食堂的饮食如何？大多数学生每月的生活费用是多少？零花钱的去向是怎样的？大学生网购的花销和主要购买产品是哪些？针对这些问题或者你感兴趣的有关问题,进行模拟统计调查。尝试设计一份调查问卷,注意运用调查问卷设计技巧。

3. 从统计调查对象包括的范围、调查登记时间是否连续、收集资料的方法是否相同等方面对以下统计调查实例分类,并指出各属于哪种统计调查方式。

（1）2015 年对某市的工业企业从业人数进行调查,各企业按上级部门要求填报统计表。

（2）2015 年对全国所有第二、第三产业活动单位进行基本情况摸底调查,以 2014 年 12 月 31 日为标准时点,调查 2014 年度的资料。

（3）对进口的一批产品,抽检其中的少部分以对整批产品质量进行评价。

（4）要了解全国钢铁产量的基本情况,只要对全国少数几个重点钢铁企业如鞍钢、宝钢、首钢、武钢等进行调查,就能及时对全国钢铁产量的基本情况进行推断。

（5）为了探讨一项新改革措施实施的效果,推广其成功经验,对已采取改革措施并取得明显效果的代表性单位进行调查。

4. 请以你所在的班级为总体进行统计调查,总体单位是每一位同学,调查的有关标志是学生的身高、体重、性别和年龄（不出现姓名）,要求：

（1）设计一个简单的统计调查方案。

（2）设计一个单一调查表,包括表头、表体和表脚。

第 3 章

统计整理

★教学目标

1. 了解统计整理的意义和步骤
2. 了解数据的预处理
3. 掌握品质数据、数值型数据的整理和图示方法，能运用 Excel 软件进行操作
4. 了解统计表的结构和设计

★知识结构图

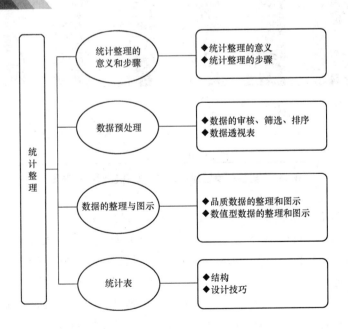

★ 引 例

北京是"最懂母亲"的城市

几十年以来,我们一直听到"小人物"这种说法,它其实指的就是我们自己。当人们觉得这个词过于卑微后,就改用"普通人",但很快这个提法也被遗忘了。但是"小人物"仍然跟随着我们,扮演着统计图的角色。

用一个小人来表示成千上万的人,一个钱袋或一堆硬币来表示一千英镑或者百万美金,一片牛肉来表示明年牛肉的供应量,这些都是形象的图形表达。由于这种图形非常吸引眼球,所以成为一种行之有效的工具。形象的图形通常出现在地理书籍、公司声明、新闻杂志、各类报告中,也是因为它"迷人"的特性。

2015年母亲节到来之前,零点研究咨询集团对北京、上海、广州、武汉和成都1 058位受访者的调查结果显示,母亲节的认知率已经达到十年来的高点,有85.3%的人能够说出母亲节的日期;女儿更了解母亲最好的朋友;北京则成了"最懂母亲"的城市。

根据2015年的数据,能准确说出母亲节日期的男性比例比女性低了约8个百分点(图3-1),而在2012年和2006年的调查中,男性对母亲节日期的认知率也都稍逊于女性,分别低约11%和8%(2015年:男:81.3%,女:89.3%;2012年:男:26.6%,女:37.7%;2006年:男:18.6%,女:26.6%)。

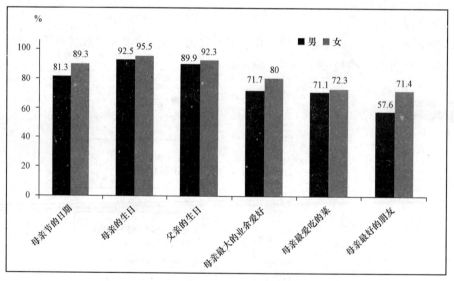

图3-1 男性和女性对母亲的了解程度对比条形图

根据图3-1,无论是对母亲的生日、爱好、最爱吃的菜还是最好的朋友,女性都比男性显得更为了解,认知度高出3~15个百分点,其中女儿与儿子差距最大的是对"母亲最好的朋友"的认知率:有超过七成的女儿知道是谁,这一比例比儿子多出近14个百分点(女:71.4%;男:57.6%)。

综合来看(图3-2),北京人对母亲的了解,始终居前列:超过八成的北京受访者知道母亲的业余爱好(80.5%),至少高出其他城市5个百分点;在对母亲最爱吃的菜上,北京受访者的认知率也居首(78.1%),高出其他城市5~10个百分点;在对母亲最好朋友的认知率上与武汉几乎并列第一（北京：65.7%；武汉：65.4%）；在母亲生日的认知率上仅略低于成都（北京：95.2%；成都：96.7%）。因此，北京成为五座城市中，对母亲最贴心的城市。

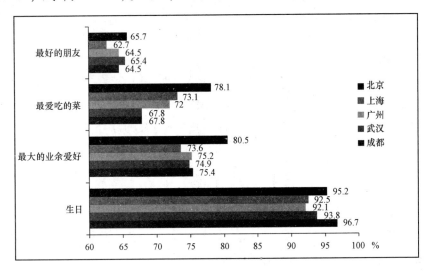

图 3-2　五座城市受访者对母亲了解程度的对比

随着社会的变迁，女性的社会角色正发生着翻天覆地的变化，由传统相夫教子转变成具有独立精神和独立能力的现代女性，既要做温存善良呵护家人的妻子和母亲，又要做拼搏进取的职场战士。女性在努力寻找平衡支点的同时，她们对婚姻中的信任感如何评价？什么是她们最重要的幸福感源泉？择偶时她们会重视哪些标准？职场中，她们如何给自己的角色打分？又有哪些人际关系让她们头疼？要想全面了解这些信息，只有在获得这些相关的数据后，对这些数据进行整理，用图形或表格形式展示出来，这正是本章要研究的主要内容。

原始资料杂乱无章，需加整理，才能为人们所用。通过各种渠道将统计数据搜集上来之后，首先应对这些数据进行加工整理，使之系统化、条理化，以符合分析的需要。通过整理可以大大简化数据，使其更容易理解和分析。数据整理通常包括数据的预处理、分类、分组、编制统计图表等几方面的内容，它是统计分析之前的必要步骤。

3.1　统计整理的意义和步骤

3.1.1　统计整理的意义

统计调查搜集的资料是原始的、零散的资料，人们无法从中直接认识总体的有关特征。根据统计研究的目的，对收集到的资料进行科学的加工处理，使之系统化、条理化和综合化，能反映出研究对象的数量特征，以满足统计分析的需要，这一工作过程称为统计整理。

1. 统计整理能够对总体做出概括性的说明

通过调查或试验获得的原始资料,只能反映总体各单位的具体情况,是分散、零碎、表面的。要说明总体情况,揭示总体内在特征,还需对这些资料进行加工整理,使之系统化,转化为综合指标。

2. 统计整理是整个统计工作和研究过程的中间环节

统计整理是人们对研究的现象总体从感性认识到理性认识的升华阶段,是统计调查的继续,是统计分析的前提,是统计实践活动过程的中间环节,起着承前启后的重要作用。它的目的是通过对大量调查数据的加工整理,得到说明总体特征的综合资料,通过对事物个性的研究,达到对事物共性的认识。如果统计整理时依据的原则和应用的方法不正确、不科学,整理的结果可能使统计调查获取的资料浪费,统计分析也将得不到正确的结论。统计整理是直接决定统计研究的任务能否顺利完成的关键。

3. 统计整理是积累历史资料的必要手段

统计研究中需要运用各种统计分析方法,如动态对比分析,这就需要有长期累积的历史资料,而根据累积资料的要求,对已有的统计资料进行筛选,以及按照一定的口径对现有的资料重新归类、汇总等,都需要通过统计整理来完成。

★相关链接

有个从未管过自己孩子的统计学家,在一个星期六下午妻子要外出买东西时,勉强答应照看一下4个年幼好动的孩子。当妻子回家时,他交给妻子一张纸条,上写:"擦眼泪11次;系鞋带15次;给每个孩子吹玩具气球各5次,每个气球的平均寿命10秒钟;警告孩子不要横穿马路26次;孩子坚持要穿过马路26次;我还想再过这样的星期六0次。"

3.1.2 统计整理的步骤

统计整理包含以下几个步骤:整理方案的设计,数据的预处理,数据分类汇总和统计分组,编制统计图表,数据的保存与公布。

1. 整理方案的设计

设计整理方案,需要根据研究的目的,确定对所搜集资料的哪些内容进行整理,哪些资料需要分类汇总或统计分组,采用何种统计指标,数据处理的方法与运用的分析软件,数据的显示形式等内容。

2. 数据的预处理

数据的预处理是数据整理的先行步骤,是在对数据分类或分组之前所做的必要处理,包括数据的审核、筛选、排序及制作数据透视表。

3. 数据分类汇总和统计分组

数据经过预处理后,还需根据数据不同的类型进行整理。数据分类汇总和统计分组是统计整理的关键步骤,就是根据统计研究的目的和研究对象的特点,借助必要的数据处理方法和分析软件,按照不同数据类型,做出相应的处理,如品质数据(分类数据和顺序数据)主要做分类整理,数值型数据主要做分组整理。

4. 编制统计图表

编制统计图表是表现整理结果的步骤，就是将分类汇总或分组后的数据，用适当的统计图、统计表显示出来，直观、准确、清楚地表达出研究对象总体的有关数量特征，便于开展统计分析。

5. 数据的保存与公布

数据的保存与公布是统计整理的最后一个步骤，就是将统计整理的结果以适当的形式加以保存，并以适当的内容、形式和范围加以公布。

3.2 数据预处理

3.2.1 数据的审核

在对统计数据进行整理时，首先要进行审核，以保证数据的质量，为进一步的整理与分析打下基础。从不同渠道取得的统计数据，其审核内容和方法有所不同，不同类型的统计数据在审核内容和方法上也有所差异。

对于通过直接调查取得的原始数据，审核的方面主要包括完整性、准确性和及时性。

完整性审核主要是检查应调查的单位或个体是否有遗漏，所有的调查项目或指标是否填写齐全，填报单位是否有不报或漏报的现象等。不完整、不系统的数据资料难以反映现象的总体特征和规律，也将会影响到数据的整理和分析工作。

准确性审核主要包括两方面：一是检查数据资料是否真实地反映了客观实际情况，内容是否符合实际；二是检查数据是否有错误，计算是否正确等。审核数据准确性的方法主要有逻辑检查和计算检查。逻辑检查主要是从定性角度审核数据是否符合逻辑，内容是否合理，各项目或数字之间有无相互矛盾的现象。比如年龄是 8 岁的儿童，学历为大学本科，对于这种违背逻辑的项目应予以纠正。逻辑检查主要用于对分类数据和顺序数据的审核。计算检查是检查调查表中的各项数据在计算结果和计算方法上有无错误。比如各分项数字之和是否等于相应的合计数，各结构比例之和是否等于 1 或 100%，出现在不同表格上的同一指标数值是否相同，等等。计算检查主要用于对数值型数据的审核。

及时性审核主要是看数据资料是否符合调查规定的时间，报送是否及时等。

对于通过其他渠道取得的二手数据资料，除了对其完整性和准确性进行审核外，还应着重审核数据的适用性和时效性。二手数据可以来自多种渠道，有些数据可能是为特定目的通过专门调查而取得的，或者是已经按特定目的的需要做了加工整理。对于使用者来说，首先应弄清楚数据的来源、数据的口径以及有关的背景材料，以便确定这些数据是否符合分析研究的需要，是否需要重新加工整理等，不能盲目生搬硬套。此外，还要对数据的时效性进行审核，对于有些时效性较强的问题，如果所取得的数据过于滞后，就失去了研究的意义。一般来说，应尽可能使用最新的统计数据。数据经过审核后，确认适合于实际需要，才有必要做进一步的加工整理。

★ 相关链接

在花费同样的时间和劳动的情况下，完整细致地检查数据的收集过程或者说试验过程，常常会增加10倍或12倍的收益。试验结束后向一个统计学家咨询的，常常是要他提出一个后续的检验，他或许能指出试验失败的原因。

——罗纳德·艾尔默·费歇尔

3.2.2 数据的筛选

数据的筛选包括两方面内容：一是将某些不符合要求的数据或有明显错误的数据予以剔除；二是将符合某种特定条件的数据筛选出来，对不符合特定条件的数据予以剔除。数据的筛选在市场调查中具有重要的作用，既可以判断录入的数据是否存在错漏，又可以将所需要的数据筛选出来。

3.2.3 数据的排序

数据的排序是按一定顺序将数据排列，以便研究者发现数据的明显特征或趋势，找到解决问题的线索。除此之外，排序还有助于对数据检查纠错，为重新归类或分组等提供依据。在某些场合，排序本身就是分析的目的之一。例如，大学学习期间，要对新招收的学生进行英语分班教学，按照学生的英语学习水平分为A、B、C班，则可对新招收的学生按照高考英语成绩进行排序，按照分数的高低区分出不同班级。另外，大学生评优中，也可运用数据排序的方法获得所需信息，如按照大学生综合测评成绩进行排序，以了解大学生各方面能力的强弱，区分出优劣，达到分析问题的目的。

对于品质数据，通常按照英文中26个字母顺序排序，排序有升序与降序之分，升序与字母的自然排列顺序（从A到Z的顺序）相同，降序与字母的自然排列顺序相反，即从Z到A的顺序排列。

数值型数据的排序有两种：递增和递减。设一组数据为 X_1，X_2，…，X_N，递增排序后可表示为 $X_{(1)} < X_{(2)} < \cdots < X_{(N)}$；递减排序可表示为 $X_{(1)} > X_{(2)} > \cdots > X_{(N)}$。

无论是品质数据还是数值型数据，排序均可借助 Excel 完成。

3.2.4 数据透视表

记录数量众多、以流水账形式记录、结构复杂的工作表，为了将其中的一些内在规律显现出来，可将工作表重新组合并添加算法，即建立数据透视表。

数据透视表是一种对大量数据快速汇总和建立交叉列表的交互式表格，能帮助用户分析、组织数据。利用它可以很快地从不同角度对数据进行分类汇总，可以对数据表的重要信息按照使用者的习惯或分析要求进行汇总和作图，形成一个符合需要的交叉列联表。数据透视表的作用就是帮助人们看透数据背后的意义，洞悉管理的真相。制作数据透视表时，数据源表的首行必须有列标题。

3.3 品质数据的整理与图示

数据经过预处理后,如果没能获得所需要的数据的基本特征和规律,可进一步做分类或分组整理。在对数据进行整理时,首先要弄清数据的类型,因为对于不同类型的数据所采取的处理方式和所适用的处理方法是不同的。对品质数据(分类数据和顺序数据)主要是做分类整理,对数值型数据则主要是做分组整理。品质数据的整理和图示方法适用于数值型数据,数值型数据的整理和图示方法不一定适用于品质数据。

3.3.1 分类数据的整理与图示

分类数据是归于某一类别的非数值型的数据,本身就是对事物的一种分类,因此,在整理时主要是制作频数分布表。频数分布表中首先要列出各种类别;其次要计算出每一类别的频数、频率或比例、比率,同时选择适当的图形进行显示,以便对数据及其特征有一个初步的了解。

1. 频数分布表的制作

(1)频数。频数也称次数,是落在各类别中的数据个数。把各个类别及其相应的频数全部列出来就是频数分布或称次数分布。将频数分布用表格的形式表现出来就是频数分布表。

【例3-1】为了解某地区私家车占有率,某汽车公司随机抽取了30名被调查者进行了调查。表3-1是调查员对30名被调查者的性别和是否有私家车的记录数据,试对数据进行整理,以观察私家车占有率,并做出描述性分析。

表 3-1 被调查者基本资料

性别	是否有私家车	性别	是否有私家车
男	是	女	否
男	是	男	否
男	是	女	否
男	是	男	否
男	是	男	否
男	否	女	否
男	否	女	否
女	是	男	否
男	是	女	否
男	否	男	否
男	否	男	否
男	否	女	否
男	否	男	否
女	是	女	否
女	否	女	是

这里的变量有"性别"和"是否有私家车",这些变量都属于分类变量,具体结果为分类数据,如需要详细了解私家车占有率及与性别之间的关系,可运用数据透视表的方法制作频数分布表,调查数据经分类整理后形成的频数分布表见表3-2。

表3-2 是否有私家车和性别的频数分布表

计数项:是否有私家车	列标签		
行标签	男	女	总计
否	13	8	21
是	6	3	9
总计	19	11	30

很显然,如果不做分类整理,直接观察表3-1中的数据,既不便于理解,也不便于分析。经分类整理后,可以大大简化数据,很容易看出私家车占有率状况。

(2) 比例。比例是一个总体(或样本)中各个部分的数量占总体(或样本)数量的比重,通常用于反映总体(或样本)的构成或结构。假定总体(或样本)数量 N 被分成 K 个部分,每一部分的数量分别为 N_1,N_2,…,N_K,则比例定义为 $\frac{N_i}{N}$。显然,各部分的比例之和等于 1,即 $\frac{N_1}{N} + \frac{N_2}{N} + \cdots + \frac{N_K}{N} = 1$。

比例是将总体中各个部分的数值都变成同一个基数,也就是都以 1 为基数,这样就可以对不同类别的数值进行比较了。比如在例3-1中,有私家车的比例为0.3,没有私家车的比例为0.7。

(3) 百分比。将比例乘以100%就是百分比或百分数,它是将对比的基数抽象化为100而计算出来的,用%表示。比如在例3-1中,有私家车的比重为30%,没有私家车的比重为70%。

百分比较为常用,它也是一个更为标准化的数值,很多相对数都可以用百分比表示。如果分子的数值很小而分母的数值很大,也可以用千分数(‰)来表示比例,如人口普查中的指标人口的出生率、死亡率、自然增长率等都可用千分数来表示。

(4) 比率。比率是各不同类别的数量的比值。它可以是一个总体(或样本)中各不同部分的数量对比,比如在例3-1中,没有私家车的人数与有私家车的人数的比率是7:3。为便于理解,通常将分母化为1,比如,没有私家车的人数与有私家车人数的比率是2.33:1。

由于比率不是总体中部分与整体之间的对比关系,因而比值可能大于1。方便起见,比率可以不用1作为基数,而用100或其他便于理解的数作为基数。比如,人口的性别比就用每100名女性人口所对应的男性人口来表示,如我国人口性别比为105:100,表示每100个女人对应105个男人,说明男性人口数量略多于女性人口。

原始数据经过整理后,得到的频数分布表(用Excel中的直方图方法)见表3-3。整理出来的资料显示,调查的样本中私家车占有率仅为30%,有较大的市场空间。

表 3-3　私家车占有率频数分布表

是否有私家车	频数	比例	百分比/%
否	21	0.7	70
是	9	0.3	30
合计	30	1	100

2. 分类数据的图示

原始数据整理后可用表格形式表现出来，如表 3-2、表 3-3 等形式的频数分布表。为了更直观、更形象地表现整理后的数据资料，可以应用图形来展现。

一张好的统计图，往往胜过冗长的文字表述。统计图的类型有很多，多数统计图除了可以绘制二维平面图外，还可以绘制三维立体图。图形的制作均可由计算机来完成。分类数据的图示方法，主要有柱形图、条形图（柱形图和条形图可统称为条形图）、饼图、帕累托图等。如果两个总体或两个样本的分类相同且问题可比，还可以绘制对比条形图和环形图。

（1）柱形图。柱形图是用宽度相同的条形的高度来表示数据变动的图形。例如，根据表 3-3 数据绘制的柱形图如图 3-3 所示。

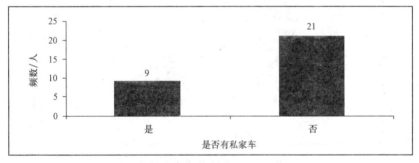

图 3-3　是否有私家车分布柱形图

（2）条形图。条形图是用宽度相同的条形的长短来表示数据变动的图形。例如，根据表 3-3 数据绘制的条形图如图 3-4 所示。

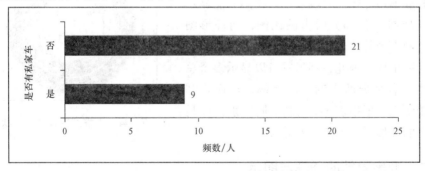

图 3-4　是否有私家车分布条形图

（3）饼图。饼图是用圆形及圆内扇形的面积来表示数值大小的图形。饼图主要用于表示总体中各组成部分所占的比例，对于研究结构性问题十分有用。例如，根据表 3-3 数据绘制的饼图如图 3-5 所示。

（4）帕累托图。帕累托图是以意大利经济学家 V. Pareto 的名字而命名的，又称排列图、主次图，是按照发生频数从大到小的顺序排列而成的图形，表示有多少结果是由已确认类型或范畴的原因所造成。它是将出现的质量问题和质量改进项目按照重要程度依次排列而采用的一种图表。帕累托图可以用来分析质量问题，确定产生质量问题的主要因素，按等级排序的目的是指导如何采取纠正措施，从概念上说，帕累托图与帕累托法则是一脉相承的，该法则认为相对来说数量较少往往造成绝大多数的问题或缺陷。

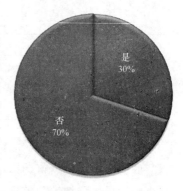

图 3-5　是否有私家车分布饼图

根据原始数据表 3-1，运用 Excel 直方图方法制作的帕累托图如图 3-6 所示。

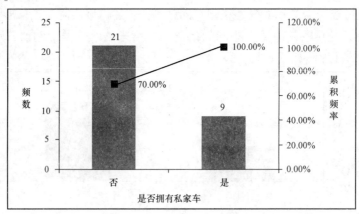

图 3-6　私家车拥有帕累托图

（5）环形图。环形图与饼图类似，但又有区别。环形图中间有一个"空洞"，总体（样本）中的每一部分数据用环中的一段表示。饼图只能显示一个总体（样本）各部分所占的比例，而环形图可以同时绘制多个总体的数据系列，每一个总体的数据系列为一个环。因此，环形图可以显示多个总体（或样本）各部分所占的相应比例，从而有利于进行比较研究。根据表 3-2 绘制不同性别群体是否有私家车的环形图，如图 3-7 所示。

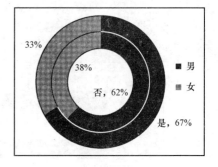

图 3-7　男、女性别拥有私家车状况环形图

3.3.2　顺序数据的整理与图示

1. 频数分布表的制作

分类数据的整理，在制作频数分布表时，可计算频数、比例、百分比、比率，在制作图形时，可制作柱形图、条形图、帕累托图、饼图、环形图等，这些都适用于对顺序数据的整

理与显示。对于顺序数据，除了可使用上面的整理与显示技术外，还可以计算累积频数和累积频率（百分比）、绘制累积频数分布图，这些方法适用于对顺序数据的整理与显示，却不适用于分类数据。

（1）累积频数。就是将各类别的频数逐级累加起来，累积频数有向上累积和向下累积之分，顺序数据和数值型数据都可计算累积频数。顺序数据向上累积即从顺序开始向顺序结束的方向累加频数，数值型数据则是从变量值小向变量值大的方向累加频数；顺序数据向下累积即从顺序结束向开始的方向累加频数，数值型数据则是从变量值大向变量值小的方向累加频数。通过累积频数，可以很容易地看出某一类别（或数值）以下及某一类别（或数值）以上的频数之和。

（2）累积频率或百分比。就是将各类别的百分比逐级累加起来，也有向上累积和向下累积两种方法，方法与累积频数雷同。

【例3-2】对某公司30名职工学历层次进行调查，结果显示，该公司职工的学历层次为：高中及以下、大专、本科、研究生及以上。经整理后得到的频数分布表结果见表3-4（制作频数分布表的方法与分类数据的相同）。

表3-4 职工学历层次频数分布表

学历	人数/人	百分比/%	向上累积		向下累积	
			人数/人	百分比/%	人数/人	百分比/%
高中及以下	4	13.3	4	13.3	30	100.0
大专	12	40.0	16	53.3	26	86.7
本科	13	43.3	29	96.7	14	46.7
研究生及以上	1	3.3	30	100.0	1	3.3
合计	30	100.0	—	—	—	—

2. 顺序数据的图示

根据累积频数或累积频率，可以绘制累积频数或频率分布图。例如，根据表3-4数据绘制的累积频数分布图如图3-8所示。

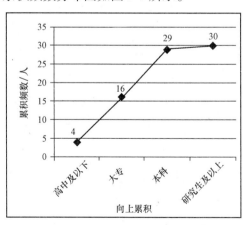
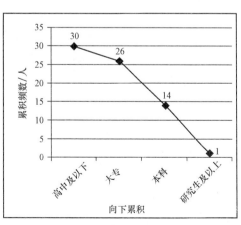

图3-8 学历层次分布累积频数分布图

3.4 数值型数据的整理与图示

分类数据和顺序数据的整理与图示方法,也都适用于对数值型数据的整理与显示。但数值型数据还有一些特定的整理和图示方法,并不适用于品质数据。

3.4.1 频数分布表的制作

数值型数据在整理时通常是对数据进行分组,就是根据统计研究的需要,将数据按照某种标准分成不同的组别。分组后再计算出各组中出现的次数或频数,就形成了一张频数分布表。分组的方法有单变量值分组和组距分组两种。

1. 单变量值分组

单变量值分组是把每一个变量值作为一组,这种分组方法通常只适合离散变量且变量值较少、变量值变动范围不大的情况。下面举例说明单变量值分组的编制方法。

【例3-3】某生产车间50名工人看管机器台数(单位:台)如下。试采用单变量值对数据进行分组。

5	6	4	3	4	5	4	3	3	3
2	3	2	4	6	6	3	2	2	4
6	6	5	5	5	3	2	2	4	4
5	6	3	4	4	3	2	3	4	6
2	3	4	6	5	3	2	3	4	6

从上面的数据可以看出,看管机器台数属于离散变量,有2、3、4、5、6共5个不同的变量值,所以可进行单变量值分组,制作频数分布表的方法可在Excel中进行,方法与品质数据制作频数分布表的方法相同。采用单变量值分组形成的频数分布表见表3-5所示。

表3-5 某生产车间50名工人看管机器台数分组表

看管机器台数/台	人数/人	百分比/%
2	9	18
3	13	26
4	12	24
5	7	14
6	9	18
合计	50	100

2. 组距分组

在变量为离散型变量且变量值较多、变量值变动范围较大或变量为连续型变量的情况下,可采用组距分组,它是将全部变量值依次划分为若干个区间,并将这一区间的变量值作为一组。在组距分组中,一个组的最小值称为下限,一个组的最大值称为上限。下面举例说明组距分组的编制方法。

【例 3-4】 为了了解某地房地产业的消费者购买行为,某调查公司随机抽取 30 名顾客进行了调查,得到房屋购买面积的数据资料(单位:平方米)如下:

150	145	150	125	120	55
120	125	130	115	100	60
120	100	65	100	80	57
98	100	100	100	100	60
56	100	51	100	80	62

根据以上数据资料进行组距分组,步骤为:

第一步:将原始数据按从小到大的顺序排序,并计算出全距,全距 = 最大值 – 最小值。

51	60	98	100	115	125
55	62	100	100	120	130
56	65	100	100	120	145
57	80	100	100	120	150
60	80	100	100	125	150

本例中,全距 = 150 – 51 = 99。

第二步:确定组数。一组数据分为多少组较为合适?这一般与数据本身的特点及数据的多少有关。由于分组目的之一是观察数据分布的特征,因此组数的多少应适中。若组数太少,数据的分布就会过于集中,而组数太多,数据的分布就会过于分散,都不便于观察数据分布的特征和规律。组数的确定应以能够显示数据的分布特征和规律为目的。在实际分组时,可以按 Sturges 提出的经验公式来确定组数 K:

$$K = 1 + \frac{\lg n}{\lg 2} \tag{3-1}$$

式(3-1)中,n 为数据的个数,对结果用四舍五入的办法取整数即为组数。本例中的数据个数为 30,那么可以确定的组数为:$K = 1 + \lg 30 \div \lg 2 \approx 6$,即应分为 6 组。当然,这只是一个经验公式,实际应用时,可根据数据的多少和特点及分析的要求,参考这一标准灵活确定组数,比如本例中可适当降低组数,取组数为 5。

第三步:确定各组的组距。组距是一个组的上限与下限之差,可根据全部数据的全距及所分的组数来确定,即组距 = 全距 ÷ 组数。本例中的数据,则组距 = 99 ÷ 5 = 19.8。为便于计算,组距宜取 5 或 10 的倍数,而且第一组的下限值应小于或等于最小变量值,最后一组的上限应大于或等于最大变量值。本例组距可取 20。

第四步:根据分组整理成频数分布表。根据上面的数据进行分组,可得频数分布表见表 3-6。

表3-6　30名顾客房屋购买面积分布表

按购买面积分组	人数/人	百分比/%
50~70	8	26.7
70~90	2	6.7
90~110	10	33.3
110~130	6	20.0
130~150	4	13.3
合计	30	100.0

采用组距分组时，一定要遵循"不重不漏"的原则。"不重"是指某一个数据只能分在其中的某一组，不能在其他组中重复出现；"不漏"是指在所分的全部组别中每个数据都能分在其中的某一组，不能遗漏。

为解决"不重"的问题，统计分组时习惯上规定"上组限不在内"，即当相邻两组的上下限重叠时，恰好等于某一组上限的变量值不算在本组内，而算在下一组内。例如，在表3-6的分组中，70这一数值不计算在"50~70"这一组内，而计算在"70~90"组中，其余类推。当然，对于离散变量可以采用相邻两组组限间断的办法解决"不重"的问题。

对于连续变量，可以采取相邻两组组限重叠的方法，根据"上组限不在内"的规定解决"不重"的问题，也可以对一个组的上限值采用小数点的形式，小数点的位数根据所要求的精度具体确定。例如，对零件尺寸可以分组为10~11.99，12~13.99，14~15.99，等等。

在组距分组中，如果全部数据中的最大值和最小值与其他数据相差悬殊，为避免出现空白组（即没有变量值的组）或个别极端值被漏掉，第一组和最后一组可以采用"××以下"及"××以上"这样的开口组，以解决"不漏"的问题。例如，在例3-4的30个数据中，假定将最小值改为38，最大值改为152，若采用上面的分组就会出现"空白组"，这时可采用开口组，见表3-7。

表3-7　30名顾客房屋购买面积分布表

按购买面积分组	人数/人	百分比/%
70以下	8	26.7
70~90	2	6.7
90~110	10	33.3
110~130	6	20.0
130以上	4	13.3
合计	30	100.0

在组距分组时，如果各组的组距相等则称为等距分组，如上面的几种分组就是等距分组。有时，对于某些特殊现象或为了特定研究的需要，各组的组距也可以是不相等的，称为不等距分组。比如，对人口年龄结构的分组，在统计中，可根据人口成长的生理特点和国际标准统计的需要分成0~14岁（少儿组）、15~64岁（劳动适龄人口组）、65岁及以上（老年组）等。

等距分组由于各组的组距相等，各组频数的分布不受组距大小的影响。它同消除组距因素影响的频数密度（即单位组距内分布的频数，也称次数密度）的分布是一致的，因此可直接根据绝对频数来观察频数分布的特征和规律。而不等距分组因各组组距不同，各组频数的分布受组距大小不同的影响，因此各组绝对频数的多少并不能反映频数分布的实际状况。为消除组距不同对频数分布的影响，需要计算频数密度，即频数密度＝频数÷组距。频数密度能准确反映频数分布的实际状况。

此外，组距分组掩盖了各组内的数据分布状况，为反映各组数据的一般水平，通常用组中值（Class Midpoint）作为该组数据的一个代表值，即：

组中值＝（下限值＋上限值）/2

缺上限开口组组中值＝下限值＋邻组组距/2

缺下限开口组组中值＝上限值－邻组组距/2

但这种代表值有一个必要的假定条件，即各组数据在本组内呈均匀分布或在组中值两侧呈对称分布。如果实际数据的分布不符合这一假定，用组中值作为一组数据的代表值会有一定的误差。

为了统计分析的需要，有时需要观察某一数值以下或某一数值以上的频数或频率之和，因此还可以计算出累积频数或累积频率。在表 3-6 的基础上，编制的累积频数和累积频率见表 3-8。

表 3-8　30 名顾客房屋购买面积累积频数和累积频率分布表

按购买面积分组	人数/人	百分比/%	向上累积		向下累积	
			频数/人	频率/%	频数/人	频率/%
50～70	8	26.7	8	26.7	30	100.0
70～90	2	6.7	10	33.3	22	73.3
90～110	10	33.3	20	66.7	20	66.7
110～130	6	20.0	26	86.7	10	33.3
130～150	4	13.3	30	100.0	4	13.3
合计	30	100.0	—	—	—	—

3.4.2　数值型数据的图示

品质数据的图形如柱形图、条形图、饼图、环形图及累积频数分布图等都适用于显示数值型数据。此外，对数值型数据还有以下一些图示方法。

1. 分组数据——直方图

通过数据分组后形成的频数分布表，可以初步看出数据分布的一些特征和规律。例如，从表 3-6 中可以看出，在所调查的顾客中，购房面积在 90 平方米到 110 平方米的人数最多，共 10 人，购房面积在 70 平方米到 90 平方米的人数最少，共 2 人。如果用图形来表示这一分布的结果，会更加形象和直观。显示分组数据频数分布特征的图形主要有直方图，当然在直方图的基础上绘制折线图和曲线图也可以反映分组数据的特征。

直方图是用矩形的宽度和高度来表示频数分布的图形。在平面直角坐标系中，横轴表示数据分组，纵轴表示频数或频率，这样各组与相应的频数就形成了一个矩形，即直方图。比如，根据表 3-6 数据绘成的直方图如图 3-9 所示。

依据直方图可以直观地看出所调查顾客购房面积大小及其人数的分布状况。

对于等距分组数据，可以用矩形的高度直接表示频数的分布。如果是不等距分组数据，用矩形的高度来表示各组频数的分布就不再适用。这时，可以用

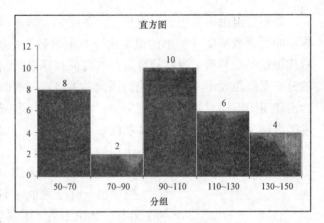

图 3-9 顾客购房面积分布直方图

矩形的面积来表示各组的频数分布，或根据频数密度来绘制直方图，从而准确地表示各组数据分布的特征。实际上，无论是等距分组数据还是不等距分组数据，用矩形的面积或频数密度来表示各组的频数分布都更为合适，因为这样可使直方图下的总面积等于 1。比如在等距分组中，矩形的高度与各组的频数成比例，如果取矩形的宽度（各组组距）为一个单位，高度表示比例（即频率），则直方图下的总面积等于 1。在直方图中，实际上是用矩形的面积来表示各组的频数分布。

直方图与柱形图不同，柱形图是用矩形的高度表示各类别频数的多少，其宽度（表示类别）是固定的；直方图是用面积表示各组频数的多少，矩形的高度表示每一组的频数或百分比，宽度则表示各组的组距，因此其高度与宽度均有意义。此外，由于分组数据具有连续性，直方图的各矩形通常是连续排列，柱形图则是分开排列。

2. 原始数据——茎叶图和箱线图

（1）茎叶图。茎叶图由"茎"和"叶"两部分构成，其图形是由数字组成的。茎叶图既能看出数据的分布状况，又能看出每一个原始数值。通过茎叶图，可以看出数据的分布形状及数据的离散状况，比如，分布是否对称，数据是否集中，是否有极端值等。

绘制茎叶图的关键是设计好树茎，通常是以该组数据的高位数值作为树茎，树茎一经确定，树叶就自然地长在相应的树茎上了。如 234 分成"23"与"4"，56 分成"5"和"6"，前部分是树茎，后部分是树叶。以例 3-4 的数据作茎叶图，如图 3-10 所示。

树茎	树叶	数据个数
5	1567	4
6	005	3
8	00	2
9	8	1
10	000000000	9
11	5	1
12	00055	5
13	0	1
14	5	1
15	00	2

图 3-10 顾客购房面积分布茎叶图

茎叶图类似横置的直方图,所表现的数据分布特征与直方图十分类似。直方图也能很好地显示数据的分布状况,但没有保留原始数值的信息。茎叶图既能显示数据的分布状况,又保留了原始数据的信息。直方图一般适用于大批量数据,茎叶图通常适用于小批量数据。

(2)箱线图。箱线图是由一个箱子和两条线段组成的图形。箱子和线段是由一组数据的5个特征值组成的。5个特征值是最大值、最小值、中位数(排序后处在中间位置的变量值)、第一四分位数和第三四分位数(即下四分位数和上四分位数,下四分位数是排序后处在四分之一位置的变量值,上四分位数是排序后处在四分之三位置的变量值,第4章中将具体介绍)。连接两个四分位数,画出一个箱子,箱子用中位数分割,把两个极端值与箱子用线条连接,即成箱线图。

【例3-5】 某工厂为了提高工作效率,准备在某车间实行一种新的作业方式,为保险起见,在推行这种新的工作方法之前,首先进行了对照试验。现随机挑出两组工人,一组用新的工作方式进行试验,简称试验组,另一组则用原来的工作方式进行对照,简称对照组。现测得两组工人的工作效率(每小时产量),见表3-9。

表3-9 两组工人每小时加工的产品数量

项目	工作效率/(个·小时$^{-1}$)							
试验组	35	41	40	37	43	32	39	46
对照组	32	39	34	36	32	38	34	31

根据表3-9数据可绘制箱线图,如图3-11所示。

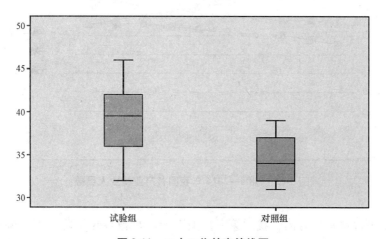

图3-11 工人工作效率箱线图

从图3-11中可看出,试验组工人工作效率明显高于对照组,试验组工人平均工作效率较高(中位数较高),从工作效率的离散程度来看,试验组工作效率较为离散,对照组较为集中(箱子较短)。

3. 时间序列数据——折线图

如果数值型数据是在不同时间上取得的,即时间序列数据,还可以绘制折线图。折线图是在平面坐标上用折线表现数量变化特征和规律的统计图。折线图主要用于显示时间序列数据,以反映事物发展变化的规律和趋势。

【例 3-6】2005—2014 年我国各产业就业人员数数据见表 3-10,试绘制折线图。

表 3-10 2005—2014 年我国各产业就业人员数　　　　　单位:万人

年份	第一产业	第二产业	第三产业
2005	33 441.9	17 766.0	23 439.2
2006	31 940.6	18 894.5	24 142.9
2007	30 731.0	20 186.0	24 404.0
2008	29 923.3	20 553.4	25 087.2
2009	28 890.5	21 080.2	25 857.3
2010	27 930.5	21 842.1	26 332.3
2011	26 594.2	22 543.9	27 281.9
2012	25 773.0	23 241.0	27 690.0
2013	24 171.0	23 170.0	29 636.0
2014	22 790.0	23 099.0	31 364.0

根据表 3-10 数据绘制的折线图如图 3-12 所示。

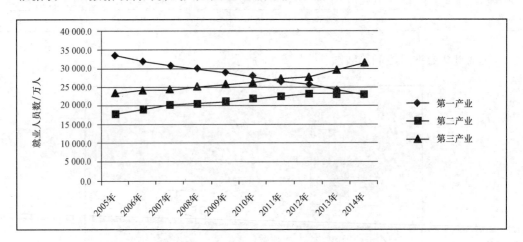

图 3-12 2005—2014 年我国各产业就业人员数

从图 3-12 可以清楚地看出,我国第一产业就业人员数逐年下降,下降幅度大,第二产业和第三产业就业人员数逐年上升,特别是第三产业就业人员数上升幅度较大。

绘制折线图时应注意以下几点:

(1) 时间一般绘在横轴,指标数据绘在纵轴。

(2) 图形的长宽比例要适当,一般应绘成横轴略大于纵轴的长方形,其长宽比例大致为 10∶7。图形过扁或过于瘦高,不仅不美观,而且会给人造成视觉上的错觉,不便于对数据变化的理解。

(3) 一般情况下,纵轴数据下端应从 0 开始,以便于比较。数据与 0 的间距过大时,可以采取折断的符号将纵轴折断。

4. 多变量数据——散点图、气泡图、雷达图

两个或两个以上变量的数据进行展示时，可采用多变量的图示方法，常见的有散点图、气泡图和雷达图。

（1）散点图。散点图是以直角坐标系的横轴代表变量 X，纵轴代表变量 Y，将两个变量间相对应的变量值用坐标点的形式描绘出来，用来反映两变量之间关系的图形。

【例 3-7】 居民人均消费支出与居民人均可支配收入和人均储蓄等有一定关系。为了解它们之间的关系形态，搜集如下数据，见表 3-11，试绘制人均消费支出与人均可支配收入的散点图，并分析它们之间的关系。

表 3-11　人均消费支出、人均可支配收入、人均储蓄数据资料　　单位：元/人

样本	人均消费支出	人均可支配收入	人均储蓄
1	11 283	15 882	23 258
2	7 793	9 564	19 175
3	13 121	16 884	59 787
4	7 428	8 544	20 647
5	10 739	14 443	38 261

根据表 3-11 的数据绘制的散点图如图 3-13 所示。

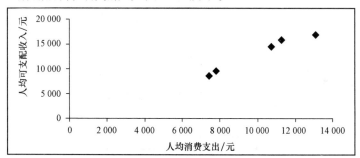

图 3-13　人均消费支出与人均可支配收入的散点图

从图 3-13 中可看出，人均可支配收入与人均消费支出之间有明显的线性关系，随着人均可支配收入的提高，人均消费支出也随之增加。

（2）气泡图。气泡图可用于展示三个变量之间的关系。绘制时一个变量放在横轴，另一个变量放在纵轴，第三个变量则用气泡的大小来表示。例如，根据表 3-11 绘制的气泡图如图 3-14 所示。

从图 3-14 中可看出，随着人均可支配收入和人均储蓄的提高，人均消费支出也在提高。

（3）雷达图。设有 n 组样本 $S_1, S_2, \cdots, S_n$，每个样本测得 P 个变量 $X_1, X_2, \cdots, X_p$，要绘制这 P 个变量的雷达图，其具体做法是：先作一个圆，然后将圆 P 等分，得到 P 个点，令这 P 个点分别对应 P 个变量，再将这 P 个点与圆心连线，得到 P 个辐射状的半径，这 P 个半径分别作为 P 个变量的坐标轴，每个变量值的大小由半径上的点到圆心的距离表示，再将同一样本的值在 P 个坐标上的点连线。这样，n 个样本形成的 n 个多边形就是一个雷达图。

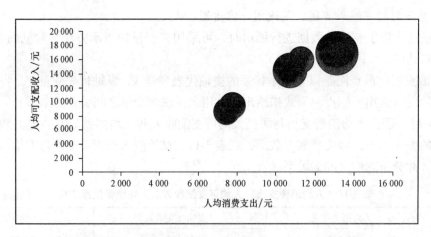

图 3-14 人均消费支出与人均可支配收入、人均储蓄的气泡图

【例 3-8】某调查公司对甲、乙两市家庭平均每人各项生活消费支出构成进行了调查，数据见表 3-12。试绘制雷达图。

表 3-12 两市家庭人均生活消费支出构成　　　　　　　　　　单位：%

项 目	甲市	乙市
食品	36.2	44.0
衣着	12.0	10.0
家庭设备用品及服务	9.5	8.0
医疗保健	7.0	5.0
交通通信	9.0	7.0
娱乐教育文化服务	15.3	12.4
居住	11.0	13.6

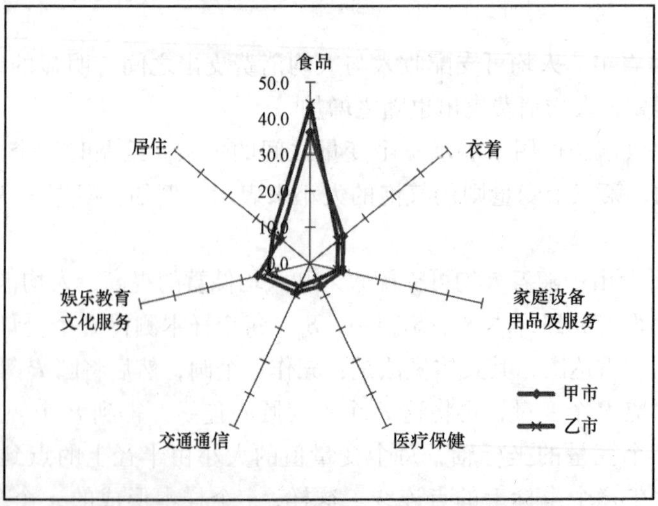

图 3-15 两市家庭人均生活消费支出构成雷达图

从图 3-15 中可看出，无论是甲市还是乙市，家庭消费支出中食品支出的比重都最大，医疗保健的支出都最小。

3.5 统计表

3.5.1 统计表的概念和结构

把经过调查整理汇总计算而得到的统计数据按一定结构和顺序，系统地排列在一定的表格内，就形成了统计表。统计表是表现统计数据的基本工具。经过整理的统计数据用统计表的形式来表现，较之于冗长的文字叙述更为醒目、清楚，也便于数据的检查、核对和比较分析。

统计表有以下几个作用：

第一，能使大量的统计资料系统化、条理化，因而能更清晰地表述统计资料的内容。

第二，利用统计表便于比较各项目（指标）之间的关系，而且便于计算。

第三，采用统计表表述统计资料显得紧凑、简明、醒目，使人一目了然。

第四，利用统计表易于检查数字的完整性和正确性。

统计表既是调查整理的工具，又是分析研究的工具。广义的统计表包括统计工作各个阶段中所用的一切表格，如调查表、整理表、计算表等，它们都是用来提供统计资料的重要工具。

统计表从形式上看一般由总标题、横行标题、纵列标题、数字资料等要素构成，必要时在表的下方加上表外附加。总标题是统计表的名称，概括全表的核心内容，置于表的正上方。横行标题放在表内的左端，通常表示研究的对象。纵列标题放在表内的右上端，通常就是指标名称。表外附加主要包括数据来源、变量的注释和必要的说明等内容。统计表的结构如表 3-13 所示。

表 3-13 2015 年我国文化及相关产业增加值核算结果

类别名称	绝对额/亿元	同比增长/%	所占比重/%
第一部分 文化产品的生产	17 071	13.4	62.7
一、新闻出版发行服务	1 299	7.4	4.8
二、广播电视电影服务	1 227	15.8	4.5
三、文化艺术服务	1 255	10.0	4.6
四、文化信息传输服务	2 858	16.3	10.5
五、文化创意和设计服务	4 953	13.5	18.2
六、文化休闲娱乐服务	2 044	19.4	7.5
七、工艺美术品的生产	3 435	10.6	12.6
第二部分 文化相关产品的生产	10 164	7.1	37.3
八、文化产品生产的辅助生产	3 132	8.0	11.5

续表

类别名称	绝对额/亿元	同比增长/%	所占比重/%
九、文化用品的生产	6 105	7.1	22.4
十、文化专用设备的生产	927	4.3	3.4
合计	27 235	11.0	100.0

注：绝对额按现价计，同比增长为名义增长速度，未扣除价格因素。

资料来源：国家统计局. 2015年我国文化及相关产业增加值比上年增长11%

3.5.2 统计表的设计技巧

由于使用者的目的以及统计数据的特点不同，统计表的设计在形式和结构上会有较大差异，但设计的基本要求则是一致的。总体上看，统计表的设计应符合科学、实用、简练、美观的要求。具体来说，设计统计表时要注意以下几点：

第一，要合理安排统计表的结构，比如行标题、列标题、数字资料的位置应安排合理。当然，由于强调的问题不同，行标题和列标题可以互换，但应使统计表的横竖长度比例适当，避免出现过高或过长的表格形式。

第二，表头一般应包括表号、总标题和表中数据的单位等内容。总标题应简明确切地概括出统计表的内容，一般需要表明统计数据的时间（When）、地点（Where）以及何种数据（What），即标题内容应满足3W要求。

第三，如果表中的全部数据都是同一计量单位，可放在表的右上角标明，若各指标的计量单位不同，则应放在每个指标后或单列出一列标明。

第四，表中的上下两条线一般用粗线，中间的其他线要用细线，这样使人看起来清楚、醒目。通常情况下，统计表的左右两边不封口，列标题之间一般用竖线隔开，而行标题之间通常不必用横线隔开。总之，表中尽量少用横、竖线。表中的数据一般是右对齐，有小数点时应以小数点对齐，而且小数点的位数应统一。对于没有数字的表格单元，一般用"—"表示，一张填好的统计表不应出现空白单元格。

第五，在使用统计表时，必要时可在表的下方加上注释，特别要注意注明资料来源，以表示对他人劳动成果的尊重，方便读者查阅使用。

思考与练习

一、思考题

1. 统计整理的意义是什么？
2. 统计整理的步骤包含哪些内容？
3. 数据的预处理包括哪些内容？
4. 分类数据和顺序数据的整理和图示方法各有哪些？
5. 直方图与柱形图有何区别？直方图与茎叶图有何区别？
6. 数值型数据的图示方法有哪些？
7. 统计表由哪几个主要部分组成？

8. 制作统计表时应注意哪几个问题?

二、单项选择题

1. 统计整理是统计工作的( )。
   A. 基础环节
   B. 中间环节
   C. 结论环节
   D. 设计环节

2. 统计整理的基本任务是对调查资料( )。
   A. 按组归类
   B. 进行加总和计算
   C. 进行审核和订正
   D. 进行分类汇总等加工工作,以得出说明总体特征的综合数字资料

3. 样本或总体中各不同类别数值之间的比值称为( )。
   A. 频数
   B. 频率
   C. 比例
   D. 比率

4. 按各类别数据出现的频数多少排序后绘制的柱形图称为( )。
   A. 条形图
   B. 饼图
   C. 帕累托图
   D. 对比条形图

5. 组距和组数是组距分组的两个基本要素,组距的大小和组数的多少在数量上( )。
   A. 没有关系
   B. 关系不明确
   C. 呈正方向变化
   D. 呈反方向变化

6. 在组距分组中,若某单位的标志值刚好等于相邻组的上、下限数值时,则该标志值一般( )。
   A. 归于上限所在组
   B. 归于下限所在组
   C. 归于上、下限所在组均可
   D. 根据计算需要来确定

7. 对连续型变量进行分组( )。
   A. 宜用单变量值分组
   B. 宜用组距分组
   C. 宜用等距分组
   D. 可用单变量值分组或组距分组

8. 在组距分组中,组中值( )。
   A. 能精确地代表该组变量值的一般水平
   B. 只能是一个代表性数值
   C. 开口组组中值的代表性比闭口组更强
   D. 没有代表性

9. 对于时间序列数据,用于描述其变化趋势的图形通常是( )。
   A. 条形图
   B. 直方图
   C. 箱线图
   D. 线图

10. 为描述身高与体重之间是否有某种关系,适合采用的图形是( )。
    A. 条形图
    B. 对比条形图
    C. 散点图
    D. 箱线图

11. 为了研究多个不同变量在不同样本的相似性,适合采用的图形是( )。

A. 环形图   B. 茎叶图   C. 雷达图   D. 箱线图

12. 确定连续变量的组限时，相邻的组限一般要求(　　)。

    A. 间断   B. 重叠   C. 不等   D. 间断或重叠

13. 10家公司的月销售额数据（单位：万元）分别为72、63、54、54、29、26、25、23、23、20。下列图形中不宜用于描述这些数据的是(　　)。

    A. 茎叶图   B. 散点图   C. 条形图   D. 饼图

14. 下面是描述一组数据的一个图形，这个图是(　　)。

1	0123
2	00234
3	1234
4	34567

    A. 饼图   B. 直方图   C. 散点图   D. 茎叶图

15. 与直方图相比，茎叶图(　　)。

    A. 没有保留原始数据的信息   B. 保留了原始数据的信息

    C. 不能有效展示数据的分布   D. 更适合描述分类数据

16. 下面的图形中，不适合描述分类数据的是(　　)。

    A. 条形图   B. 饼图   C. 帕累托图   D. 茎叶图

17. 下列图形中，适合描述顺序数据的是(　　)。

    A. 直方图   B. 茎叶图

    C. 累计频数分布图   D. 箱线图

18. 将企业职工的月收入依次分为2 000元以下、2 000~3 000元、3 000~4 000元、4 000~5 000元、5 000元以上几个组。第一组的组中值近似为(　　)元。

    A. 2 000   B. 1 000   C. 1 500   D. 2 500

19. 将企业职工的月收入依次分为2 000元以下、2 000~3 000元、3 000~4 000元、4 000~5 000元、5 000元以上几个组。最后一组的组中值近似为(　　)元。

    A. 5 000   B. 7 500   C. 5 500   D. 6 500

20. 直方图与条形图的区别之一是(　　)。

    A. 直方图的各矩形通常是连续排列的，条形图则是分开排列的

    B. 条形图的各矩形通常是连续排列的，直方图则是分开排列的

    C. 直方图主要用于描述分类数据，条形图则主要用于描述数值型数据

    D. 直方图主要用于描述各类别数据的多少，条形图则主要用于描述数据的分布

三、技能实训题

1. 某城市为了解居民对公共交通的满意程度，随机抽取了90名居民进行调查。满意度分别表示为：

    A. 非常满意；   B. 满意；   C. 一般；   D. 不满意；

    E. 非常不满意

调查结果如下：

E	C	C	A	D	C	B	A	E
A	C	B	C	D	E	C	E	E
D	B	C	C	A	E	D	C	B
A	C	D	E	A	B	D	D	C
B	C	E	D	B	C	C	B	B
A	C	B	C	D	C	C	E	B
E	C	C	A	D	C	B	A	E
A	C	D	E	A	B	D	D	C
D	B	C	C	A	E	D	C	B
B	C	E	D	B	C	C	B	C

（1）指出上面的数据属于什么类型。
（2）用 Excel 制作一张频数分布表。
（3）绘制一张条形图，反映评价等级的分布。

2. 某百货公司连续 40 天的商品销售额见表 3-14（单位：万元）。

表 3-14 某百货公司连续 40 天的商品销售额

25	36	35	30	37	43	40	45
26	37	35	32	38	44	41	46
28	37	36	33	38	44	42	46
29	37	36	34	38	44	42	47
30	37	36	34	39	45	43	49

根据上面的数据进行适当的分组，编制频数分布表，并绘制直方图。

3. 为了确定灯泡的使用寿命，在一批灯泡中随机抽取 70 只进行测试，所得结果见表 3-15（单位：h）。

表 3-15 灯泡使用寿命随机抽样资料

651	685	691	698	709	717	727
658	685	691	699	710	718	728
661	685	691	699	710	718	729
664	688	692	700	712	719	729
665	688	692	700	712	720	733
666	689	692	701	713	721	735
668	689	693	701	713	722	736
671	690	693	702	715	722	741
673	690	694	702	716	725	747
674	691	694	703	717	726	749

（1）以组距为 20 进行等距分组，整理成频数分布表，并绘制直方图。

(2) 制作茎叶图,并与直方图做比较。

4. 已知2000—2014年我国的国内生产总值及各产业增加值数据见表3-16(单位:亿元)。

表3-16　2000—2014年我国的国内生产总值及各产业增加值数据

年份	国内生产总值	第一产业增加值	第二产业增加值	第三产业增加值
2000	99 776.3	14 716.2	45 326	39 734.1
2001	110 270.4	15 501.2	49 262	45 507.2
2002	121 002	16 188.6	53 624.4	51 189
2003	136 564.6	16 968.3	62 120.8	57 475.6
2004	160 714.4	20 901.8	73 529.8	66 282.8
2005	185 895.8	21 803.5	87 127.3	76 964.9
2006	217 656.6	23 313	103 163.5	91 180.1
2007	268 019.4	27 783	125 145.4	115 090.9
2008	316 751.7	32 747	148 097.9	135 906.9
2009	345 629.2	34 154	157 850.1	153 625.1
2010	408 903	39 354.6	188 804.9	180 743.4
2011	484 123.5	46 153.3	223 390.3	214 579.9
2012	534 123	50 892.7	240 200.4	243 030
2013	588 018.8	55 321.7	256 810	275 887
2014	635 910.2	58 336.1	271 764.5	305 809.7

(1) 根据以上数据资料,利用Excel软件绘制折线图。

(2) 根据2014年的国内生产总值及其构成数据,绘制饼图。

5. 2016年8月里约奥运会前三名奖牌榜表见表3-17。

表3-17　2016年8月里约奥运会前三名奖牌榜

名次	国家	金牌	银牌	铜牌	总数
1	美国	46	37	38	121
2	英国	27	23	17	67
3	中国	26	18	26	70

(1) 根据上面的资料,对三个国家获得的奖牌构成情况绘制对比条形图和环形图。

(2) 根据上面的资料,对三个国家获得的奖牌构成情况绘制雷达图。

6. 历年奥运会美国、中国和俄罗斯的金牌数见表3-18,试绘制箱线图,并分析美国、中国和俄罗斯的金牌数的分布特征。

表 3-18 历年奥运会美国、中国和俄罗斯的金牌数

年份	美国	中国	俄罗斯
1996	44	16	26
2000	39	28	32
2004	35	32	27
2008	36	51	23
2012	46	38	24
2016	46	26	19

第4章

统计分析指标

★ 教学目标

1. 掌握总量指标和相对指标的计算
2. 了解集中趋势和离中趋势
3. 掌握平均指标和变异指标的种类和计算
4. 了解综合指标的运用

★ 知识结构图

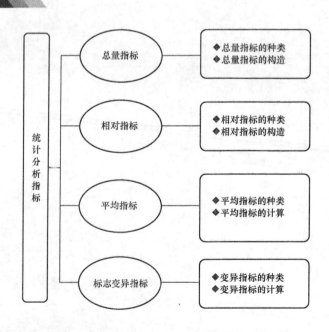

★引 例

西安与郑州差距究竟在哪里？

1991年郑州经济总量首次超过西安，近年来其经济增长快于西安，逐渐拉大了与西安的距离。与邻近省会城市郑州相比，西安经济发展的优势在哪里，差距又在哪里？市统计局发布的《西安与郑州主要经济指标对比简析》显示，两市经济总量差距扩大，西安应充分利用自身优势，发力补足产业短板，调整优化投资结构，实现追赶超越。

1. 经济总量

两市经济总量增速相差不多，差距逐年扩大。

数据显示，"十二五"时期，郑州经济发展较快，连跨3个千亿台阶，年均增速达11.2%，比西安高0.2个百分点。2016年，郑州生产总值为7 994.16亿元，是2011年的2.0倍，GDP总量超越沈阳，在省会城市中排名由第8位前移至第7位。2016年西安生产总值也扩张到6 257.18亿元，是2011年的1.9倍。虽然两市增速相差不多，但由于郑州总量基数较大，所以总量差距呈逐年扩大趋势。2010年，西安GDP总量与郑州的差距仅为686.44亿元，2011年两市差距扩大到千亿，到2016年，两市差距达到1 736.98亿元。

2. 投资

房地产是两市固定资产投资的第一大领域。

"十二五"时期，西安大多数年份投资额大于GDP总量，而郑州投资额占GDP比重虽呈现递增态势，但除2015年外，始终保持在80%以下。2015年，西安固定资产投资增速比上年下降12.5%，投资陷入低迷，2016年增速虽扭负为正，但仍处于历史低位。而同时期，郑州投资尽管也告别了18%以上的高增速，有所回落，但仍保持较快增长。2016年，郑州全社会固定资产投资6 998.60亿元，投资规模超过西安1 800亿元以上，同比增长11.3%。在全国26个省会城市中，郑州投资总量位居第3位，比上年前移1位，超过长沙。西安投资总量位居第10位，比上年前移1位，超过沈阳。

3. 工业

西安支柱行业规模化、集约度不高。

2016年，郑州工业增加值总量为2011年的1.4倍，西安为1.3倍。西安工业相当于郑州的比例从2011年的47.4%下滑至2016年的42.1%。两市工业差距大于GDP差距181.39亿元，说明两市经济总量差距主要来源于工业。工业主导产业发展滞后是差距扩大的重要原因。

2016年年末，郑州有规模以上工业企业3 155户，比西安多2 002户，实现规模以上工业增加值3 215.40亿元，是西安的2.7倍，其占GDP的40.2%，比西安高21.4个百分点。2016年郑州规模以上工业排在前五位的行业（非金属矿物制品业，计算机、通信和其他电子设备制造业，烟草制品业，电力、汽车制造业，热力生产和供应业）合计实现增加值1 910.67亿元，占工业增加值的近60%，约占生产总值的24%。而西安规模以上工业排前五位的行业合计实现增加值641.92亿元，仅占工业增加值的46.0%，占生产总值的10%左右。

可以看出，郑州工业支柱行业规模较大，且相对集中，西安则规模小，分布相对分散，支柱行业规模化、集约度不高，在一定程度上影响了产业的带动力，这也是西安工业不强的原因之一。

4. 服务业

对经济发展的支撑作用西安要大于郑州。

2011年，西安第三产业（服务业）增加值总量要大于郑州，2012年以后被郑州超过。但从服务业占GDP比重看，西安始终高出郑州10个百分点左右，西安服务业对经济发展的支撑作用要大于郑州。

分行业来看，在服务业5个主要行业中，2016年，两市占比前三位的行业都是金融业、批发和零售业、房地产业，两市服务业支撑主力已悄然发生变化，部分传统行业逐步被新兴行业超越。从支撑作用来看，2011年以来，西安市金融业增加值占GDP比重逐年提高，2016年占比为11.6%，比2011年提高5.0个百分点；郑州为10.2%，比2011年提高4.6个百分点，两市相比，金融业对西安经济发展的支撑作用更大。

"十三五"时期，郑州提出加快建设国家中心城市步伐，西安着力推进"三中心二高地一枢纽"建设，西安应进一步明确目标，正视差距，坚定信心，科学施策，充分利用自身优势，发力补足产业短板，调整优化投资结构，促进实体经济发展，实现追赶超越目标。

西安与郑州分别为两相邻省份的省会城市，具有较高的可比性。要发现两城市的不一样，不能光靠感性的认识，更应当有足够的资料。通过统计调查和统计整理获得了大量的数据资料，但是这些资料不是都可以直接使用的，必须对这些数据进一步进行加工和分析，才能全面了解这些信息。本章引例文章从经济、服务业、投资等角度，引用了很多数据对比，使读者全方位了解了两座城市的差异，而这些数据就是本章要研究的指标。

本章分别阐述总量指标和相对指标的概念、作用、种类及方法计算和运用，同时介绍了平均指标和标志变异指标的种类及计算。这些综合指标分析现象总体数量特征和数量关系，使不可比较的抽象化问题具体化。

4.1 总量指标

4.1.1 总量指标概述

1. 总量指标的含义

总量指标是反映客观现象总体在一定时间、地点等条件下所达到的总规模、总水平的综合指标，是最基本的指标，其表现形式是具有计量单位的绝对数，因此也称为绝对指标。例如，2015年我国外贸进出口总值24.59万亿元，2015年广东省外贸进出口总值6.36万亿元，这两个指标是总量指标，可以分别对研究全国和广东省的外贸进出口总值有个直观的认识。总量指标揭示总体在数量上的绝对量、绝对规模和水平大小，其数值大小一般随总体范围的改变而发生变化，总体范围越大，指标数值一般也越大，反之越小。

总量指标也可表现为不同时间、不同空间条件下同一总体之间总量指标值之差。其数值有正有负，往往带有计量单位，反映了增加或减少的具体总量。例如，2014年我国外贸进出口总值较上年增加了 0.6 万亿元，2015 年我国外贸进出口总值较上年下降了 1.84 万亿元。

2. 总量指标的意义

总量指标是社会经济统计中最常用和最基本的统计指标，在其他统计分支中，例如医药统计，也有相当重要的地位。

（1）总量指标是认识经济现象总体的基本指标，常用来描述一个国家的国情和国力，一个地区、部门或单位的人力、物力、财力的基本数据。例如，我国国内生产总值、人口数、粮食产量、土地面积、企业固定资产、销售总额、职工人数等。

（2）总量指标是制定政策、编制计划、政策检查和计划执行等定量科学管理的重要依据。例如，国家汇率政策、二胎政策和创新创业战略，相关总量指标都是重要的参考依据。越来越多的定量数据成为企业管理的运作基础，总量指标是这类数据中的最基础的内容。

（3）总量指标是计算相对指标和平均指标的基础。相对指标和平均指标一般是由两个有联系的总量指标相对比的结果，是总量指标的派生指标。例如，人口性别比是男性人口数与女性人口数之比，单位面积产量是总产量除以播种面积的商，城镇就业率是就业人口数与总经济活动人口数的百分比等。

4.1.2 总量指标的种类

1. 总体单位总量和总体标志总量

按反映总体特征的内容不同，总量指标可分为总体单位总量和总体标志总量。

总体单位总量简称单位总量，表示一个总体内所包含的总体单位总数，反映了总体本身所有个体规模的大小。例如，研究某市工业企业，该市每家工业企业就是总体单位，所有工业企业个数累加的总数就是总体单位总量。研究某校所有学生为总体时，学校学生总人数就是总体单位总量。要确定总体单位总量，首先要根据研究目的确定总体和总体单位。

总体标志总量简称标志总量，表示总体各个总体单位同一数量标志的总和，反映了要研究的某标志的总标志值。例如，研究某市工业企业，该市每家工业企业都有年产值，所有工业企业年产值累加为该市工业企业年总产值，年总产值就是一个总体标志总量。研究某校学生月总消费，就是累加每位学生的月消费。要确定总体标志总量，不仅要确定总体和总体单位，还要确定总体单位的某个数值标志。

总体单位总量指标一般在总体和总体单位确定的情况下是确定的，而总体标志总量由于总体单位有很多数值标志，可以有很多。

2. 时期指标和时点指标

按反映的时间状态不同，总量指标可分为时期指标和时点指标。

时期指标是表明社会经济现象总体在一段时期内累计发展的总量。例如，本月销售总额、本年新生人口总数、本季度产品总产出。时点指标是反映社会经济现象总体在某一时点（时刻或瞬间）上的数量值。例如，年末人口数、月末存款余额、季度末商品库存量。

时期指标和时点指标的区别见表 4-1。

表 4-1 时期指标与时点指标的区别

指标名称	指标特点
时期指标	（1）可加性，即不同时期的指标数值相加后表示较长时期现象总的发展水平 （2）时期指标数值的大小与其所属的时期长短有直接关系，时期越长指标数值越大，时期越短指标数值越小 （3）时期指标数值是连续登记、累计的结果
时点指标	（1）不可加性，时点指标表明的是现象在某一时点的状况，相加后没有任何实际意义 （2）时点指标数值的大小与所属时点的间隔长短无直接关系 （3）时点指标数值是间断计数的

现举例说明时期指标与时点指标的区别。银行主要有两大职能：吸收存款和发放贷款。一个月内，每天都会产生储蓄余额和贷款利息。某银行网点，1 日产生储蓄余额 50 万元，贷款利息 10 万元；2 日产生储蓄余额 45 万元，贷款利息 20 万元。由于利息是贷款金额每天产生，互不干扰，所以可以说银行月初两天内总收入为 30 万元；而 2 日的 45 万元储蓄余额一部分很有可能是 1 日 50 万元余留下，所以这两天的余额只能说是 45 万元。可见利息作为时期指标具有可加性，储蓄余额作为时点指标不具有可加性。时间越长，利息总量越大。时期指标和时点指标本质上是形成机制导致的，归结为把时间总长度看作一个总体，每个小时间段为总体单位，看指标在每个小时间段产生的值是否有相互包容的关系。

3. 实物指标、价值指标和劳动指标

总量指标按所采用的计量单位不同，分为实物指标、价值指标和劳动指标。

（1）实物指标。实物指标是根据事物的属性和特点采用自然物理计量单位的总量指标。其计量单位有自然计量单位、度量衡单位、双重单位、复合单位和标准实物单位等。

自然计量单位简称自然单位，是按照被研究现象的自然状况来度量其数量的一种计量单位。例如，人口数以人为单位、汽车以辆为单位、鞋以双为单位等。

度量衡单位是按照统一的度量衡制度规定来度量客观事物数量的一种计量单位。例如，粮食产量、钢、煤炭等以吨为计量单位，电以度为计量单位等。采用度量衡单位主要是由于有些现象无法采用自然计量单位表明其数量，如钢铁、粮食等。此外，有些现象虽然可以采用自然计量单位，如鸡蛋等，但不如用度量衡单位准确。统一度量衡制度是准确反映客观事物数量的前提。

有的事物用一种计量单位不能准确反映其真实的规模和水平，需要同时用两个单位加以反映，这种计量单位叫作双重单位。它常用相除的方法将两个单位结合在一起，例如发动机以"千瓦/台"为计量单位。

复合单位是用相乘的方法将两种计量单位有机结合在一起来表示事物的数量，如货物运输周转量的"吨千米"，发电量的"千瓦时"。

标准实物单位是按照统一折算标准来度量被研究现象数量的一种计量单位。例如，将发热量不同的煤折合成每千克发热量为 29.307 6 kJ 的标准煤来计算产量等。

（2）价值指标。价值指标是以货币为尺度计量的总量指标，又称货币指标。例如，国内生产总值、固定资产、工资总额等。价值指标在经济领域具有广泛的综合性能和高度的概括能力，使得不同产品的价值、不同实物形态的投资额、不同商品的销售额等可以相加。同时，价值指标的局限性也十分明显，它忽略了总体实物具体内容，不能确切反映实际情况。一般实际应用中，要把实物指标和价值指标结合起来，全面地认识事物。

（3）劳动指标。劳动指标是以劳动时间作为计量单位的总量指标，如出勤工日、实际工时等。劳动指标主要在企业范围内使用，是企业编制和检查计划以及制定劳动定额的重要依据。不同类型、不同经营水平企业的劳动指标不能简单直接相比。

4.1.3 计算和运用总量指标应注意的问题

为保证总量指标的准确性，总量指标统计要遵循以下原则：

1. 明确规定总量的内容、范围以及与其他相关指标的界限

总量指标数值的计算不同于单纯的数字加总，每一个总量指标都有其确定的具体的社会经济内容，都是具有固定质的数量表现。例如，统计工业企业情况，首先必须明确具体是哪个地区的工业企业，还要对"工业企业"的含义加以确定，才能找到正确的总体单位进行调查。

2. 遵守不重复、不遗漏的原则

价值指标在综合过程中会发生重复计算问题，这是由社会经济现象本身的特点和计算方法引起的。根据研究目的，区分好每个总体单位相应值的归类，是一个严谨的问题。

3. 注意实物总量指标的现象同类性

实物指标往往针对物质产品而言，同类性反映产品具有同样的使用价值或经济内容，同类实物之间相应指标可以直接相加。不同类不能简单相加。例如，直接把钢、煤、棉花、粮食按照吨计量单位相加是毫无意义的，把它们按照价值指标相加以反映某地区的产值能力是允许的。

4. 侧重各单位的统一性和可比性

必须用科学的方法来确定总量指标的总体范围、计算口径、计算方法和计量单位，避免由于各地区各单位的条件和习惯不同而造成统计上的错误。要注意历史条件的变化，不同的历史条件往往影响总量指标所反映的内容和包括的范围。不同统计原则或方法统计的数据，不能直接相加。不同计算方式的总量指标不能简单对比。

4.2 相对指标

总量指标描述了总体的总水平或总规模，可以很好地认识总体的"量"。但是仅有总量指标是不够的，更需要认识数值背后的"质"。例如，2015 年，中国 GDP 总量 103 856.6 亿美元，日本 GDP 总量 48 175.2 亿美元；2014 年，中国 GDP 总量 103 565.1 亿美元。从这几个总量指标能知道产值具体的水平和高度，但不能判断这些具体产值是"好"还是"不好"。因此需要引入相对指标，中国 GDP 总量 2015 年比 2014 年增长了 0.28%，2015 年中国 GDP 总量是日本的 2.16 倍。

4.2.1 相对指标概述

1. 相对指标的概念

相对指标是指两个有联系的指标对比所得到的比值，具体数值表现为相对数，例如城镇就业率、出生率和死亡率。相对指标进行对比运算，抽象化两个指标数值的具体含义，得到一种相对而言的结果，从而表明事物之间的对比关系。其广泛用于经济统计领域，是统计描述分析的基本方法。

2. 相对指标的作用

相对指标的作用主要表现在以下两方面：

（1）相对指标可以更深入地说明现象的本质，清楚地反映现象的内部结构、变化程度、速度、密度和强度等相互联系、相互制约的关系。

（2）相对指标可以使不能直接对比的现象找到可以对比的基础，从而进行更为有效的分析。如比较两个营业额不同的商店的流通费用额节约情况，仅以费用额支出多少进行评价难以说明问题。因为流通费用额的大小直接受营业额多少的影响，而采用相对指标流通费用率对比，则可以做出正确判断。

3. 相对指标的表现形式

相对指标的表现形式为相对数，但从其计量单位表现形式可以分为有名数和无名数。

（1）有名数。有名数以相对指标中分子与分母指标数值的双重计量单位来表示，主要用于强度相对指标。例如，人口密度用人/平方千米，商业网点密度用人/商业网点。

（2）无名数。无名数是一种抽象化的数值，当对比的两个指标的计量单位相同，则相对指标表现为无名数，具体有系数、倍数、成数、百分数、千分数和翻番数。

系数和倍数是将对比的基础抽象化为 1 而计算的相对数。当对比的两个指标数值相差不大时，可用系数表示；当分子的指标数值较分母的指标数值大很多时，则用倍数表示。

成数是将对比的基础抽象化为 10 而计算的相对数。例如，某超市本月销售额较上月增长了两成，即增加了十分之二。

百分数是将对比的基数抽象化为 100 而计算的相对数，通常用符号"%"来表示。百分数是经济统计中常用的无名数形式。例如，2014 年年末城镇登记失业率为 4.09%。当对比的分子指标数值比分母小很多时，适宜用千分数。千分数是将对比的基数抽象化为 1 000 而计算的相对数，用符号"‰"表示，常出现于人口相关指标。例如，2014 年我国出生率为 12.37‰，死亡率为 7.16‰，自然增长率为 5.21‰。

翻番数是指对比的两个数值中，一个数是另一个数的"2^n"倍，n 为番数，常用于计划政策中。例如，某地区产值为 220 亿元，计划明年产值翻一番为 440 亿元，翻两番则为 880 亿元。

4.2.2 相对指标的种类

由于相对指标的分析目的、研究对象和计算方法不同，在实际工作中，将相对指标分为结构相对指标、比例相对指标、比较相对指标、强度相对指标、动态相对指标和计划完成程度相对指标。

1. 结构相对指标

据第六次全国人口普查结果显示,在31个省、自治区、直辖市和现役军人的人口中,男性人口为686 852 572人,占总人口的51.27%;女性人口为652 872 280人,占总人口的48.73%。51.27%、48.73%为要研究的相对数,表明了我国人口性别构成的状况。

结构相对指标建立在统计分组的基础上,总体各组成部分总量占总体总量的比说明总体各组成部分在总体中的比重,一般用百分数表示,总体各组成部分比重之和必须等于百分之百。结构相对指标的计算公式为:

$$结构相对指标 = \frac{总体某部分数值}{总体全部数值} \times 100\%$$

结构相对指标从构造上看,主要是反映现象总体内部结构划分,起到区分各个部分影响程度的作用,与统计分组起到的作用类似,但更侧重反映总体现象内在特点,即"质"。

结构相对指标的特点:分子、分母属于同一总体、同一时期、同一类指标;各部分比重之和应该等于1或100%,是唯一可相加的相对指标;分子、分母指标不能互换,互换不能反映总体结构特征;用于比较的只能是绝对数(单位总量或标志总量),相对数没有意义。

2. 比例相对指标

据第六次人口普查结果显示,在人口总体中,男性人口为686 852 572人,女性人口为652 872 280人,男性人数与女性人数的比例为105.2∶100;出生人口性别比为118.06∶100。比例105.2∶100、118.06∶100为相对指标,表明男、女人口数量上的相对差异。

比例相对指标是同一总体内不同组成部分的指标数值之比,反映了总体中各部分之间数量协调平衡程度及比例关系。其计算公式为

$$比例相对指标 = \frac{总体某一部分指标数值}{总体另一部分指标数值}$$

比例相对指标同样是建立在分组的基础上,反映事物内部各部分之间的数量联系程度和比例关系。通过对比例关系进行研究,可以分析现象内部的比例关系是否合理,发展是否均衡、协调。比例相对指标一般用"∶"隔开,约不尽的比值一般以100作为基准。

比例相对指标的特点:比例相对指标与结构相对指标的前提都是分组,特点也很相似,唯一的区别就是比例相对指标分子、分母指标能互换。

3. 比较相对指标

某市有甲、乙两家大型超市,本月甲超市营业额为4千万元,乙超市为3.2千万元,则甲超市营业额是乙超市的1.25倍,表明甲超市营业额明显高于乙超市。今年A市人均收入为3 000元,B市人均收入为4 000元,A市人均收入是B市的0.75倍,说明A市人均收入明显低于B市。

比较相对指标是同一指标在同一时间不同总体上对比的结果,不同总体可以指不同地区、不同部门、不同单位等,表明同类现象在不同空间条件下的数量对比关系。其计算公式为

$$比较相对指标 = \frac{某总体某项指标数值}{另一总体的该项指标数值}$$

比较相对指标可以揭示现象之间的差异程度,既可以用于不同国家、地区、集体之间的

比较,也可以用于先进与落后的比较,还可以用于和标准水平或平均水平的比较,通过对比可以揭示同类现象之间先进与落后的差异程度。其一般用倍数或系数表示。

比较相对指标的特点:分子、分母除了总体以外,其他统计标准都一样,例如指标含义、计算方法、统计口径和计量单位等;根据研究目的不同,分子与分母可以相互交换;对比的指标可以是绝对指标,也可以是相对指标。需要特别注意的是,单纯的总量对比会忽视总体规模等其他因素的影响。

4. 强度相对指标

我国国土面积约960万平方千米,2010年第六次全国人口普查数据显示,中国总人口为1 370 536 875人,则我国人均占地面积为7 002.3平方米/人。人口数是以人口为总体计算的总量指标,而国土面积是以国家所有地区为总体计算的总量指标。从人均占地面积这个相对指标,可以了解平均下来每人能拥有的土地面积。

强度相对指标是由两个性质不同但又有密切联系的总量指标对比的结果,用来反映现象的强度、密度和普遍程度。其计算公式为

$$强度相对指标 = \frac{某一总体的总量指标数值}{另一性质不同而又有联系的总量指标数值}$$

强度相对指标明确指出对比的只能是两个有联系的总量指标,有"平均"的含义,但是与后面介绍的平均指标又有不同。类似地,还有人均粮食产量、人均国内生产总值、人均国防开支等。

强度相对指标一般用有名数表示,例如我国人均占地面积为7 002.3平方米/人。但是两个计量单位一样的总量指标对比,强度相对指标也可用无名数表示,比如人口死亡率是千分数、流通费用率为百分数、货币流通速度则用次数。

强度相对指标根据研究角度不同,分子和分母可以互换。例如我国人均面积可容纳人口数为0.000 14人/平方米。在一些实际应用中,强度相对指标有正指标和逆指标两种形式。正指标是指强度相对指标的数值大小与现象的发展程度或密度成正向关系;逆指标是指强度相对指标的数值大小与现象的发展程度或密度成反向变化。例如:

商业网点密度 = 地区零售商业机构数/地区人口数(正指标)

商业网点密度 = 地区人口数/地区零售商业机构数(逆指标)

5. 动态相对指标

2015年广东省固定资产投资是30 031.20亿元,2014年为25 928.09亿元,2015年广东省固定资产投资是2014年的115.8%。相对指标数值115.8%,反映了广东省固定资产投资一年后的变化程度。

动态相对指标是同一现象的同类指标在不同时间上数值对比的结果,研究随时间发展状态的变化方向、程度。通常把研究时间的指标称为报告期水平,把对比时间的指标称为基期水平,具体表现形式一般为百分数。其计算公式为

$$动态相对指标 = \frac{报告期水平}{基准水平} \times 100\%$$

基期水平一般要早于报告期时间,并且时间单位要一致。例如,报告期时间为2015年,基期水平可以为2014年或2013年。动态相对指标一般出现于时间序列,也称为发展速度。

读者可以结合第 8 章中的时间序列分析内容一起学习。

6. 计划完成程度相对指标

计划完成程度相对指标是某一时期的实际完成数与计划任务数对比的结果，用来反映计划的完成情况。在实际工作中，按期检查计划的执行情况，对于加强经济管理、促进经济发展有着重要意义。计划完成程度相对指标也是各行各业检查计划执行情况的一个通用指标，一般用百分数表示。其基本计算公式为：

$$\text{计划完成程度相对指标} = \frac{\text{实际完成的指标数值}}{\text{计划的指标数值}} \times 100\%$$

式中的分子是反映计划执行结果的实际值，分母则是上级下达的计划任务指标数。分子、分母在指标含义、计算口径、计算方法、计量单位及空间和空间范围上要保持一致。由于计划任务数值是作为衡量计划完成情况的标准，在计算该指标时分子、分母不可互换。

计划完成程度相对指标表明实际比计划完成的情况，分子数值减分母数值表明计划执行的绝对结果。计划完成程度相对指标具体的经济含义要根据实际经济内容而定。由于经济现象的特点不同，在下达计划任务时，计划指标可能表现为总量指标，也可能表现为相对指标或平均指标。

（1）根据总量指标计算计划完成程度相对指标。

$$\text{计划完成程度} = \frac{\text{实际完成总量数值}}{\text{计划总量数值}} \times 100\%$$

【例 4-1】某工厂本月计划生产 1 000 万台手机，由于工厂内部自身原因，实际只生产了 800 万台。则：

$$\text{计划完成相程度对指标} = \frac{800}{1\,000} \times 100\% = 80\%$$

计算结果表明该工厂未完成计划产值的 20%。

（2）根据平均指标计算计划完成程度相对指标。

$$\text{计划完成程度} = \frac{\text{实际完成平均数值}}{\text{计划平均数值}} \times 100\%$$

【例 4-2】某水泥厂本年每吨水泥计划成本为 200 元，实际成本为 150 元。则：

$$\text{计划完成程度相对指标} = \frac{150}{200} \times 100\% = 75\%$$

计算结果表明该厂水泥单位成本实际比计划降低了 15%。

从例 4-1 和例 4-2 可以看出，计划总量数的性质或要求不一样，具体的计划完成情况评价分析不同。如果计划是最低限额规定，如产品产量、产值和利润等指标，低于 100% 则表明实际未完成计划具体数值，反之则超额完成。如果计划任务数是以最高限额规定的，如产品成本、原料消耗量等，其计划完成程度相对指标高于 100%，则表明未完成计划，反之则超额完成计划。

（3）根据相对数计算计划完成程度相对指标。在经济管理中，有些计划任务数是以本期计划数比上期实际数提高或降低多少的相对数表示的，如劳动生产率提高率、成本降低率等。其计算形式表示为：

$$\text{计划完成程度} = \frac{1 + \text{实际提高百分比}}{1 + \text{计划提高百分比}} \times 100\%$$

$$\text{计划完成程度} = \frac{1-\text{实际降低百分比}}{1-\text{计划降低百分比}} \times 100\%$$

【例 4-3】 某公司劳动生产率计划规定 2011 年比 2010 年提高 8%，而实际提高 10%，则该公司劳动生产率计划完成程度为

$$\text{计划完成程度} = \frac{1+10\%}{1+8\%} \times 100\% = 101.85\%$$

计算结果表明，该公司劳动生产率超额 1.85% 完成计划任务。

【例 4-4】 某种产品单位成本计划规定 2011 年比 2010 年下降 5%，而实际下降 7.5%，则该产品单位成本计划完成程度为

$$\text{计划完成程度} = \frac{1-7.5\%}{1-5\%} \times 100\% = 97.4\%$$

计算结果表明，该产品的实际单位成本比计划规定的单位成本降低了 2.6%。

例 4-3 和例 4-4 条件中隐含了 2011 年规定的计划与实际都是跟 2010 年的实际相比得到具体提高（降低）的百分比。从这两个例子可以看出，同样是计划完成程度相对数，对于例 4-3 而言，希望计划完成程度相对数的数值大于 100% 且越大越好；对于例 4-4，希望计划完成程度相对数的数值小于 100% 且越小越好。由此可见，在评价计划完成程度相对指标时，要结合研究事物本身具体特点。表示成本、费用等越低越好的指标，计划完成程度相对指标小于 100% 说明超额完成计划；表示收入、利润等越高越好的指标，计划完成程度相对指标大于 100% 说明超额完成计划。

4.2.3 计算和运用相对指标应注意的问题

1. 相对指标的分子和分母必须具有可比性

相对指标是运用对比的方法揭示现象之间的联系程度或反映现象之间的差距程度。用于对比的两个指标是否具有可比性决定计算结果能否正确地反映现象之间的数量联系和有没有实际意义。分子指标和分母指标的可比性主要是指所对比指标的经济内容是否一致，计算方法和计量单位是否可比等。

2. 要将相对指标与总量指标结合运用

无论是哪一种统计指标，都有它自身的优势和局限性。总量指标能够反映事物发展的总规模和总水平，却不容易分辨事物之间的差别程度；而相对指标反映了现象之间的数量对比和差异程度，却往往忽视了现象之间的绝对数量之间的差别。因此，要将相对指标和总量指标结合起来使用，才能全面地对社会现象的发展变化做出正确的评价。

3. 正确选择对比基数和善用指标体系

计算相对指标必须选择好对比基数，对比基数选择不当会导致结果出错。例如，计算就业率时，对比基数应该选择从业人数加上失业人数，不应选择全部人口数。一个相对指标仅能从一个侧面说明现象的数量特征，要想全面、深入地分析现象，就应该将多个相对指标结合在一起应用。例如，要分析一所学校的排名情况，从相对指标上来说，师生比、人均拥有图书量、校园绿化率等都是研究这一问题的相对指标，只有全面剖析才能清楚认识问题。

4.3 平均指标

大部分社会现象中，当研究的单元或个体数量很大时，把各单位按某一变量从小到大形成一定的分布，标志值很小或很大的单位较少，而靠近中间的单位比较多，例如研究某高校学生的身高。

集中趋势是在变量数列的分配中，某一组数据向某一中心值靠拢的倾向，反映出变量分布中大量数据点可以用某统一值表示，如某高校学生身高的数据集中趋势如图4-1所示。变量数列的集中趋势往往会体现出如下特征：

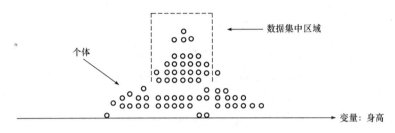

图4-1 数据集中趋势图

（1）集中趋势是指大量变量值向某一点（值）集中的情况，反映该变量分布状况的综合数量特征。

（2）远离集中点两侧的数据值较少，且越远越小，左右两侧的个体数大致相等。

（3）描述集中趋势的实质是找出变量的集中点或中心值，这些集中点上的数值称为集中趋势的代表值，即平均指标。

4.3.1 平均指标概述

1. 平均指标的概念

平均指标是反映同一总体各单位某一数量标志在一定时间、地点、条件下所达到的一般水平，其数值形式称为平均数。由于平均指标计算中的个体数值都是同一个时间所达到的水平，平均指标也称为静态平均，例如班级的平均成绩、职工的平均工资、商品的平均价格等。

由于集中区域是一个范围，描述数据的集中趋势实质上就是寻找一个值表示代表值或中心值，这就是平均指标。平均指标把同一总体各单位某一数量标志值的差异抽象化，从而反映被研究对象在一定时期内或一定时点上所达到的一般水平或集中趋势，掩盖了数量差异。需要注意的是，平均指标代表总体单位标志值的一般水平或代表大多数个体，不代表总体某一单位的具体数值。

2. 引入平均指标的意义

（1）利用平均指标可以将同类现象的一般水平在不同单位、不同地区等方面进行比较，反映各单位、各地区的差异与等级高低。例如，比较两家企业职工生活水平情况时，不能直接用总收入来对比，而要剔除企业总人数的影响，用人均收入来对比，可以更本质地反映生活水平高低。

(2) 利用平均指标可以将同类现象的一般水平在不同时期进行对比，反映现象在不同时期发展变化的规律。例如，将各个时期的全国职工的平均工资进行对比，消除了不同时期因总体范围变化带来的不可比性，反映出我国职工的工资水平的发展趋势和规律。

(3) 利用平均指标可以分析现象之间的依存关系。在对现象总体进行分组的基础上，运用平均指标可以分析现象之间的依存关系。例如，将某种农作物按施肥量进行分组，计算各组的平均产量，可以发现施肥量与平均产量之间的相关关系。

(4) 利用平均指标可以进行数量上的估计。在参数估计中，可以利用样本的平均指标来推断总体的平均指标或总体的总量指标。例如，通过某地区牛奶的平均消费量，可以推断该地区牛奶的消费总量。

3. 平均指标的分类

由于数据的表现形式有分类数据、数值型数据等，因而确定的平均数有如下两大类：

(1) 数值平均数。数值平均数是以变量所有各项数据来计算的平均数，包括算术平均数、调和平均数和几何平均数，适用于数值型数据。数值平均数是由研究对象的所有变量数值来确定的，任何一项数据的变动都会在一定程度上影响到数值平均数的计算结果。

(2) 位置平均数。位置平均数是根据标志值的某一特定位置来确定的，包括众数和中位数两种。它不是对统计数列中所有各项数据进行计算所得的结果，而是根据标志值在变量数列中处于特殊位置上的个别单位或部分单位的标志值来确定的。

4.3.2 平均指标的计算

1. 算术平均数

算术平均数是统计中最基本、最常用的一种平均数，它是总体。标志总量与总体单位总量对比的结果。一般没有特别说明时，"平均数"都指的是算术平均数。其计算公式表示为

$$算术平均数 = \frac{总体标志总量}{总体单位总量}$$

【例4-5】 某企业某月职工总工资为360万元，职工总人数为2 000人，则该企业职工的月平均工资为

$$职工月平均工资 = \frac{360 万元}{2\ 000 人} = 1\ 800（元/人）$$

平均指标一般是具有计量单位的数值，分子与分母必须属于同一总体，分子中的每个标志值必须由分母的一个总体单位来承担。这点是平均指标与强度相对指标的重要区别。

在实际工作中，因掌握的资料不同，算术平均数可以分为简单算术平均数和加权算术平均数两种。

(1) 简单算术平均数。如果掌握总体中各个单位的标志值未分组，则将各标志值简单相加得出总体标志总量，然后除以总体单位数。其计算公式为：

$$\bar{x} = \frac{x_1 + x_2 + x_3 + \cdots + x_n}{n} = \frac{\sum x}{n}$$

式中，$\bar{x}$ 代表算术平均数，x_n 代表总体各单位标志值，n 代表总体单位数。

【例 4-6】 某学习小组的 8 名学生,统计学学习成绩分别为 61 分、84 分、75 分、90 分、75 分、53 分、86 分、92 分。则其平均成绩为

$$\bar{x} = \frac{61+84+75+90+75+53+86+92}{8} = 77（分/人）$$

(2) 加权算术平均数。如果掌握的资料按某变量值已分组,则不能直接将各组标志值相加,应采用加权算术平均法,即用各组的标志值乘以各组的次数得出各组的标志总量,再加总得出总体标志总量,同时把各组单位数相加得出总体单位数,然后用总体标志总量除以总体单位数求得加权算术平均数。其计算公式为

$$\bar{x} = \frac{x_1f_1+x_2f_2+x_3f_3+\cdots+x_nf_n}{f_1+f_2+f_3+\cdots+f_n} = \frac{\sum xf}{\sum f} = \sum x \frac{f}{\sum f}$$

式中,$\bar{x}$ 代表算术平均数,x_n 代表各组标志值,f_n 代表各组的次数（也称为权数）。

【例 4-7】某品牌汽车 4S 店有 30 名销售员,按月销售汽车分组见表 4-2,求销售员平均月销售量。

表 4-2　4S 店汽车本月销售情况表

汽车销售量分组 x_i	销售人员数 f_i	各组人员比重 $f_i/\sum f$	每组销售人员销售汽车量	
			$x_i \cdot f_i$	$x_i \cdot (f_i/\sum f)$
8	5	0.17	40	1.33
9	6	0.20	54	1.80
10	13	0.43	130	4.33
11	4	0.13	44	1.47
12	2	0.07	24	0.80
合计	30	1.00	292	9.73

$$\bar{x} = \frac{\sum xf}{\sum f} = \frac{40+54+130+44+24}{30} = 9.73（辆/人）$$

$$\bar{x} = \sum x \frac{f}{\sum f} = 1.33+1.80+4.33+1.47+0.80 = 9.73（辆/人）$$

【例 4-8】某工厂一生产小组本月生产零件情况资料见表 4-3,求工人人均生产零件数。

表 4-3　生产小组工人生产零件情况

产零件数	组中值 x_i	工人数 f_i	各组人员比重 $f_i/\sum f$	每组工人生产零件数	
				$x_i \cdot f_i$	$x_i \cdot (f_i/\sum f)$
10~15	12.5	3	0.20	37.5	2.50
15~20	17.5	3	0.20	52.5	3.50
20~25	22.5	5	0.33	112.5	7.50
25~30	27.5	4	0.27	110	7.33
合计		15	1.00	312.5	20.83

$$\bar{x} = \frac{\sum xf}{\sum f} = \frac{37.5 + 52.5 + 112.5 + 110}{15} = 20.83(件／人)$$

$$\bar{x} = \sum x \frac{f}{\sum f} = 2.50 + 3.50 + 7.50 + 7.33 = 20.83(件／人)$$

例 4-7 和例 4-8 中，x_i 有两种情况：当数据以单项式分组形式出现时，x_i 代表各组变量值；当数据以组距式分组形式出现时，x_i 代表各组的组中值。在组距式数列中，是用各组的组中值代表各组的实际数据，而这是以各组数据在组内分布均匀为前提。如果实际数据符合这一假设前提，则据此计算的平均数比较准确，否则会存在一定程度的误差。

计算公式表明，平均数的大小不仅取决于总体各单位的标志值的大小，而且受单位标志值出现次数的影响。哪一组次数多，变量值就会趋向于这个值，所以各组次数可以起到一个权衡平均数大小的作用，统计学中也将次数"f"称为权数。权数在计算加权算术平均数中起着重要作用。

在计算加权算术平均数时，权数的选择必须慎重考虑，选择权数的原则是务必使各组的标志值与其乘积等于各组的标志总量具有实际经济意义。一般对所有个体按某指标分组的数列中，次数就是权数。但是加权算术平均数也有其他应用，权数可以自己给定，例如学分。在一些特殊研究中，权数也可以是相对数或平均数形式。

计算加权算术平均数公式中，第一种是分组加权标志总量加总除以权数总值，$\frac{\sum xf}{\sum f}$；第二种是各组乘以权数相应比重之和，$\sum x \frac{f}{\sum f}$。这两种形式无论从推导还是实际计算都是一致的，可以说明权数对算术平均数的影响不是取决于权数本身数值的大小，而是取决于权数比重的大小。权数比重是指作为权数的各组单位数占总体单位数的比重，也叫权重系数。权重系数值越大，平均值越趋近于这一组。当权数相等时，加权算术平均数就变成了简单算术平均数。

另外，在计算算术平均数时，结果会受到极端值的影响。极端值也称离群值或边远值，是少数几个观测值远远偏离数据主体部分的个别值。如果有极大值存在，结果往往会偏大；如果有极小值存在，结果往往会偏小；总之会影响平均数的代表性。

(3) 算术平均数的数学性质。算术平均数的普遍应用也得益于它有着优良的数学性质，下文直接给出其数学性质，有兴趣的读者可以自己推导。

①各个变量值与算术平均数的离差之和等于零，即

简单算术平均数：$\sum (x - \bar{x}) = 0$

加权算术平均数：$\sum (x - \bar{x}) \cdot f = 0$

②各个变量值与算术平均数离差的平方和为最小值，即

简单算术平均数：$\sum (x - \bar{x})^2 = \min$

加权算术平均数：$\sum (x - \bar{x})^2 \cdot f = \min$

2. 调和平均数

调和平均数是各标志值倒数的算术平均数的倒数形式,也称为倒数平均数。根据各标志是否影响程度一样,调和平均数分为简单调和平均数和加权调和平均数两种。

(1) 简单调和平均数。简单调和平均数是标志值倒数的简单算术平均数的倒数。其中各个标志值相应的标志总量(用单位 1 表示)影响一致。其计算公式为

$$\bar{x}_H = \frac{n}{\frac{1}{x_1} + \frac{1}{x_2} + \frac{1}{x_3} + \cdots + \frac{1}{x_n}} = \frac{n}{\sum \frac{1}{x}}$$

式中 $\bar{x}_H$ 表示调和平均数,x_i 表示各标志值,n 为标志值项数。

【例 4-9】市场上某种蔬菜的价格是早市每千克 1.8 元,午市每千克 1.4 元,晚市每千克 1.0 元。若早、中、晚各买 10 元钱的蔬菜,则对于所购蔬菜的平均价格是多少?

对于所购蔬菜的平均价格 = 总花费/购买的总重量,可得

$$\bar{x}_H = \frac{10+10+10}{\frac{10}{1.8} + \frac{10}{1.4} + \frac{10}{1.0}} = \frac{3}{\frac{1}{1.8} + \frac{1}{1.4} + \frac{1}{1.0}} = 1.32 \text{(元/千克)}$$

(2) 加权调和平均数。加权调和平均数是标志值倒数的加权算术平均数的倒数。在实际中,各指标值相应的标志总量往往不一致,在这种情况下求平均值时必须用加权调和平均数。其计算公式为:

$$\bar{x}_H = \frac{m_1 + m_2 + m_3 + \cdots + m_n}{\frac{m_1}{x_1} + \frac{m_2}{x_2} + \frac{m_3}{x_3} + \cdots + \frac{m_n}{x_n}} = \frac{\sum m}{\sum \frac{m}{x}}$$

式中,$\bar{x}_H$ 表示调和平均数,x_i 表示各变量值,m_i 为各组标志总量。

【例 4-10】市场上某种蔬菜的价格是早市每千克 1.8 元,午市每千克 1.4 元,晚市每千克 1.0 元,若早、中、晚各买 10 元、20 元、25 元的蔬菜,则对于所购蔬菜的平均价格是多少?

对于所购蔬菜的平均价格 = 总花费/购买的总重量,可得

$$\bar{x}_H = \frac{\sum m}{\sum \frac{m}{x}} = \frac{10+20+25}{\frac{10}{1.8} + \frac{20}{1.4} + \frac{25}{1.0}} = 1.23 \text{(元/千克)}$$

从例 4-9 和例 4-10 可以看出,调和平均数一般用于计算由两个数值对比形成的相对数或平均数,例如价格 = 花费/重量。分别知道各个部分的相对数的值,并且给出各部分分子的具体值,求所有部分组合起来的相对数的值。简单调和与加权调和的区别在于给出的各部分分子的值是否一样,一样时为简单调和,不一样时为加权调和。例 4-9 和例 4-10 中,无论是简单调和还是加权调和,最本质还是要归为总体标志总量与总体单位总数的比值,其最终的解释意义一样,比如对于你的价格都是总花费/购买的总重量。

假如给出的不是各部分分子的值而是分母的值,当给出的各部分分母的值一样时,计算的平均数就变成了简单算术平均数;当给出的各部分分母的值不一样时,计算的平均数就变成了加权算术平均数。此时的权数对最终结果的解释有相应的意义,而作为调和平均数时,权数的解释作用没那么明显。

3. 几何平均数

在统计分析中，几何平均数也是一种常用的平均数。跟调和平均数一样，几何平均数也有特定的适用范围。几何平均数常用于计算平均比率或平均发展速度，一般给出各部分比率，求总的平均比率。

几何平均数是 n 个变量值的连乘积后的 n 次方的算术平方根，具体分为简单几何平均数和加权几何平均数两种。

（1）简单几何平均数。用于未分组情况，设有 n 个变量值 x_1，x_2，x_3，$\cdots$，x_n，简单几何平均数的计算公式可以表示为

$$\bar{x}_G = \sqrt[n]{x_1 \cdot x_2 \cdot x_3 \cdot \cdots \cdot x_n} = \sqrt[n]{\prod x}$$

式中，$\prod$ 表示连乘。

【例4-11】某厂有 5 个前后衔接的流水作业车间，各车间合格率分别为 96%、94%、92%、90%、83%，则 5 个车间的产品平均合格率为多少？

$$\bar{x}_G = \sqrt[5]{96\% \cdot 94\% \cdot 92\% \cdot 90\% \cdot 83\%} = 90.89\%$$

此例中的车间是 5 个流水作业车间，意味着产品必须从第一个进入，合格产品继续进入下一个车间。这也是计算简单几何平均数的特点，前后比率有密切关系。假如这 5 个车间不是连续的，而是独立的，其平均数就不是简单几何平均数。

（2）加权几何平均数。用于分组情况，当计算的各个变量值出现的次数不同时，就需要采用加权几何平均数。其计算公式可以表示为

$$\bar{x}_G = \sqrt[f_1+f_2+f_3+\cdots+f_n]{x_1^{f_1} \cdot x_2^{f_2} \cdot x_3^{f_3} \cdot \cdots \cdot x_n^{f_n}} = \sqrt[\sum f]{\prod x^f}$$

式中，f 表示各变量值出现的次数（权数）。

【例4-12】某企业从银行贷款，贷款期限为 9 年，年利率按复利计算并实行市场利率制，其中 4 年为 6%，2 年为 6.5%，3 年为 7%，则其平均年利率为多少？

$$\bar{x}_G = \sqrt[\sum f]{\prod x^f} = \sqrt[4+2+3]{1.06^4 \cdot 1.065^2 \cdot 1.07^3} = 106.4\%$$

$$这段时间的平均年利率 = 106.4\% - 100\% = 6.4\%$$

此例中的关键是复利，意味着每一年都与上一年有关系，每一年的本金都是上一年的本金加利息，所以关键是本息和。相对于简单几何平均数，加权几何平均数只是利率多次重复出现。

4. 众数

平均指标是在集中趋势范围找到一个值代替大多数的标志值或表示所有个体的一般水平。从图4-1可以看到，分布数列中最高的那组对应的数值在集中区域，也更好地代替了大多数的个体。

众数是一个常用的位置平均数，用 M_0 表示，指总体或分布数列中出现次数（频数）最多的标志值。众数表示某一现象的一般水平和集中趋势，在实际统计工作中运用广泛。例如说明消费者需求的服装、鞋帽尺码、蔬菜价格等，都可以通过市场调查分析，了解哪一尺码的成交量最大、哪一价格的成交量最多。

（1）单项式数列确定众数。单项式数列确定众数比较简单，由于已经分组汇总，只需

通过观察找出次数出现最多的那个标志值即可。

【例 4-13】 某企业对所有职工进行了家庭人口数调查，得到如下数据，见表 4-4。

表 4-4 职工家庭人口数情况

家庭人口数/人	职工家庭数/户	比重/%
1	10	12.5
2	21	26.25
3	35	43.75
4	12	15
5	2	2.5
合计	80	100

家庭人口数是研究标志，80 个职工单位中，35 户是职工家庭数最多的，所以众数为 3 人。

（2）组距式数列确定众数。由于组距式中每组是一个区间，通过次数可以定位众数的位置，但是平均指标是一个具体值，所以需要找到众数的近似值。具体确定步骤如下（图 4-2）：

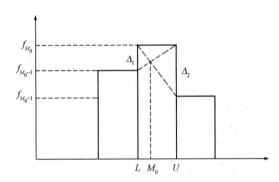

图 4-2 众数组距式计算示意图

第一，确定众数所在组，即从分布数列找出次数或频率最高的那个组。

第二，依据与众数所在组相邻的两个组的次数以及计算公式来近似地确定众数的数值。组距式数列众数的计算公式如下：

下限公式：$M_0 = L + \dfrac{\Delta_1}{\Delta_1 + \Delta_2} \cdot d$

上限公式：$M_0 = U - \dfrac{\Delta_2}{\Delta_1 + \Delta_2} \cdot d$

其中，L 表示众数所在组的下限，U 表示众数所在组的上限，d 表示众数所在组的组距，Δ_1 表示众数所在组与前一组之差，Δ_2 表示众数所在组与后一组之差，f_{M_0} 表示众数所在组的频数，f_{M_0-1} 表示众数所在组前一组的频数，f_{M_0+1} 表示众数所在组后一组的频数。

【例 4-14】 某机械加工厂工人加工零件数分组情况见表 4-5，试确定工厂工人加工零件数的众数。

表 4-5 工人加工零件情况

日产量/件	工人数/人
800 以下	40
800 ~ 900	48
900 ~ 1 000	59
1 000 ~ 1 100	206
1 100 ~ 1 200	82
1 200 ~ 1 300	56
1 300 以上	43
合计	534

所有组中工人人数最多的为 206 人，众数组为 1 000 ~ 1 100 件。

根据计算公式得：

下限公式：

$$M_0 = L + \frac{\Delta_1}{\Delta_1 + \Delta_2} \times d = 1\,000 + \frac{206 - 59}{(206 - 59) + (206 - 82)} \times 100 = 1\,054.24(件)$$

上限公式：

$$M_0 = U - \frac{\Delta_2}{\Delta_1 + \Delta_2} \times d = 1\,100 - \frac{206 - 82}{(206 - 59) + (206 - 82)} \times 100 = 1\,054.24(件)$$

由此可见，两个公式计算结果一致。没有特殊要求时，任选一个公式计算即可。从上面的分析可知，众数的数值要受到众数所在组的相邻两组次数多少的影响。当众数组前一组的次数大于众数所在组后一组的次数时，众数接近众数组的下限；当众数组前一组的次数小于众数所在组后一组的次数时，众数接近众数组的上限；而当众数所在组前后两组的次数相等时，众数就是众数所在组的组中值。

由于众数是通过变量出现的次数确定的，不需要全部变量值计算，因此众数不受极端值和开口组影响；并且，当总体的单位数不多时或分布数列各组出现的频率差不多时，众数的代表性较差。

5. 中位数

结合集中趋势特点和图 4-1，不难发现，按标志值排列，正中间那个个体水平在集中区域，代替了大多数的个体水平。

中位数也是一个常用的位置平均数，用 M_e 表示，指的是各个体标志值按大小顺序排列后，处于中间位置的那个标志值。中位数将总体各单位按标志值均等分成两个部分，一半单位标志值比中位数大，一半比中位数小，表示某标志值在总体中的一般水平和集中趋势，在实际统计工作中有大量运用。例如，人口的平均年龄会受到一些特别长寿的人的年龄的影响，使计算结果偏大，而中位数往往能较好地体现人口年龄的平均水平。

（1）未分组资料确定中位数。在资料未分组的情况下，先将各总体单位的标志值按大小顺序排列，找中间位置个体的数值。定位中位数位置，一般用：中位数位置＝$(n+1)/2$。由于总体数 n 为偶数时，不能找到一个具体的单位使得各有一半单位的数值大于或小于它，因此确定中位数的公式为

$$M_e = \begin{cases} x_{\frac{n+1}{2}}, & \text{当 } n \text{ 为奇数} \\ \dfrac{x_{\frac{n}{2}} + x_{\frac{n+1}{2}}}{2}, & \text{当 } n \text{ 为偶数} \end{cases}$$

式中，n 为总体单位数；x_i 为排序第 i 的个体具体标志值。

【例 4-15】某个由 9 名职工组成的学习小组，本月百分制考核成绩为：63 分、100 分、85 分、93 分、77 分、81 分、79 分、87 分、90 分。

按成绩从小到大排序：63 分、77 分、79 分、81 分、85 分、87 分、90 分、93 分、100 分。

按公式确定中位数：$M_e = x_5 = 85$（分）

【例 4-16】某个由 10 名职工组成的学习小组，本月百分制考核成绩为：63 分、100 分、85 分、93 分、87 分、77 分、81 分、79 分、87 分、90 分。

按成绩从小到大排序：63 分、77 分、79 分、81 分、85 分、87 分、87 分、90 分、93 分、100 分。

按公式确定中位数：$M_e = \dfrac{x_5 + x_6}{2} = \dfrac{85 + 87}{2} = 86$（分）

（2）单项式分组数列确定中位数。单项式分组已经将资料的标志值按从小到大排序，只需确定中位数的位置。这时总体单位数 $n = \sum f$，根据中位数的位置和累计次数分布，看中位数的位置在数列累计次数哪一组。其确定中位数的方法与未分组情况类似：

$$M_e = \begin{cases} x_{\frac{\sum f + 1}{2}}, & \text{当 } \sum f \text{ 为奇数} \\ \dfrac{x_{\frac{\sum f}{2}} + x_{\frac{\sum f + 1}{2}}}{2}, & \text{当 } \sum f \text{ 为偶数} \end{cases}$$

【例 4-17】某企业对所有职工进行了家庭人口数调查，得到的数据见表 4-6。

表 4-6 职工家庭人口数情况

家庭人口数/人	职工家庭数/户	累计频数/户	
		向上累计次数	向下累计次数
1	10	10	80
2	21	31	70
3	35	66	49
4	12	78	14
5	2	80	2
合计	80	—	—

中位数的位置在排序序号为 $\sum f/2 = 40$ 与 $\sum f/2 + 1 = 41$ 之间，通过累计频数可以发现中位数应该在第三组，因此 $M_e = \dfrac{x\dfrac{\sum f}{2} + x\dfrac{\sum f + 1}{2}}{2} = \dfrac{3+3}{2} = 3 (人)$。

（3）组距式分组数列确定中位数。由于组距式中每组是一个区间，通过次数可以定位中位数的位置，但是同样是确定一个区间，因此需要找到中位数的近似值。具体步骤如下（图4-3）：

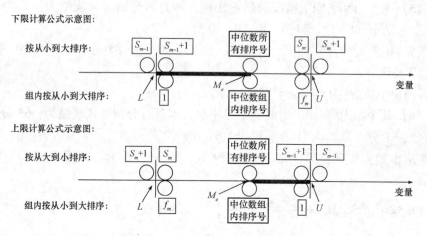

图 4-3　中位数组距式计算示意图

第一，确定中位数所在组，即中位数在所有单位的排序号，中位数位置 = $\sum f/2$。

第二，依据与中位数所在组的次数来计算向上或向下的累计次数，根据计算公式来近似地确定中位数的数值。

组距式数列中位数的计算公式如下：

下限公式（利用向上累计）：$M_e = L + \dfrac{\sum f/2 - S_{m-1}}{f_m} \cdot d$

上限公式（利用向下累计）：$M_e = U - \dfrac{\sum f/2 - S_{m+1}}{f_m} \cdot d$

其中，L 表示中位数所在组的下限，U 表示中位数所在组的上限，d 表示众数所在组的组距，图中"□"表示排序序号，f_m 表示中位数所在组的频数，S_m 表示中位数所在组向上或向下累计频数，S_{m-1} 表示中位数所在组前一组向上或向下累计频数，S_{m+1} 表示中位数所在组后一组向上或向下累计频数。

【例4-18】某机械加工厂工人加工零件数分组情况见表4-7，试确定该工厂工人加工零件数的中位数。

表 4-7　工人加工零件情况

日产量/件	工人数/人	累计频数/人	
		向上累计	向下累计
800 以下	40	40	534
800~900	48	88	494
900~1 000	59	147	446
1 000~1 100	206	353	387
1 100~1 200	82	435	181
1 200~1 300	56	491	99
1 300 以上	43	534	43
合计	534	—	—

确定中位数所在组：

$$中位数位置 = \sum f/2 = 534/2 = 267$$

因此，中位数应该在 1 000~1 100 件这一组，利用上、下限公式计算近似值：

下限公式：

$$M_e = L + \frac{\sum f/2 - S_{m-1}}{f_m} \cdot d = 1\ 000 + \frac{267 - 147}{206} \cdot 100$$

$$= 1\ 058.25(件)$$

上限公式：

$$M_e = U - \frac{\sum f/2 - S_{m+1}}{f_m} \cdot d = 1\ 100 - \frac{267 - 181}{206} \cdot 100$$

$$= 1\ 058.25(件)$$

从计算结果可以看出，用上限公式和用下限公式计算的结果是相同的。中位数的计算归结为利用位置信息近似找出中位数，即位置比例转换为具体变量比例。中位数跟众数一样，不受极端值影响，但是在计算中位数时，是以假定中位数所在组内的各个标志值是均匀分布为前提的。

6. 算术平均数、众数与中位数之间的关系

众数、中位数和算数平均数都可以作为数据一般水平的代表值，但它们有不同的特点和应用场合。众数和中位数只和位置有关，不受极端值的影响。当数据的偏斜程度比较大时，宜采用众数或中位数来代表数据的一般水平。算术平均数则是利用了全部数据的信息，容易受极端值的影响。当数据呈现对称或近似分布时，宜采用算术平均数来代表数据的一般水平。

这里简单从呈现单峰分布的数据研究三者之间存在的关系如下（图 4-4）：

（1）如果数据是对称分布，则众数、中位数和算术平均数三者相等：$M_o = M_e = \bar{x}$。

（2）如果数据呈现左偏（负偏）分布，说明大量数据在极小值一方，根据三者本质分析可以得出三者关系为：$M_0 > M_e > \bar{x}$。

（3）如果数据呈现右偏（正偏）分布，说明大量数据在极大值一方，根据三者本质分析可以得出三者关系为：$M_0 < M_e < \bar{x}$。

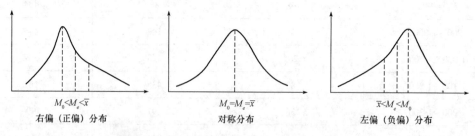

图4-4 众数、中位数和算术平均数的关系分布图

英国统计学家皮尔逊研究提出，在存在轻微偏斜的情况下，众数、中位数和算术平均数数量关系的经验公式为：$\bar{x} - M_0 \approx 3(\bar{x} - M_e)$，利用这个关系，可以从已知两个平均指标来推算另一个指标。

4.3.3 平均指标的应用原则

平均指标在实际计算和运用中，应注意以下几方面的问题：

（1）注意社会经济现象的同质性。同质性是指总体各单位在被平均的标志上具有同质性，这是应用平均指标的基本原则。只有这样，计算出来的指标数值才可以反映所研究社会经济现象总体数量特征的一般水平，才具有实际意义。

（2）必须注意用组平均数补充说明总体平均数。平均指标反映了总体各单位某一数量标志值的一般水平，但掩盖了各组之间的差异。为了全面认识总体的特征和分布规律，对现象做出更准确的评价，还要以总体内各组或组内的平均数进行补充说明。

（3）注意用分配数列来补充说明总平均数。平均指标反映了总体的一般数量水平，所以它把总体各单位的数量差异抽象化了，无法说明总体各单位之间的数量差异和分布状况，因此必须用分配数列来补充说明总平均数。

（4）计算和运用平均数时，要注意极端数值的影响，因为算术平均数受极端数值的影响很明显。

4.4 标志变异指标

平均指标反映了总体各单位标志值之间的一般水平，但将各单位标志值的差异忽视了。所以平均指标只能综合反映各单位某一数量标志的代表水平，而不能反映各个单位数量标志的差异性。变异指标则从另一个侧面反映了总体中各单位指标值差异程度或离散程度，因此也习惯上把标志变异指标称为变异标志或离散（中）指标。

【例 4-19】 假定某车间有 3 个小组，工人的日生产量资料如下：

甲组：300　300　300　300　300，$\bar{x}_甲 = 300$

乙组：290　290　300　300　320，$\bar{x}_乙 = 300$

丙组：280　280　290　310　340，$\bar{x}_丙 = 300$

这三个小组的平均日生产量为 300 件，但是甲组 5 个人日产量都是 300 件；乙组只有两个员工是 300 件，其他 3 人差距不大；丙组 5 个人日生产量距 300 件都很大。所以，平均指标不能全面描述总体指标的分布特征，标志变异指标则很好地进行了补充。

4.4.1　标志变异指标概述

1. 标志变异指标的概念

标志变异指标是反映总体中各单位标志之间差异程度或离散程度的指标。标志变异指标是社会经济现象的数量关系所具有的重要特征之一，与平均指标相对应。主要的变异指标有异众比率、极差、四分位差、平均差、方差和变异系数。这 6 个变异指标，一般值越大，表明总体各单位标志值的变异程度越大；反之，值越小，离散程度越小，数据越集中。

2. 标志变异指标的作用

（1）标志变异指标可以说明平均指标的代表性。平均指标作为总体各单位标志值一般水平的代表性指标，其代表性大小与标志变异指标的大小成反比，即标志变异指标越大，平均数的代表性越小；标志变异指标越小，平均数的代表性越大。

（2）标志变异指标可以说明现象变动的稳定性和均衡性。计算同类总体的标志变异指标并进行比较，可以观察标志值变动的稳定程度或均衡状态。

（3）标志变异指标的大小有助于正确确定必要的抽样数目。进行抽样调查时，为了合理地利用人力、财力、物力和时间，应正确确定必要的抽样数目，抽取的样本单位数过多或过少都会影响样本平均数的代表性。而根据标志变异程度的大小就可以正确地确定必要的抽样单位数目。

4.4.2　标志变异指标的计算

1. 异众比率

异众比率是指非众数组的频数占总频数的比重，一般用 V_r 表示。其计算公式为

$$V_r = \frac{\sum f - f_m}{\sum f} = 1 - \frac{f_m}{\sum f}$$

式中，f_m 是众数组的频数，$\sum f$ 是变量值的总频数。

异众比率主要用于测度分类数据离散程度，对于一些顺序数据和数值型数据也适用。它主要反映众数对数据的代表程度，数值越大，众数的代表性越差；反之则越好。

【例 4-20】 某学校对所有学生进行了学院人数调查，得到的数据见表 4-8。

表 4-8 学校学院人数情况

学院	学院人数/人	比重/%
外语学院	3 200	22.86
经济学院	4 500	32.14
管理学院	3 000	21.43
计算机学院	2 100	15.00
体育学院	1 200	8.57
合计	14 000	100.00

众数所在组为"经济学院"。根据公式得：

$$V_r = 1 - \frac{f_m}{\sum f} = 1 - 32.14\% = 67.86\%$$

在这调查的 14 000 人中，除了众数所在的经济学院外，其他学院的人数占 67.86%，异众比率较大，说明众数所在组经济学院作为校代表学院不是很好。

异众比率主要用在分布数列中，主要反映众数的代表性，可大体衡量总体数据的离散性。

2. 全距

全距也称极差，指的是总体各单位标志值中最大值与最小值之差，一般用 R 表示，反映了整个总体单位在该标志的变动范围。其计算公式如下：

$$R = x_{max} - x_{min}$$

式中，x_{max} 表示最大标志值，x_{min} 表示最小标志值。

如果掌握的资料是组距式分组资料，则全距的近似值计算公式为

$$R = 最高组的上限 - 最低组的下限$$

当组距式数列中有开口组时，如果不知道两个极值，则无法求全距。

【例 4-21】对某班 20 名学生进行课程调查，女同学和男同学的得分情况为：

女同学：68 分 70 分 72 分 76 分 80 分 82 分 85 分 88 分 89 分 90 分

男同学：60 分 62 分 63 分 65 分 76 分 88 分 95 分 96 分 97 分 98 分

其全距为：

男同学：$R_{男} = 98 - 60 = 38$（分）

女同学：$R_{女} = 90 - 68 = 22$（分）

两组平均分都为 80 分，从全距来看，男同学成绩的差异程度大，女同学成绩的差异程度小。

【例 4-22】某企业工人某月工资情况见表 4-9。

表 4-9　某企业工人某月工资情况

按月工资额分组/元	工人数/人	比重/%
1 000~1 200	60	13.33
1 200~1 400	100	22.22
1 400~1 600	200	44.44
1 600~1 800	70	15.56
1 800~2 000	20	4.44
合计	450	100.00

根据资料可知：

$$R = 2\ 000 - 1\ 000 = 1\ 000（元）$$

全距的优点是计算简单、直观，容易理解。其不足之处是它只利用了两个极端的标志值，未涉及总体中其他绝大多数的变量值的分布状况，不能全面反映单位标志值之间的差异程度。全距极易受极端值的影响，不能全面、准确地反映总体的离散程度。

3. 四分位差

为了解决极端值对全距的影响，提出了四分位差代替全距。将总体各单位标志值按顺序排列后四等分，形成了三个分割点，四分位差就是第三个四分位点与第一个四分位点的差值，一般用 Q_d 表示。其中，第二个四分位点就是中位数。

(1) 未分组资料的四分位差计算。

$$Q_d = Q_3 - Q_1$$

式中，Q_1 为第一个四分位点，Q_1 的位置 $= \dfrac{n}{4}$；Q_3 为第三个四分位点，Q_3 的位置 $= \dfrac{3n}{4}$；n 为变量值的项数。

【例 4-23】某企业随机抽取了 11 个职工，调查职工的月消费支出，数据从小到大排序如下：

1 500　1 960　2 100　2 250　2 500　2 600　2 750　2 800　3 000　3 500　3 750（单位：元）

Q_1 的位置 $= \dfrac{11}{4} = 2.75$，Q_1 应该在第 2 个数值与第 3 个数值之间的 0.75，

$Q_1 = 1\ 960 + 0.75 \times (2\ 100 - 1\ 960) = 2\ 065（元）$

Q_3 的位置 $= \dfrac{3 \times 11}{4} = 8.25$，$Q_3$ 应该在第 8 个数值与第 9 个数值之间的 0.25，

$Q_3 = 2\ 800 + 0.25 \times (3\ 000 - 2\ 800) = 2\ 850（元）$

故有：$Q_d = Q_3 - Q_1 = 2\ 850 - 2\ 065 = 785（元）$

(2) 分组资料的四分位差计算。组距式数列中位数的计算公式如下：

第一个四分位点公式为

$$Q_1 = L_{Q_1} + \dfrac{n/4 - S_{Q_1-1}}{f_1} \cdot d_1$$

第三个四分位点公式为

$$Q_3 = L_{Q_3} + \frac{3n/4 - S_{Q_3-1}}{f_3} \cdot d_3$$

四分位差为

$$Q_d = Q_3 - Q_1$$

式中，L_{Q_1}、L_{Q_3} 分别为第一个、第三个四分位点所在组的下限，f_1、f_3 分别为第一个、第三个四分位点所在组的频数，S_{Q_1-1}、S_{Q_3-1} 分别为第一个、第三个四分位点所在组前一组的向上累计频数。

【例 4-24】在某地区抽取了 120 家企业，按利润额进行分组，结果见表 4-10。

表 4-10　某地区 120 家企业的利润额情况

按利润额分组/万元	企业数/家	向上累计频数/家
300 以下	21	21
300 ~ 400	30	51
400 ~ 500	40	91
500 ~ 600	18	109
600 ~ 700	11	120
合计	120	—

Q_1 的位置 $= \dfrac{n}{4} = \dfrac{120}{4} = 30$，$Q_1$ 应该在第二组；

Q_3 的位置 $= \dfrac{3n}{4} = 3 \cdot \dfrac{120}{4} = 90$，$Q_3$ 应该在第三组。

第一个四分位点：$Q_1 = 300 + \dfrac{30 - 21}{30} \cdot 100 = 330$（万元）

第三个四分位点：$Q_3 = 400 + \dfrac{90 - 51}{40} \cdot 100 = 497.5$（万元）

四分位差：$Q_d = 497.5 - 330 = 167.5$（万元）

四分位差不受两端 25% 数值的影响，它反映的只是分布数列中一半的差异程度，不反映所有标志值的差异程度，是一个比较粗略的指标。

4. 平均差

平均差是指总体各单位标志值对其计算平均数的离差的绝对值的算术平均。平均差充分利用了所有数据，反映了平均各单位与平均值的绝对差异，综合反映各单位标志的变动程度。平均差越大，离散程度越小；平均差越小，离散程度越大。平均差一般用 A. D. 或 M_d 表示。

（1）未分组的资料平均差计算。其计算公式为

$$M_d = \frac{\sum_{i=1}^{n} |x_i - \bar{x}|}{n} = \frac{\sum |x - \bar{x}|}{n}$$

式中，x_i 表示各单位标志值，$\bar{x}$ 表示算术平均数，n 为总项数。

(2) 分组的资料平均差计算（加权形式）。其计算公式为：

$$M_d = \frac{\sum_{i=1}^{n}|x_i - \bar{x}| \cdot f_i}{\sum_{i=1}^{n} f_i} = \frac{\sum |x - \bar{x}| \cdot f}{\sum f}$$

式中，f_i 表示各组的频数，x_i 表示各组单位标志值或组中值。

【例 4-25】 计算表 4-11 的平均差。

表 4-11　工人加工零件平均差计算表

日产量/件	工人数/人	组中值（x_i）	$x_i f_i$	$\|x_i - \bar{x}\|$	$\|x_i - \bar{x}\| \cdot f_i$
800 以下	40	750	30 000	308.99	12 359.6
800~900	48	850	40 800	208.99	10 031.52
900~1 000	59	950	56 050	108.99	6 430.41
1 000~1 100	206	1 050	216 300	8.99	1 851.94
1 100~1 200	82	1 150	94 300	91.01	7 462.82
1 200~1 300	56	1 250	70 000	191.01	10 696.56
1 300 以上	43	1 350	58 050	291.01	12 513.43
合计	534	—	565 500	—	61 346.28

算术平均数：$\bar{x} = \dfrac{\sum xf}{\sum f} = \dfrac{565\ 500}{534} \approx 1\ 058.99$（件）

平均差：$M_d = \dfrac{\sum |x - \bar{x}| \cdot f}{\sum f} = \dfrac{61\ 346.28}{534} \approx 114.88$（件）

平均差只能测度数值型数据的离散程度，简单明了地测度每个变量与平均数的平均差异程度。平均差越大，数据的离散程度越大；反之，则数据的离散程度越小。但是，平均差计算公式中取了绝对值，在理论和实际应用中不方便。

5. 方差与标准差

方差是各变量值与其算术平均数离差平方的算术平均数。标准差就是方差的平方根，也称为均方差。它们是标志变异指标中最重要、最常见的指标。通常方差以 σ^2 表示，标准差用 σ 表示。

(1) 未分组资料的计算方法。

方差：

$$\sigma^2 = \frac{\sum_{i=1}^{n}(x_i - \bar{x})^2}{n} = \frac{\sum (x - \bar{x})^2}{n}$$

标准差：

$$\sigma = \sqrt{\frac{\sum_{i=1}^{n}(x_i - \bar{x})^2}{n}} = \sqrt{\frac{\sum (x - \bar{x})^2}{n}}$$

(2) 分组资料的计算方法（加权形式）。

方差:

$$\sigma^2 = \frac{\sum_{i=1}^{n}(x_i - \bar{x})^2 f_i}{\sum_{i=1}^{n} f_i} = \frac{\sum (x - \bar{x})^2 f}{\sum f}$$

标准差:

$$\sigma = \sqrt{\frac{\sum_{i=1}^{n}(x_i - \bar{x})^2 f_i}{\sum_{i=1}^{n} f_i}} = \sqrt{\frac{\sum (x - \bar{x})^2 f}{\sum f}}$$

【例4-26】计算表4-12的方差和标准差。

表4-12 工人加工零件方差和标准差计算表

日产量/件	工人数/人	组中值 (x_i)	$x_i f_i$	$(x_i - \bar{x})^2$	$(x_i - \bar{x})^2 \cdot f_i$
800以下	40	750	30 000	95 474.82	3 818 992.804
800~900	48	850	40 800	43 676.82	2 096 487.365
900~1 000	59	950	56 050	11 878.82	700 850.385 9
1 000~1 100	206	1 050	216 300	80.820 1	16 648.940 6
1 100~1 200	82	1 150	94 300	8 282.82	679 191.248 2
1 200~1 300	56	1 250	70 000	36 484.82	2 043 149.926
1 300以上	43	1 350	58 050	84 686.82	3 641 533.264
合计	534	—	565 500	—	12 996 853.93

方差: $\bar{x} = \dfrac{\sum (x - \bar{x})^2 f}{\sum f} = \dfrac{12\ 996\ 853.93}{534} \approx 24\ 338.68$ (件^2)

标准差: $M_d = \sqrt{\dfrac{\sum (x - \bar{x})^2 f}{\sum f}} = \sqrt{24\ 338.68} \approx 156.01$ (件)

方差用平方解决了离差正负问题,同样也解决了平方差的绝对数问题,能够适用于数学运算处理。方差同时运用了所有数据,很好地测定了总体的离散程度。但是由于方差的计量单位带有平方,不能很好地解释实际问题,因此对方差开方构建了标准差,标准差继承了方差的优点,在实践中也有广泛应用。

6. 变异系数

极差、平均差、方差和标准差是测度数值型数据离散程度的绝对值,其数值大小一方面受原变量值本身水平高低的影响,变量值水平高,其值自然就大,反之则小;另一方面,绝对值与原变量值的计量单位相同,采用不同单位计量的变量值其离散程度是不同的,因此不可以直接比较。这意味着,对变量值水平不同或计量单位不同的不同组别的数据,是不可以用绝对值直接比较其离散程度的。为了消除变量值水平高低和计量单位不同对离散程度的影响,需要计算变异系数。

变异系数也称离散系数或标准差系数,是标志的变异指标与其算术平均数之比。常用的变异系数有极差系数、平均差系数和标准差系数,应用最广泛的是标准差系数。标准差系数的计算公式为

$$V_\sigma = \frac{\sigma}{\bar{x}} \cdot 100\%$$

【例 4-27】某市六岁男童体重与身高资料见表 4-13,比较体重差异大还是身高差异大。

表 4-13 某市六岁男童体重与身高资料

	平均数	标准差
体重/千克	19.39	2.16
身高/厘米	115.87	4.86

$$V_{身高} = \frac{\sigma_{身高}}{\bar{x}_{身高}} = \frac{4.86}{115.87} \times 100\% \approx 4.19\%$$

$$V_{体重} = \frac{\sigma_{体重}}{\bar{x}_{体重}} = \frac{2.16}{19.39} \times 100\% \approx 11.14\%$$

$$V_{体重} > V_{身高}$$

身高的离散程度低,因此平均身高 115.87 厘米相比于体重 19.39 千克更好地代表了大多数男童。

用标准差来比较两者的差异大小,由于计量单位不一样,无法比较也没有意义。而且,体重的基数为两位数,身高的基础为三位数,也无法比较。变异系数在度量离散程度的标准差指数上剔除了基数的影响,也消除了单位的影响,很好地把离散程度变为一种绝对意义上的离散。变异系数是测量数值型数据离散程度的相对统计量,变异系数大,则数据的离散程度就大;否则,其离散程度就小。

思考与练习

一、思考题

1. 什么是总量指标?它的作用是什么?
2. 什么是相对指标?相对指标有哪几种?各有什么特点?
3. 计算和运用相对指标应遵循哪些原则?
4. 简述众数、中位数和算术平均数三者之间的关系。
5. 什么是离散程度?它的作用是什么?离散程度有哪些测度值?
6. 一组数据的分布特征可以从哪些方面进行描述?
7. 简述加权算术平均数与加权调和平均数有何区别与联系。
8. 计算和运用平均指标时应注意什么问题?

二、单项选择题

1. 下列标志变异指标易受到个别极端值影响的是(　　)。
   A. 全距　　　　　　　　　　　　B. 平均差
   C. 标准差　　　　　　　　　　　D. 标准差系数

2. 某公司所属三家企业计划规定的产值分别为500万元、600万元、700万元。执行结果计划完成程度分别为100%、115%、110%。该公司三家企业的平均计划完成程度为（　　）。

　　A. 108.3%　　　　　　　　　　　　B. 108.9%

　　C. 106.2%　　　　　　　　　　　　D. 108.6%

3. 标准差指标数值越小，则反映变量值（　　）。

　　A. 越分散，平均数代表性越低　　　B. 越集中，平均数代表性越高

　　C. 越分散，平均数代表性越高　　　D. 越集中，平均数代表性越低

4. 权数对算术平均数的影响作用，实质上取决于（　　）。

　　A. 作为权数的各组单位数占总体单位数比重的大小

　　B. 各组变量值占总体标志总量比重的大小

　　C. 变量值本身的大小

　　D. 变量值数量的多少

5. 有下列资料：75、78、80、82、87、90、91、92，其中位数是（　　）。

　　A. 82　　　　B. 84.5　　　　C. 87　　　　D. 90

6. 某公司下属10家企业，已知每家企业某月产值计划完成百分比和实际产值，要求计算该公司平均计划完成程度，应采用加权调和平均数的方法计算，其权数是（　　）。

　　A. 计划产值　　B. 实际产值　　C. 工人数　　D. 企业数

7. 已知某班40名学生，其中男、女学生各占一半，则该班学生性别成数方差是（　　）。

　　A. 25%　　　　B. 30%　　　　C. 40%　　　　D. 50%

8. 标准变异指标（　　）。

　　A. 说明各单位标志值的变异程度

　　B. 把总体各单位标志值的差异抽象化

　　C. 能够反映总体分布的集中趋势

　　D. 与平均数的代表性成正比

9. 在不掌握各组单位数据资料，只掌握各组指标值和各组指标总值的情况下，宜采用（　　）。

　　A. 加权算术平均数　　　　　　　　B. 几何平均数

　　C. 加权调和平均数　　　　　　　　D. 简单算术平均数

10. 某市2010年农村居民人均收入和城市居民人均收入分别为4 800元和10 060元，标准差分别为320元和780元，则人均收入的差异程度（　　）。

　　A. 城市大　　B. 一样大　　C. 农村大　　D. 不可比

11. 随机调查某城市100户家庭，得到家庭订阅报纸杂志份数资料如表所示：

表4-14　某城市100户家庭订阅杂志份数资料

报纸杂志	0	1	2	3	4	5	合计
家庭户数	9	54	21	12	2	2	100

根据这份资料计算的众数是（　　）。

　　A. 21　　　　B. 1　　　　C. 54　　　　D. 2

12. 在出生婴儿中，男性占 53%，女性占 47%，这是（   ）。
    A. 相对指标　　　　　　　　　　　B. 强度相对指标
    C. 比较相对指标　　　　　　　　　D. 比例相对指标
13. 某企业生产的变速自行车上年实际成本为 450 元，本年计划降低 4%，实际降低了 5%，则成本降低计划超额完成程度为（   ）。
    A. 95%　　　　　　　　　　　　　B. 98.96%
    C. 1%　　　　　　　　　　　　　　D. 1.04%
14. 总量指标按反映现象的时间状况不同，可分为（   ）。
    A. 时期指标和时点指标　　　　　　B. 数量指标和质量指标
    C. 总体单位总量和总体标准总量　　D. 实物指标和价值指标
15. 下列指标属于总量指标的是（   ）。
    A. 出勤率　　　　　　　　　　　　B. 及格率
    C. 人均粮食占有量　　　　　　　　D. 学生人数
16. 在某品牌电视机的年末清库中，年末库存额是（   ）。
    A. 时期指标和实物指标　　　　　　B. 时点指标和实物指标
    C. 时期指标和价值指标　　　　　　D. 时点指标和价值指标
17. 下面关于变异标志的描述错误的是（   ）。
    A. 变异标志是用来描述总体单位标志值分布特征的指标
    B. 变异标志可以反映总体分布的离散程度和变异状况
    C. 变异标志与平均指标既有相同点又有不同点
    D. 变异标志值越小，标志变量越分散，总体的同质性越好
18. 反映总体各构成部分之间数量关系程度和比例关系的综合指标称为（   ）。
    A. 比较相对指标　　　　　　　　　B. 比例相对指标
    C. 强度相对指标　　　　　　　　　D. 结构相对指标

三、技能实训题

1. 某地区 2012 年 GDP 320 亿元，其中用于最终消费的为 220 亿元，用于积累的为 100 亿元，该地区 2012 年平均人口为 2 950 万人。

   要求：

   （1）分析该地区 2012 年 GDP 中积累和消费的构成及比例关系。

   （2）计算人均 GDP 强度相对指标。

2. 某企业通过不同渠道筹集到发展资金，试根据表 4-15 资料分别用调和平均公式和算术平均公式计算平均利息率。

表 4-15　不同渠道发展资金利息资料

种类	年利息率/%	利息额/万元
A	4	20
B	3	12
C	5	30

3. 某企业下属的三家工厂2008年上半年的产值资料见表4-16。

表4-16 某企业下属的三家工厂2008年上半年的产值资料

工厂	第一季度产值/万元	第二季度				计划完成百分比/%	第二季度为第一季度的百分比/%
		计划		实际			
		产值/万元	比重/%	产值/万元	比重/%		
甲	500					105	
乙		600		620			110
丙		550				95	
合计	1 650	1 850					

请填写表格中空格内各项指标值，并指出表中各项相对指标为何种相对指标。

4. 某高校计算机系专业13级学生的体重资料见表4-17。

表4-17 某高校计算机系专业13级学生的体重资料

按体重分组/kg	学生人数/人
52以下	28
52～55	39
55～58	68
58～61	53
61以上	24
合计	212

试根据所给资料计算学生体重的算术平均数、中位数、众数。

5. 对成年组和幼儿组共500人的身高资料分组，分组资料见表4-18。

表4-18 成年组和幼儿组按身高分组资料

成年组		幼儿组	
按身高分组/cm	人数/人	按身高分组/cm	人数/人
150～155	30	70～75	20
155～160	120	75～80	80
160～165	90	80～85	40
165～170	40	85～90	30
170以上	20	90以上	30
合计	300	合计	200

要求：

（1）分别计算成年组和幼儿组身高的平均数、标准差和标准差系数。

（2）成年组和幼儿组平均身高的代表性哪个大？为什么？

6. 某银行为缩短顾客到银行办理业务的等待时间，准备采用两种排队方式进行试验：一种是所有顾客都进入一个等待队列；另一种是顾客在三个业务窗口处列队三排等待。为比较哪种排队方式使顾客等待的时间更短，两种排队方式各随机抽取 9 名顾客，得到第一种排队方式的平均等待时间为 7.2 分钟，标准差为 1.97 分钟，第二种排队方式的等待时间如下：

排队时间/分钟	5.5	6.6	6.7	6.8	7.1	7.3	7.4	7.8	7.8

（1）画出第二种排队方式等待时间的茎叶图。
（2）计算第二种排队方式等待时间的平均数和标准差。
（3）比较两种排队方式等待时间的离散程度。
（4）如果让你选择一种排队方式，你会选择哪一种？试说明理由。

第 5 章

抽样与参数估计

★ 教学目标

1. 了解抽样的基本概念
2. 理解参数估计的原理
3. 掌握点估计和区间估计方法
4. 掌握样本容量的确定方法

★ 知识结构图

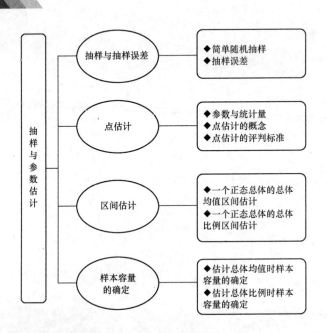

第5章 抽样与参数估计

★ 引 例

产品合格率是多少?

假如一家火柴厂想要知道它产品的合格率,最好的办法就是每根火柴都划一遍,但这显然不切实际。在生产生活实践中,经常会遇到这样的难题,此时需要用到统计学中参数估计的方法,在一定条件下利用样本的合格率来估计总体的合格率。为了保证效果,还需要对如何抽取样本以及抽取多少产品作为样本进行控制。

推断统计(也可以称为统计推断)是在描述统计的基础上对数据的更高一层的分析。推断统计包括两大核心内容:参数估计(Parameter Estimation)和假设检验(Hypothesis Testing)。两者都是根据样本数据对总体参数进行推断,参数估计是利用已知的样本统计量对未知的总体参数进行数理逻辑上的推断;假设检验对提出的关于总体或总体参数的某个假设进行检验,判断真伪。

学习参数估计和假设检验要注意:

(1) 参数估计和假设检验所利用的统计原理是相似的,只不过两者的目的和作用不同;

(2) 不论是参数估计还是假设检验,都要通过统计量来进行,构造出合适的统计量有助于提高统计推断的效果;

(3) 选择的样本必须要有代表性。

本章首先介绍统计推断中的常用术语,然后介绍参数估计的基本原理,包括点估计和区间估计的方法,以及样本容量的测算。

5.1 抽样与抽样误差

统计学的研究对象一般为随机变量,从理论上来看,随机变量可以通过概率分布来研究其特征与规律。但现实中,很多要研究的随机现象(即总体)的分布或者分布相关的参数是未知的,当希望了解这些未知信息的时候就需要统计推断。由于总体特征一般难以或者无法全部获得,可以利用样本信息倒推总体信息,统计推断就是这样一种方法,而且其基于概率论和数理统计的理论基础确保了推断结果的有效性。利用样本特征对相应的总体特征进行推断,同时指出所做的这种推断有多大的可靠性(用概率表示),是统计推断的基本问题。

在统计实践中,很多现象是很难甚至无法进行全面调查的,比如无限总体、破坏性试验、涉及健康安全的检测以及受时间、空间、设备、经费等原因限制等。在这些情况下,总体的真实信息无法获得,人们只能获得部分样本信息进行研究,再利用样本数据对总体做统计推断。

从总体中随机地抽取 n 个个体,然后对这 n 个个体就所关心的指标 X 进行观测,这一过程称为随机抽样,其中这 n 个个体对应的数值指标 (X_1, X_2, X_3, X_4) 称为样本。在一次抽样中,观测到 (X_1, X_2, X_3, X_4) 的一组确定的值或数据 (x_1, x_2, A, x_n) 称为该样本的观测值或样本数据,样本所有可能的观测值的全体就构成了样本空间。

为了保证推断统计的准确性，必须要求采集的样本能代表总体（即样本代表性），也就是需要采用随机抽样。一般（如无特别说明，本书后续提到的样本也是基于此方法）使用简单随机抽样：①总体的每一个个体被抽中的概率相等；②样本 X_1，X_2，…，X_n 独立同分布（有时用 $i.i.d$ 表示），即样本中任一个体的取值不影响其他个体的取值。满足这两个条件的抽样方法称为简单随机抽样，也称纯随机抽样，由此得到的样本称为简单随机样本。

由于是利用样本信息推断总体信息，因而不管采用什么推断方法，结果不可能百分之百准确无误，样本的统计量和总体参数之间的差异称为抽样误差（Sampling Error）。只需要通过提高样本容量、改进抽样方式等途径将推断结果控制在能接受（事先设定）的范围内即可。

5.2 参数估计

5.2.1 参数和统计量

总体的特征称为参数，记为 θ，在这里一般视为未知且待估计的变量；而一般用来估计总体参数的对应的样本特征称为统计量（或估计量），记为 $\hat{\theta}$，统计量是可获得的且视为已知的，统计量的分布称为抽样分布。参数估计就是用 $\hat{\theta}$ 去估计 θ。比如全国成年男生平均身高是一个未知的参数，但可以构造并计算对应的估计量（样本的平均身高），如果样本平均身高为 1.72 米，则在一定可信程度下认为总体的平均身高也为 1.72 米（点估计），或者在一定可信程度下认为总体的平均身高为 1.72 米左右的一段范围（区间估计）。

参数估计要同时考虑到估计结果的精确度和可靠度。

所谓精确度就是估计误差的最大范围，可通过极限误差 Δ（$|\theta-\hat{\theta}|\leq\Delta$）来反映。极限误差是根据研究对象的变异程度和分析任务的性质来确定的允许误差范围。显然，Δ 越小，估计的精度要求越高；Δ 越大，估计的精度要求越低。极限误差的确定要以实际需要为基本标准。比如，对高精密仪器的估计误差，就要求控制在极小的范围内；而对一些小商品如袜子的合格率估计，其允许的估计误差就可以适度增加。

所谓可靠度是指估计结果正确的概率大小。可靠度是抽样估计本身正确性的一个概率保证，通常称为估计的置信度。对于连续型随机变量，它在一个点上取值的概率为零，因此对服从连续型分布的抽样统计量，直接用它去估计总体参数值很难说是可靠的。用统计量估计总体参数值，称为点估计。点估计完全正确的概率通常为零。因此，更多的是考虑用样本统计量去估计总体参数的范围，这就是区间估计。例如，通过抽样估计某班学生某课程平均成绩的范围，这时需要考虑这个估计正确的概率大小问题。一种极端估计是：平均成绩在 0 分与 100 分之间。显然这个范围的估计 100% 正确，但这个估计无精度可言。如提高精度，估计平均成绩在 70 分到 80 分之间，这时估计正确的把握性肯定低于 1。可见，估计中精度要求与可靠性要求是一对矛盾。

5.2.2 点估计

点估计是用样本统计量 $\hat{\theta}$ 的某个取值直接作为总体参数 θ 的估计值。比如用样本均值 $\bar{x}$ 直接作为总体均值 μ 的估计值,用样本比例 p 直接作为总体比例 π 的估计值,用样本方差 s^2 直接作为总体方差 σ^2 的估计值。

【例 5-1】 对某企业的产品进行抽样检验,设抽出 200 件产品,其中不合格产品 10 件,试估计该企业产品的合格率。

可以通过样本的合格率(统计量)来估计企业全部产品的合格率(参数)。样本合格率 $p = 190/200 = 95\%$,估计该企业产品的合格率也是 95%。

对于既定的未知参数而言,由于方法不同可以构造不同的统计量进行点估计,显然这些点估计的效果也不尽相同。判定一个点估计的好坏(换句话说就是判定所构造的统计量的好坏)一般有三条标准:无偏性、有效性和一致性。

(1) 无偏性。用 θ 表示总体的待估计参数,$\hat{\theta}$ 是构造的用来估计 θ 的样本统计量,当满足 $E(\hat{\theta}) = \theta$ 时,则说 $\hat{\theta}$ 是 θ 的无偏估计。

无偏性的含义是指,在一次具体的抽样估计中,估计量不大可能刚好等于总体参数,总是存在一定的误差;但是在进行重复抽样估计的过程中,所有估计量的平均数应该等于待估的总体参数。这说明,样本统计量的分布是以总体参数真实值为中心的,估计量没有系统偏差。

★ **相关链接**

为什么对总体方差进行估计时,样本方差公式所除的不是样本容量 n,而是 $n-1$?

有了无偏性标准,就可以解释为什么对总体方差进行估计时,样本方差公式所除的不是样本容量 n,而是 $n-1$。由于 $E(X) = \mu$,所以样本平均是总体平均的一个无偏估计,证明如下:

$$\begin{aligned}
E(s^2) &= E\left[\frac{1}{n-1}\sum(X-\bar{X})^2\right] \\
&= \frac{1}{n-1}E\sum[(X_i - \mu)(\bar{X} - \mu)] \\
&= \frac{1}{n-1}E\left[\sum(X_i - \mu)^2 - n(\bar{X} - \mu)^2\right] \\
&= \frac{1}{n-1}\left[\sum E(X_i - \mu)^2 - nE(\bar{X} - \mu)^2\right] \\
&= \frac{1}{n-1}\left[n\sigma^2 - n\frac{\sigma^2}{n}\right] \\
&= \sigma^2
\end{aligned}$$

这说明 s^2 是总体方差的无偏估计。当样本容量很大时,$1/n$ 与 $1/(n-1)$ 相差不大,样本方差的公式可以直接除以 n,与总体方差计算公式保持一致。

(2) 有效性。若 $\hat{\theta}_1$ 和 $\hat{\theta}_2$ 都是总体参数 θ 的无偏估计量,如果 $\sigma^2(\hat{\theta}_1) < \sigma^2(\hat{\theta}_2)$,则说明

估计量 $\hat{\theta}_1$ 比 $\hat{\theta}_2$ 更有效。方差代表的是差异性，显然方差越小，则估计结果越稳定、越有代表性。

（3）一致性。一致性是指随着样本容量不断增大，样本统计量接近总体参数的可能性越来越大。用公式表示就是：

$$\lim_{n\to\infty} p\{|\hat{\theta}-\theta|<\varepsilon\}=1$$

式中，ε 为一任意小的数。上式说明，当 n 充分大时，$\hat{\theta}$ 与 θ 之间的偏差可以有很大的把握被控制在任意给定的范围之内。当 n 趋于无穷大时，估计量 $\hat{\theta}$ 依概率收敛于 θ。

5.2.3 区间估计

点估计给出总体参数的具体估计值，但这个估计值误差有多大？可靠性如何？这些问题点估计都不能回答。而且从理论上来讲，点估计完全正确的概率几乎为零。区间估计则弥补了点估计这些方面的不足。

所谓区间估计，就是估计总体参数的区间范围而非一个具体取值，同时要求给出区间估计成立的概率值。设 $\hat{\theta}_1$ 和 $\hat{\theta}_2$ 是两个统计量（$\hat{\theta}_1<\hat{\theta}_2$），分别作为总体参数 θ 区间估计的下限与上限，要求 $p(\hat{\theta}_1\leq\theta\leq\hat{\theta}_2)=1-\alpha$。其中，$\alpha$（$0<\alpha<1$）是区间估计的显著性水平，在实践中一般取值 1%、5% 和 10% 三档；$1-\alpha$ 称为置信度或置信水平。给出总体参数的一个估计区间，总体参数恰好在这个区间内的概率达到 $1-\alpha$ 就行了。

研究总体时通常关注的参数有总体均值、总体比例和总体方差，下面介绍如何利用样本统计量来构造一个总体参数的置信区间。

1. 一个正态总体的总体均值区间估计

对平均数的区间估计，需要考虑到总体是否为正态分布，总体方差是否已知，样本是大样本（$n\geq 30$）还是小样本（$n<30$），总的来说可分为以下两种情况：

（1）正态总体、方差已知，或非正态总体、大样本

设样本 $X_1,\cdots,X_n$ 来自正态总体 $N(\mu,\sigma^2)$，当总体服从正态分布且 σ^2 已知，或者总体不是正态分布但为大样本时，样本均值 $\bar{x}$ 的抽样分布均为正态分布，其数学期望均为总体均值 μ，方差为 σ^2/n。

注意到 $\bar{x}$ 是均值 μ 的点估计，由此构造枢轴量：

$$Z=\frac{\bar{X}-\mu}{\sigma/\sqrt{n}}\sim N(0,1) \tag{5-1}$$

它是样本和未知参数 μ 的函数，除了包含未知参数 μ 以外，不再含任何其他未知变量，只要给定概率 $1-\alpha$（置信水平）很容易就可以通过查标准正态分布表计算出其分位点 $z_{\frac{\alpha}{2}}$，使 $P(|Z|<z_{\frac{\alpha}{2}})=1-\alpha$，即

$$P\left(\left|\frac{\bar{x}-\mu}{\sigma/\sqrt{n}}\right|<z_{\frac{\alpha}{2}}\right)=1-\alpha$$

通过变形得

$$P\left(\bar{x}-z_{\frac{\alpha}{2}}\frac{\sigma}{\sqrt{n}}<\mu<\bar{x}+z_{\frac{\alpha}{2}}\frac{\sigma}{\sqrt{n}}\right)=1-\alpha$$

总体均值 μ 在 $1-\alpha$ 置信水平下的置信区间可以写成

$$\bar{x} \pm z_{\frac{\alpha}{2}} \frac{\sigma}{\sqrt{n}} \tag{5-2}$$

其中，$\bar{x} - z_{\frac{\alpha}{2}} \frac{\sigma}{\sqrt{n}}$ 称为置信下限，$\bar{x} + z_{\frac{\alpha}{2}} \frac{\sigma}{\sqrt{n}}$ 称为置信上限，$z_{\frac{\alpha}{2}}$ 是标准正态分布右侧面积为 $\frac{\alpha}{2}$ 时对应的 z 值，$z_{\frac{\alpha}{2}} \frac{\sigma}{\sqrt{n}}$ 是估计总体均值时的估计误差。如果 $1-\alpha = 0.95$，则 $z_{\frac{\alpha}{2}} = z_{0.025} = 1.96$；若 $1-\alpha = 0.99$，则 $z_{\frac{\alpha}{2}} = z_{0.005} = 2.576$。

如果总体服从正态分布但 σ^2 未知，或总体不服从正态分布，只要是在大样本条件下，可以用样本方差 s^2 替代总体方差 σ^2，这时总体均值 μ 在 $1-\alpha$ 置信水平下的置信区间可以写成

$$\bar{x} \pm z_{\frac{\alpha}{2}} \frac{s}{\sqrt{n}} \tag{5-3}$$

【例 5-2】 某灯具生产厂家生产一种 60 W 的灯泡，假设其寿命为随机变量 X，服从正态分布 $N(\mu, 1\,296)$。现在从该厂生产的 60 W 的灯泡中随机抽取了 27 个产品进行测试，直到灯泡烧坏，测得它们的平均寿命为 1 478 小时。请计算该厂 60 W 灯泡的平均寿命的置信水平为 95% 的置信区间。

该问题实际上就是求总体均值（60 W 灯泡的平均寿命）的置信区间，由已知条件可得，总体方差 $\sigma^2 = 1\,296$，样本容量为 $n = 27$，样本均值 $\bar{x} = 1\,478$。因为置信水平为 $1-\alpha = 0.95$，所以查标准正态分布表可得 $z_{\frac{\alpha}{2}} = z_{0.025} = 1.96$，$\bar{x} - z_{\frac{\alpha}{2}} \frac{\sigma}{\sqrt{n}} = 1\,478 - 1.96 \times \sqrt{1\,296/27} = 1\,478 - 13.58 = 1\,464.42$，$\bar{x} + z_{\frac{\alpha}{2}} \frac{\sigma}{\sqrt{n}} = 1\,478 + 1.96 \times \sqrt{1\,296/27} = 1\,478 + 13.58 = 1\,491.58$，因此该厂 60 W 灯泡的平均寿命的置信水平为 95% 的置信区间为 $\left(\bar{x} - z_{\frac{\alpha}{2}} \frac{\sigma}{\sqrt{n}}, \bar{x} + z_{\frac{\alpha}{2}} \frac{\sigma}{\sqrt{n}}\right) = (1\,464.42, 1\,491.58)$。

（2）正态总体、总体方差未知、小样本。在实际中，经常会遇到总体的方差 σ^2 未知的情况，如果是大样本可以根据式（5-3）估算，但如果是小样本，前面构造的枢轴量 $Z = \frac{\bar{x} - \mu}{\sigma/\sqrt{n}}$ 就无法再用来求置信区间了。此时考虑用样本方差 $s^2 = \frac{1}{n-1} \sum_{i=1}^{n} (x_i - \bar{x})^2$ 来代替 σ^2，同时采用新的分布：

$$t = \frac{\bar{X} - \mu}{S/\sqrt{n}} \sim t(n-1) \tag{5-4}$$

t 分布与正态分布类似，而且在大样本下 t 分布逐渐趋于正态分布，这样根据 t 分布建立的总体均值 μ 在 $1-\alpha$ 置信水平下的置信区间可以写成

$$\bar{x} \pm t_{\frac{\alpha}{2}} \frac{s}{\sqrt{n}} \tag{5-5}$$

其中，$t_{\frac{\alpha}{2}}$ 是自由度为 $n-1$ 时，t 分布中右侧面积为 $\frac{\alpha}{2}$ 时对应的 t 值，可通过 t 分布表

查到。

【例 5-3】 为研究某内陆湖的湖水的含盐量,随机地从该湖的 24 个取样点采了 24 个湖水样本,测得它们的含钠量(单位:ppm)分别为

13.0	18.5	16.4	14.8	19.4	17.3	23.2	24.9
20.8	19.3	18.8	23.1	15.2	19.9	19.1	18.1
25.1	16.8	20.4	17.4	25.2	23.1	15.3	19.4

假设湖水中钠的含量为随机变量 X,服从正态分布 $N(\mu, \sigma^2)$,试求湖水钠的平均含量 μ 的 95% 置信区间。

由已知可得,样本容量为 $n=24$,样本均值 $\bar{x}=19.354$,样本标准差为 $s=3.39475$,因为置信水平 $1-\alpha=0.95$,查自由度为 $n-1=23$ 的 t 分布表得分位数 $t_{\frac{\alpha}{2}}(n-1)=t_{0.025}(23)=2.069$,所以

$$\bar{x} - t_{\frac{\alpha}{2}}(n-1) \times \frac{s}{\sqrt{n}} = 19.354 - 2.069 \times 3.39475/\sqrt{24} = 17.92$$

$$\bar{x} + t_{\frac{\alpha}{2}}(n-1) \times \frac{s}{\sqrt{n}} = 19.354 + 2.069 \times 3.39475/\sqrt{24} = 20.79$$

因此湖水钠的平均含量 μ 的 95% 置信区间为 (17.92, 20.79)。

2. 一个正态总体的总体比例区间估计

区间估计另一个常见的应用领域是总体比例的置信区间问题。这里只考虑大样本情形。当样本量足够大时,比例 p 的抽样分布也近似成正态分布,p 的数学期望为 $E(p)=\pi$;p 的方差为 $\sigma_p^2 = \frac{\pi(1-\pi)}{n}$。样本比例经过标准化后的随机变量服从标准正态分布,即

$$Z = \frac{P-\pi}{\sqrt{\frac{\pi(1-\pi)}{n}}} \sim N(0,1) \tag{5-6}$$

和总体均值的区间估计类似,不难得到总体比例 π 在 $1-\alpha$ 置信水平下的置信区间为

$$p \pm z_{\frac{\alpha}{2}} \sqrt{\frac{\pi(1-\pi)}{n}} \tag{5-7}$$

在实践中,真实的 π 通常是未知的,需要用样本比例 p 来替代,同时在大样本条件下通常使用式(5-8)来替代式(5-7),即

$$p \pm z_{\frac{\alpha}{2}} \sqrt{\frac{p(1-p)}{n}} \tag{5-8}$$

其中,$z_{\frac{\alpha}{2}} \sqrt{\frac{p(1-p)}{n}}$ 是估计总体比例时的估计误差。

【例 5-4】 某公司有职工 3 000 人,从中随机抽取 100 人调查性别情况。调查结果表明 65 人为女性。试以 95% 的置信水平推断该公司全部职工女性比例的置信区间。

已知样本容量 $n=100$,$z_{\frac{\alpha}{2}}=1.96$,根据抽样结果计算的样本比例为

$$p = \frac{65}{100} = 65\%$$

根据式（5-6）可得

$$p \pm z_{\frac{\alpha}{2}}\sqrt{\frac{p(1-p)}{n}} = 65\% \pm 1.96\sqrt{\frac{65\% \times (1-65\%)}{100}} = 65\% \pm 9.35\%$$

即该公司全部职工女性比例置信水平 95% 的置信区间为（55.65%，74.35%）。

5.3 样本容量的确定

参数估计需要对总体进行抽样，确定合适的样本容量是一个重要的问题。这主要基于以下考虑：①既希望参数估计的可靠度或置信度要高，又希望估计的精度要高，但是可靠度和精度往往是鱼和熊掌的关系；②样本容量过多，相应的成本和难度也会增加；③样本容量过少，又会导致抽样误差增大，达不到抽样所要求的准确程度。因此，实践当中样本容量的确定往往需要根据需要进行调整和权衡。

5.3.1 估计总体均值时样本容量的确定

记 E 为容许误差，也就是允许的最大估计误差，由前面的分析可知，

$$E = z_{\frac{\alpha}{2}} \frac{\sigma}{\sqrt{n}} \tag{5-9}$$

在重复抽样下或无限总体抽样条件下，不难推导出

$$n = \frac{(z_{\alpha/2})^2 \sigma^2}{E^2} \tag{5-10}$$

从式（5-10）可以看出，如果确定了容许误差、总体方差以及置信水平（根据它查标准正态分布表可以确定 $z_{\frac{\alpha}{2}}$），就能确定必要的样本容量。需要说明的是，当 σ 未知时同样可以用样本标准差 s 来替代，而且计算结果若为小数，则需进位取整（比如 33.17 也取 34），这也叫样本量的圆整原则或随大原则。

【例 5-5】某大学毕业生年薪标准差大约为 2 000 元，置信水平为 95%，容许误差不超过 400 元，应该抽取多大的样本？

已知 $\sigma = 2\,000$，$E = 400$，$z_{\frac{\alpha}{2}} = 1.96$

根据公式（5-10）可得

$$n = \frac{(z_{\alpha/2})^2 \sigma^2}{E^2} = \frac{1.96^2 \times 2\,000^2}{400^2} = 96.04 \approx 97$$

故应当抽取 97 人作为样本。

5.3.2 估计总体比例时样本容量的确定

同样，在重复抽样或无限总体抽样条件下，估计总体比例置信区间的估计误差为 $z_{\frac{\alpha}{2}}\sqrt{\frac{\pi(1-\pi)}{n}}$，同样记 E 为容许误差，有

$$E = z_{\frac{\alpha}{2}}\sqrt{\frac{\pi(1-\pi)}{n}} \tag{5-11}$$

在重复抽样下或无限总体抽样条件下，不难推导出

$$n = \frac{(z_{\alpha/2})^2 \pi (1-\pi)}{E^2} \tag{5-12}$$

需要说明的是，当 π 未知时我们同样可以用样本比例 p 来替代，如果是简单估算 π 也可以取使得 $\pi(1-\pi)$ 最大时的 0.5 来粗糙处理。

【例5-6】某企业以往生产的产品合格率约为 90%，如果把容许误差范围设定在 5%，则如果以 95% 的置信度进行参数估计，需要取多少件产品作为样本？

因为 $1-\alpha = 95\%$，可得 $z_{\alpha/2} = 1.96$；

根据式（5-12）得：

$$n = \frac{(z_{\alpha/2})^2 \pi (1-\pi)}{E^2} = \frac{1.96^2 \times 0.9 \times 0.1}{0.05^2} = 138.3 \approx 139$$

故应当抽取 139 件产品作为样本。

思考与练习

一、思考题

1. 点估计与区间估计的区别是什么？
2. 抽样推断的基本过程是什么？
3. 简述样本容量的确定方法。

二、单项选择题

1. 抽样推断的主要目的是（　　）。
   A. 对调查单位做深入研究　　　　B. 计算和控制抽样误差
   C. 用样本指标来推算总体指标　　D. 广泛运用数学方法

2. 抽样调查与典型调查的主要区别是（　　）。
   A. 所研究的总体不同　　　　　　B. 调查对象不同
   C. 调查对象的代表性不同　　　　D. 调查单位的选取方式不同

3. 样本是指（　　）。
   A. 任何一个总体　　　　　　　　B. 任何一个被抽中的调查单位
   C. 抽样单元　　　　　　　　　　D. 由被抽中的调查单位所形成的总体

4. 抽样误差是指（　　）。
   A. 在调查过程中由于观察、测量等差错引起的误差
   B. 在调查中违反随机原则出现的系统误差
   C. 随机抽样产生的代表性误差
   D. 人为原因造成的误差

5. 抽样极限误差是（　　）。
   A. 随机误差　　　　　　　　　　B. 抽样估计所允许的误差的上下界限
   C. 最小抽样误差　　　　　　　　D. 最大抽样误差

6. 抽样平均误差就是（　　）。
   A. 样本的标准差　　　　　　　　B. 总体的标准差

C. 随机误差　　　　　　　　　　D. 样本指标的标准差

7. 抽样估计的可靠性和精确度（　　）。
   A. 是一致的　　　　　　　　　　B. 是矛盾的
   C. 成正比　　　　　　　　　　　D. 无关系

8. 在简单随机重复抽样下，欲使抽样平均误差缩小为原来的三分之一，则样本容量应（　　）。
   A. 增加 8 倍　　　　　　　　　　B. 增加 9 倍
   C. 增加 1.25 倍　　　　　　　　D. 增加 2.25 倍

9. 当有多个参数需要估计时，可以计算出多个样品容量 n，为满足共同的要求，必要的样本容量一般应是（　　）。
   A. 最小的 n 值　　　　　　　　B. 最大的 n 值
   C. 中间的 n 值　　　　　　　　D. 第一个计算出来的 n 值

10. 抽样时需要遵循随机原则的原因是（　　）。
    A. 可以防止一些工作中的失误
    B. 能使样本与总体有相同的分布
    C. 能使样本与总体有相似或相同的分布
    D. 可使单位调查费用降低

11. 抽取一个容量为 100 的随机样本，其均值为 $\bar{x}=81$，标准差 $s=12$。总体均值 μ 的 95% 置信水平的置信区间为（　　）。
    A. 81 ± 1.97　　　　　　　　B. 81 ± 2.35
    C. 81 ± 3.10　　　　　　　　D. 81 ± 3.52

12. 在某个电视节目的收视率调查中，随机抽取由 165 户家庭构成的样本，其中观看该节目的家庭有 18 户。用 90% 的置信水平构造的估计观看该节目的家庭比例的置信区间为（　　）。
    A. $11\% \pm 3\%$　　　　　　　B. $11\% \pm 4\%$
    C. $11\% \pm 5\%$　　　　　　　D. $11\% \pm 6\%$

13. 根据 $n=250$，$p=0.38$ 的样本计算的样本比例的抽样标准差为（　　）。
    A. 0.031　　B. 0.016　　C. 0.043　　D. 0.052

14. 在 $n=100$ 的随机样本中，成功的比例为 $p=0.20$，总体比例 π 的 95% 置信水平的置信区间为（　　）。
    A. 0.20 ± 0.078　　　　　　B. 0.20 ± 0.028
    C. 0.20 ± 0.048　　　　　　D. 0.20 ± 0.058

15. 若估计误差 $E=5$，$\sigma=40$，要估计总体均值 μ 的 95% 置信水平的置信区间所需的样本量为（　　）。
    A. 146　　B. 246　　C. 346　　D. 446

16. 某大型企业要提出一项改革措施，为估计员工中赞成该项改革的人数的比例，要求估计误差不超过 0.03，置信水平为 90%，应抽取的样本量为（　　）。
    A. 552　　B. 652　　C. 752　　D. 852

17. 在一项对学生资助贷款的研究中,随机抽取 480 名学生作为样本,得到毕业前的平均欠款余额为 12 168 元,标准差为 2 200 元。贷款学生总体中平均欠款额的 95% 置信水平的置信区间为(   )。

  A. (11 971, 12 365)   B. (11 971, 13 365)
  C. (11 971, 14 365)   D. (11 971, 15 365)

18. 销售公司要求销售人员与顾客经常保持联系。一项由 61 名销售人员组成的随机样本表明:销售人员每周与顾客联系的平均次数为 22.4 次,样本标准差为 5 次。总体均值 μ 的 95% 置信水平的置信区间为(   )。

  A. (19.15, 22.65)   B. (21.15, 23.65)
  C. (22.15, 24.65)   D. (21.15, 25.65)

19. 某地区的写字楼月租金的标准差为 80 元,要估计总体均值 95% 置信水平的置信区间,希望的估计误差为 25 元,应抽取的样本量为(   )。

  A. 20   B. 30
  C. 40   D. 50

20. 根据某班学生考试成绩的一个样本,用 95% 的置信水平构造的该班学生平均考试分数的置信区间为 75~85 分。全班学生的平均分数(   )。

  A. 肯定在这一区间内
  B. 有 95% 的可能性在这一区间内
  C. 有 5% 的可能性在这一区间内
  D. 有可能在这一区间内,也可能不在这一区间内

三、技能实训题

1. 为检查某批电子元件的质量,随机抽取 1% 的产品,测得的结果见表 5-1。

表 5-1 电子元件质量随机抽样调查资料

耐用时间/小时	元件数/只
1 200 以下	10
1 200~1 400	12
1 400~1 600	55
1 600~1 800	18
1 800 以上	5
合计	100

质量标准规定:元件的耐用时间在 1 200 小时以下为不合格品。若给定可靠度为 95%,试确定:

(1) 该批电子元件的平均耐用时间。
(2) 该批元件的合格品率。
(3) 该批元件的合格品数量。

2. 某储蓄所按定期存款账号进行每隔 5 号的系统抽样调查,调查资料见表 5-2。

表 5-2　某储蓄所定期存款账号系统抽样调查资料

存款金额/元	张数/张
1 000 以下	30
1 000 ~ 3 000	150
3 000 ~ 5 000	250
5 000 ~ 7 000	50
7 000 以上	20
合计	500

在 95% 的概率下估计：

(1) 该储蓄所所有定期存单的平均存款范围、定期存款总额。

(2) 定期存款在 5 000 元以上的存单数所占的比重、定期存款在 5 000 元以上的存单张数。

3. 对某厂日产 10 000 只灯泡的使用寿命进行抽样调查，抽取 100 只灯泡，测得其平均寿命为 1 800 小时，标准差为 6 小时。要求：

(1) 按 68.27% 的概率计算抽样平均数的极限误差。

(2) 按以上条件，若极限误差不超过 0.4 小时，应抽取多少只灯泡进行测试？

(3) 按以上条件，若概率提高到 95.45%，应抽取多少只灯泡进行测试？

(4) 若极限误差为 0.6 小时，概率为 95.45%，应抽取多少只灯泡进行测试？

(5) 通过以上计算，说明允许误差、抽样单位数和概率之间的关系。

第6章

假设检验

★ 教学目标

1. 了解假设检验的基本概念
2. 理解假设检验的基本原理和步骤
3. 理解假设检验的两类错误
4. 掌握总体均值、总体成数和总体方差的检验方法

★ 知识结构图

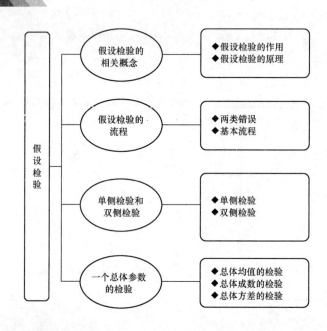

第6章 假设检验

★ 引 例

难产儿体重异于正常婴儿吗?

近年来的大规模调查表明,我国某地婴儿出生体重均数为 3.10 千克,随机抽取的 66 名难产儿平均体重为 3.35 千克,标准差 0.39 千克。难产儿的体重是否不同于一般婴儿?假设难产儿体重与一般婴儿无异(能建立相反的假设吗?),难产儿平均体重 3.35 千克,一般婴儿平均体重 3.10 千克,此时能否立即拒绝原假设呢?不能。因为引起差距的原因有两个来源:一是系统误差,就是难产儿与一般婴儿确实有差距;二是抽样误差,就是采取随机抽样方法造成的误差,对同一个总体不同样本的计算也会得到不同的数值。这时需要判断这 0.25 千克的差距到底是什么造成的,依据的原理便是小概率事件原理。它首先计算在原假设成立的条件下,样本数据或者更极端数据发生的概率。如果难产儿体重确实与一般婴儿一样是 3.10 千克,那么一次抽取 66 名难产儿其平均体重是 3.35 千克或者更大的概率是多大?如果发生的概率很大,则没有理由认为难产儿的体重不同于一般婴儿;如果概率很小,依据小概率事件原理,就不能同意原假设,从而认为难产儿体重确实不同于一般婴儿。

6.1 假设检验概述

6.1.1 假设检验的基本思想

假设检验就是对总体参数或总体分布事先设定一个假设,利用样本资料来检验该假设成立的可能性。具体来说,就是先给出原假设,再利用样本资料计算出相关的检验统计量,再根据该统计量的抽样分布理论来判断原假设是否合理,从而决定接受或否定原假设。对总体参数(平均数、成数、方差等)所做的假设进行检验称为参数假设检验,简称参数检验(Parametric Tests);对总体分布形式的假设进行检验一般称为非参数检验或自由分布检验。本章只考虑总体参数的假设检验,即参数检验。

【例 6-1】假如雪碧瓶的标签上标明的容量为 500 毫升,如果你从市场上随机抽取 25 瓶,测得其平均含量为 499.5 毫升,标准差为 2.63 毫升。据此,可否断定饮料厂商欺骗了消费者?[假定饮料的容量服从正态分布 $N(\mu, \sigma^2)$]

从已知条件来看,样本平均含量低于标签标注的容量,这种误差来源于两种情况:一是抽样误差;二是厂家短斤缺两。关键在于判断误差的大小是否在合理的抽样误差范围之内:如果误差在合理的抽样误差范围内则认为是正常;但如果误差超过了抽样误差范围,则认为不正常,即认为饮料厂商存在欺诈行为。

对于正态分布总体,若取置信水平为 99%,注意到实际的样本均值小于总体均值,则样本平均数 $\bar{x}$ 与总体平均数的真值 μ_0 之差小于抽样平均误差 $u_{\bar{x}}$ 的 -2.49 倍这一情况发生的概率只有 1%,即 $\bar{x} - \mu_0 \leq -2.49 u_{\bar{x}}$ 或 $\dfrac{\bar{x} - \mu_0}{u_{\bar{x}}} \leq -2.49$ 发生的概率只有 1%,如图 6-1 所示。因此，$\frac{\bar{x}-\mu_0}{u_{\bar{x}}} \leq -2.49$ 是一个小概率事件，这一事件在 100 次抽样中只发生一次，而对于一次抽样而言，可认为小概率事件实际上不会发生。

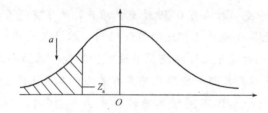

图 6-1　1% 概率示意图（$\alpha = 0.01$）

由已知可得，$\bar{x}=499.5$，$s=2.63$，$n=50$，原假设 $\mu_0=500$

$$t = \frac{\bar{x}-\mu_0}{u_{\bar{x}}} = \frac{\bar{x}-\mu_0}{s/\sqrt{n}} = \frac{499.5-500}{2.63/\sqrt{25}} = -0.9506 > -2.49$$

对于一次抽样的结果，如果小概率事件发生了，这是不合常理的，可认为原假设不成立，即雪碧容量小于 500 毫升；但对于本例，由于这次抽样的结果有 $\frac{\bar{x}-\mu_0}{u_{\bar{x}}} = -0.9506 > -2.49$，小概率事件没有发生，所以没有充分的理由认为总体平均数 $\mu < 500$ 这一假设成立，也就是没有充分的证据证明瓶装雪碧饮料的容量不足 500 毫升，这说明没有充分的证据证明厂商存在故意欺诈。

6.1.2　假设检验的步骤

1. 提出原假设（Null Hypothesis）H_0 和备择假设（Alternative Hypothesis）H_1

原假设又称零假设，是对未知总体参数做出的、正待检验的假设；备择假设是与原假设相对立的假设。在一次抽样检验过程中，要么接受原假设 H_0，要么否定原假设 H_0 而接受备择假设 H_1。一般而言，若原假设 H_0：$\mu = \mu_0$，μ 为总体某个参数，根据具体问题，备择假设可有三种选择（等号一般放在原假设中）：

(1) 备择假设 H_1：$\mu \neq \mu_0$；

(2) 备择假设 H_1：$\mu > \mu_0$；

(3) 备择假设 H_1：$\mu < \mu_0$。

2. 设计检验统计量

所设计的检验统计量应与原假设相关，与待检验参数的估计量相关，但不能包含待检验的未知参数，且能够知道当原假设 H_0 为真时该统计量的具体分布。

3. 给定显著性水平和确定相应的临界值

显著性水平表示假设 H_0 为真时拒绝原假设的概率，也就是拒绝原假设所冒的风险，用 α 表示。α 一般取值很小，常取 $\alpha = 0.1$、0.05、0.01。给定了显著性水平 α，也就确定了原假设 H_0 的接受区域和拒绝区域。这两个区域的交界点就是临界值。比如取 $\alpha = 0.05$，则意味着原假设 H_0 为真时，检验统计量落在其拒绝区域内的概率只有 5%，而落入其接受区域内的概率为95%。应当指出，对于同一的显著性水平 α，选择不同的检验统计量，得到的临界值是不同的；对于同一的显著性水平 α 和同一的统计量，双侧检验和单侧检验的临界值也是不同的，如图6-2所示。

4. 做出结论

依据假设检验的规则，由样本资料计算出检验统计量的实际值，与临界值比较，视实际值落入接受区域还是拒绝区域，做出不拒绝或拒绝原假设 H_0 的结论。

6.1.3 两类错误和假设检验的规则

假设检验结果是基于小概率事件在一次抽样中实际上不会发生的前提做出的，但其结果并非百分之百正确。有时原假设是假的，但在一次抽样中小概率事件没有发生而误以为原假设为真；有时原假设是真的，但在一次抽样中小概率事件恰好发生而拒绝了原假设。一般来说，决策结果可归纳为表6-1表现的四种情况。

表6-1 假设检验决策结果表

项目	H_0 是真实的	H_0 是不真实的
拒绝 H_0	第Ⅰ类错误（α）	正确
不拒绝 H_0	正确	第Ⅱ类错误（β）

由假设检验做出的决策既可能犯"弃真错误"又可能犯"取伪错误"。"弃真错误"称作假设检验的"第Ⅰ类错误"，"取伪错误"称作假设检验的"第Ⅱ类错误"。假设检验犯第Ⅰ类错误的原因是，在原假设为真的情况下，检验统计量不巧刚好落入小概率的拒绝区域，从而导致拒绝了原假设。因而，第Ⅰ类错误发生的概率就是显著性水平 α。第Ⅱ类错误发生的概率记为 β。在样本一定的条件下，犯两类错误的概率是此消彼长的关系，在实践中，优先控制哪一类错误概率，要根据实际情况（比如犯错后果的严重程度）来判定。

6.2 单侧检验和双侧检验

在前面介绍的统计检验程序中，可知通过确定的检验统计量、事先给出的显著性水平可以找出一个临界值，将统计量的取值范围划分成接受区域与拒绝区域两部分。拒绝区域是检验统计量取值的小概率区域，可以将这个小概率区域安排在检验统计量分布的两端，也可以安排在分布的一侧，分别称作双侧检验与单侧检验。单侧检验又按拒绝域在左侧还是在右侧而分为左侧检验与右侧检验两种。通过服从正态分布的检验统计量如图6-2所示。

一个统计检验究竟是使用双侧检验还是使用单侧检验，单侧检验时，是使用左侧检验还是使用右侧检验，取决于备择假设的性质。比如，当总体标准差已知时，对正态总体的均值进行检验使用的检验统计量是：

$$z = \frac{\bar{x} - \mu_0}{\sigma/\sqrt{n}} \tag{6-1}$$

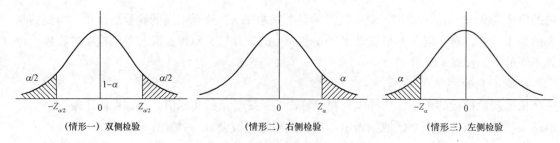

图 6-2 双侧检验和单侧检验的临界值

给定原假设 $H_0: \mu = \mu_0$，可知备择假设存在三种情形（可对照图 6-2 理解）：
(1) 备择假设 $H_1: \mu \neq \mu_0$，这种类型的假设检验称为双侧检验。
(2) 备择假设 $H_1: \mu > \mu_0$，这种类型的假设检验称为右侧检验。
(3) 备择假设 $H_1: \mu < \mu_0$，这种类型的假设检验称为左侧检验。

对于情形一，备择假设是总体均值不等于一个给定的 μ_0，其对应的拒绝区域在两端，即检验统计量不论过大或过小（只要超过两端临界值，落在拒绝区域内）都将拒绝原假设，接受备择假设，因此使用的是双侧检验。对于情形二，备择假设是总体均值大于一个确定的 μ_0，检验统计量在极端小的左侧取值时，对备择假设是不利的，因此使用单侧检验中的右侧检验。对于情形三，备择假设是总体均值小于一个确定的 μ_0，检验统计量越在极端大的右侧取值，越有利于说明总体的均值较大，这对备择假设是不利的，因此使用左侧检验。

需要注意的是：到底该用单侧检验还是双侧检验，该用左侧检验还是右侧检验，决定于备择假设中的不等式形式与方向。与"不相等"对应的是双侧检验，与"小于"对应的是左侧检验，与"大于"对应的是右侧检验。

6.3 总体参数的假设检验

6.3.1 总体均值的检验

这里只考虑一个总体参数的情形，假设样本 $x_1, x_2, \cdots, x_n$ 来自正态总体 $N(\mu, \sigma^2)$。

1. 如果总体方差 σ^2 已知——z 检验

构造检验统计量：

$$z = \frac{\bar{x} - \mu_0}{\sigma/\sqrt{n}}$$

当 $\mu = \mu_0$ 时，z 服从 $N(0, 1)$。给定显著性水平 α，则有：

(1) $H_0: \mu = \mu_0$；$H_1: \mu \neq \mu_0$。

检验规则为：当 $|z| \geq z_{\frac{\alpha}{2}}$ 时，拒绝 H_0；当 $|z| < z_{\frac{\alpha}{2}}$ 时，不能拒绝 H_0。

(2) $H_0: \mu \leq \mu_0$；$H_1: \mu > \mu_0$。

检验规则为：当 $z \geq z_\alpha$ 时，拒绝 H_0；当 $z < z_\alpha$ 时，不能拒绝 H_0。

(3) H_0: $\mu \geq \mu_0$; H_1: $\mu < \mu_0$。

检验规则为：当 $z \leq -z_\alpha$ 时，拒绝 H_0；当 $z > -z_\alpha$ 时，不能拒绝 H_0。

以上三个假设检验的拒绝区域如图 6-2 所示，拒绝区域的面积为 α。

【例 6-2】若某种产品重量 X 服从正态分布 $N(15, 0.2^2)$。从库存产品中随机抽取 10 个，测得其重量分别为 14.8、15.3、15.1、15.0、14.7、15.1、15.6、15.3、15.5、15.1（单位：克），则在显著性水平 $\alpha = 0.05$ 时，该产品重量是否符合 15.0 克的质量标准？

依题意建立假设

H_0: $\mu = 15.0$　　H_1: $\mu \neq 15.0$

根据式（6-1）

$$z = \frac{\bar{x} - \mu_0}{\sigma / \sqrt{n}} = \frac{15.15 - 15.0}{0.2 / \sqrt{10}} = 2.38$$

若取显著性水平 $\alpha = 0.05$，则由标准正态分布表得 $z_{0.025} = 1.96$，显然样本计算的 z 值超过接受区域范围（落在了拒绝区域），有理由拒绝 H_0 而接受 H_1，即认为重量不符合质量标准。若取显著性水平 $\alpha = 0.01$，则由标准正态分布表得 $z_{0.005} = 2.58$，落在接受区域内，从而接受 H_0，认为产品重量符合质量标准（严格来讲，应该是认为没有充分的理由说明产品重量不符合质量标准）。

【例 6-3】某企业职工上月平均奖金为 402 元，本月随机抽取 50 人来调查，其平均奖金为 412.4 元。现假定本月职工收入服从正态分布 $N(\mu, 35^2)$，问在 0.05 的显著性水平下，能否认为该企业职工平均奖金本月比上月有明显提高？

依题意建立假设

H_0: $\mu \leq 402$　　H_1: $\mu > 402$

检验统计量

$$z = \frac{\bar{x} - \mu_0}{\sigma / \sqrt{n}} = \frac{412.4 - 402}{35 / \sqrt{50}} = 2.101$$

显著性水平 $\alpha = 0.05$，则由标准正态分布表得 $z_{0.05} = 1.65$，从而拒绝 H_0，即可认为该企业职工平均奖金本月比上月有明显提高。

2. 如果总体方差 σ^2 未知——t 检验

构造检验统计量：

$$t = \frac{\bar{x} - \mu_0}{s / \sqrt{n}} \tag{6-2}$$

当 $\mu = \mu_0$ 时，根据抽样分布理论，统计量 t 服从 $t(n-1)$。给定显著性水平 α，则有：

(1) H_0: $\mu = \mu_0$; H_1: $\mu \neq \mu_0$。

检验规则为：当 $|t| \geq t_{\frac{\alpha}{2}}(n-1)$ 时，拒绝 H_0；当 $|t| < t_{\frac{\alpha}{2}}(n-1)$ 时，不能拒绝 H_0。

(2) H_0: $\mu \leq \mu_0$; H_1: $\mu > \mu_0$。

检验规则为：当 $t \geq t_\alpha(n-1)$ 时，拒绝 H_0；当 $t < t_\alpha(n-1)$ 时，不能拒绝 H_0。

(3) H_0: $\mu \geq \mu_0$; H_1: $\mu < \mu_0$。

检验规则为：当 $t \leq -t_\alpha(n-1)$ 时，拒绝 H_0；当 $t > -t_\alpha(n-1)$ 时，不能拒绝 H_0。

t 分布和正态分布很相似（尤其当 n 大于 30 以后，两者就基本重合了），所以判断依据和正态分布也相似,只不过在相同的显著性水平下,所对应的临界值有所不同。

【例 6-4】某公司食品抽样中,某食品添加剂含量的平均值为 0.325 mg/kg,标准差为 0.068 mg/kg,国家卫生标准规定,该食品添加剂的含量应≤0.3 mg/kg。假定食品中该添加剂的含量服从正态分布,问该公司食品中的添加剂含量是否超标?

依题意建立假设

$$H_0: \mu \leq 0.3 \quad H_1: \mu > 0.3$$

根据式(6-2)

$$t = \frac{\bar{x} - \mu_0}{s/\sqrt{n}} = \frac{0.325 - 0.3}{0.068/\sqrt{9}} = 1.1028$$

若取显著性水平 $\alpha = 0.05$,则由 $t(n-1)$ 分布表得 $t(8)_{0.05} = 1.860$,从而不能拒绝 H_0,即没有足够的证据说明该公司食品中的添加剂含量超标。

假如增加样本容量,如抽取样品 25 个,还是得到一样的数据,那么

$$t = \frac{\bar{x} - \mu_0}{s/\sqrt{n}} = \frac{0.325 - 0.3}{0.068/\sqrt{25}} = 1.8382$$

显著性水平依然取 $\alpha = 0.05$,则由 $t(n-1)$ 分布表得 $t(24)_{0.05} = 1.711$,从而拒绝 H_0,即说明该公司食品中的添加剂含量超标。

t 检验一般用于小样本检验,往往是已知服从正态总体但方差未知。随着样本容量 n 的增大,t 分布趋近于标准正态分布(有些 t 分布表就编到 30 为止,超过 30 的就查正态分布表了)。所以在大样本情形下,总体方差未知时对总体均值的假设检验可近似采用 z 检验。对于非正态总体,在大样本的情况下,在对总体均值假设检验时,也可采用 z 检验,如果 σ 未知,可以用 s 替代。

6.3.2 总体成数的检验

所谓成数是指具有某一特征的总体单位在总体中所占的比重,用 π 表示。如果将具有该特征的总体单位赋值"1",不具有该特征的总体单位赋值"0",则总体成数即为总体均值,相应的总体方差为 $\pi(1-\pi)$。同理,样本成数 p 是一种样本均值。在大样本情况下,如果有 $np > 5$、$nq > 5$,根据中心极限定理,p 近似服从 $N\left(\pi, \dfrac{\pi(1-\pi)}{n}\right)$。

如果要检验的假设为 $H_0: \pi = \pi_0$;$H_0: \pi \neq \pi_0$(或 $\pi > \pi_0$,$\pi < \pi_0$),此时可以构造检验统计量

$$z = \frac{p - \pi_0}{\sqrt{\dfrac{\pi_0(1-\pi_0)}{n}}} \tag{6-3}$$

当 $\pi = \pi_0$ 时,z 近似服从标准正态分布 $N(0, 1)$,因此总体成数的大样本检验采用 z 检验。

【例 6-5】在过去的一年内,某公司的生意有 30% 是赊账交易,70% 是现金交易,最近一个含有 100 笔交易的样本显示有 40 笔是赊账交易,若取显著性水平为 0.05,问该公司的赊账交易政策是否有所变化?

依题意建立假设

$$H_0: \pi = 30\% \quad H_1: \pi \neq 30\%$$

样本成数为 $p = \frac{40}{100} = 40\%$，根据式（6-3）

$$z = \frac{p - \pi_0}{\sqrt{\frac{\pi_0(1-\pi_0)}{n}}} = \frac{40\% - 30\%}{\sqrt{\frac{30\% \times 70\%}{100}}} = 2.18$$

因为 $z_{0.025} = 1.96$，从而拒绝 H_0，即认为该公司的赊账交易政策已经有所变化。

【例 6-6】 某公司负责人发现开出去的发票有大量笔误，而且断定这些发票中，错误的发票占 20% 以上。随机检查 400 张，发现错误的发票占 25%。这是否可以证明该负责人的判断正确（显著性水平为 0.05）？

依题意建立假设

$$H_0: \pi \leq 0.2 \quad H_1: \pi > 0.2$$

根据式（6-3）

$$z = \frac{p - \pi_0}{\sqrt{\frac{\pi_0(1-\pi_0)}{n}}} = \frac{0.25 - 0.2}{\sqrt{\frac{0.2 \times 0.8}{400}}} = 2.5$$

因为 $z_{0.05} = 1.65$，从而拒绝 H_0，即该负责人的判断是正确的。

6.3.3 总体方差的检验

除了总体均值和总体成数的检验之外，总体方差的检验在实践中也经常用到。比如在产品质量检验中，长度、重量等属于均值检验；合格率、废品率等属于成数检验；而长度的方差、重量的方差等则属于方差检验。方差一般用于衡量数据的波动性和差异性，产品指标的方差越大往往说明产品的性能不稳定、质量较差。

总体方差检验的原理和步骤和前面的类似，主要区别在于所使用的检验统计量不同，方差检验用的是 χ^2 统计量，这个统计量与样本方差 s^2 和总体方差 σ^2 有关：

$$\chi^2 = \frac{(n-1)s^2}{\sigma^2} \tag{6-4}$$

同样，对于单侧检验或双侧检验，给定 α 时就能确定 χ^2 分布对应的接受区域和拒绝区域。

【例 6-7】 某厂家按生产要求，每瓶 1 000 毫升的饮料在容量上允许 1 毫升的装罐误差，为了检验生产设备是否满足灌装要求，随机抽取了 25 瓶饮料进行容量检验（用样本值减去标准值 1 000 毫升），误差如下（单位：毫升）：

0.3	−0.4	−0.7	1.4	−0.6	−0.3	−1.5	0.6	−0.9	1.3
−1.3	0.7	1	−0.5	0	−0.6	0.7	−1.5	−0.2	−1.9
−0.5	1	−0.2	−0.6	1.1					

试以 $\alpha = 0.05$ 的显著性水平检验该生产设备是否达到设计要求。

依题意，这里采用单侧检验，如果样本统计量 $\chi^2 \geq \chi_\alpha^2(n-1)$，则拒绝原假设，反之则不拒绝原假设。

$$H_0: \sigma^2 \leq 1 \quad H_1: \sigma^2 > 1$$

由样本数据可得 $s^2 = 0.866$，因此有

$$\chi^2 = \frac{(n-1)s^2}{\sigma^2} = \frac{(25-1) \times 0.866}{1} = 20.8$$

查 χ^2 分布表可得 $\chi_{0.05}^2(24) = 36.415$，故不能拒绝原假设，可以认为生产设备的性能达到相关要求。

思考与练习

一、思考题

1. 假设检验的原理是什么？
2. 两类错误是指什么，它们具有什么样的关系？
3. 单侧检验和双侧检验有什么不同？

二、判断题

1. 统计检验可以否定一个假设，却不能肯定一个假设。（　　）
2. 与原假设相对立的假设是替换假设，用 H_0 表示。（　　）
3. 检验的显著性水平（用 α 表示）被定义为能允许犯第一类错误的概率，它决定了否定域的大小。（　　）
4. 第一类错误是，零假设 H_0 实际上是错的，却没有被否定。第二类错误是，零假设 H_0 实际上是正确的，却被否定。（　　）
5. 在同样显著性水平的条件下，单侧检验较之双侧检验，可以在犯第一类错误的危险不变的情况下，减少犯第二类错误的危险。（　　）
6. 每当方向能被预测的时候，在同样显著性水平的条件下，双侧检验比单侧检验更合适。（　　）
7. 右侧检验中，如果 P 值 $< \alpha$，则拒绝 H_0。（　　）
8. 对两个总体方差相等性进行检验，在 $\alpha = 0.01$ 的显著性水平上拒绝了原假设，这表示原假设为真的概率小于 0.01。（　　）
9. 假设检验中，使 α 和 β 同时减少的唯一方法是减少样本容量。（　　）
10. 对一个正态总体进行抽样调查，不论样本容量大小如何，样本均值统计量总是服从正态分布的。（　　）

三、单项选择题

1. 某一贫困地区所估计的营养不良人数高达 20%，然而有人认为这个比例实际上还要高。要检验该说法是否正确，则假设形式为（　　）。

　　A. $H_0: \pi \leq 0.2 \quad H_1: \pi > 0.2$　　　　B. $H_0: \pi = 0.2 \quad H_1: \pi \neq 0.2$
　　C. $H_0: \pi \geq 0.2 \quad H_1: \pi < 0.2$　　　　D. $H_0: \pi < 0.2 \quad H_1: \pi \geq 0.2$

2. 一项新的减肥计划声称：在计划实施的第一个月内，参加者的体重平均至少可以减轻 8 千克。随机抽取 40 位参加该项计划者组成样本，结果显示：样本的体重平均减少 7 千

克，标准差为 3.2 千克。该检验的原假设和备择假设是（　　）。

　　A. $H_0: \mu \leq 8$　$H_1: \mu > 8$　　　　B. $H_0: \mu \geq 8$　$H_1: \mu < 8$

　　C. $H_0: \mu \leq 7$　$H_1: \mu > 7$　　　　D. $H_0: \mu \geq 7$　$H_1: \mu < 7$

3. 在假设检验中，原假设所表达的含义是（　　）。

　　A. 参数发生了变化　　　　　　　　B. 参数没有发生变化

　　C. 变量之间存在某种关系　　　　　D. 参数是错误的

4. 在假设检验中，备择假设所表达的含义是（　　）。

　　A. 参数发生了变化　　　　　　　　B. 参数没有发生变化

　　C. 变量之间没有关系　　　　　　　D. 参数是正确的

5. 在假设检验中，不拒绝原假设意味着（　　）。

　　A. 原假设肯定是正确的　　　　　　B. 原假设肯定是错误的

　　C. 没有证据证明原假设是正确的　　D. 没有证据证明原假设是错误的

6. 在假设检验中，原假设和备择假设（　　）。

　　A. 都有可能成立

　　B. 都有可能不成立

　　C. 只有一个成立而且必有一个成立

　　D. 原假设一定成立，备择假设不一定成立

7. 在假设检验中，第Ⅰ类错误是指（　　）。

　　A. 当原假设正确时拒绝原假设

　　B. 当原假设错误时拒绝原假设

　　C. 当备择假设正确时没有拒绝原假设

　　D. 当备择假设不正确时未拒绝备择假设

8. 在假设检验中，第Ⅱ类错误是指（　　）。

　　A. 当原假设正确时拒绝原假设

　　B. 当原假设不正确时未拒绝原假设

　　C. 当备择假设正确时未拒绝备择假设

　　D. 当备择假设不正确时拒绝备择假设

9. 当备择假设为 $H_1: \mu < \mu_0$，此时的假设检验称为（　　）。

　　A. 双侧检验　　　B. 右侧检验　　　C. 左侧检验　　　D. 显著性检验

10. 下列假设检验中属于右侧检验的是（　　）。

　　A. $H_0: \mu = \mu_0$　$H_1: \mu \neq \mu_0$　　　B. $H_0: \mu \geq \mu_0$　$H_1: \mu < \mu_0$

　　C. $H_0: \mu \leq \mu_0$　$H_1: \mu > \mu_0$　　　D. $H_0: \mu > \mu_0$　$H_1: \mu \leq \mu_0$

11. 下列假设检验中属于左侧检验的是（　　）。

　　A. $H_0: \mu = \mu_0$　$H_1: \mu \neq \mu_0$　　　B. $H_0: \mu \geq \mu_0$　$H_1: \mu < \mu_0$

　　C. $H_0: \mu \leq \mu_0$　$H_1: \mu > \mu_0$　　　D. $H_0: \mu > \mu_0$　$H_1: \mu \leq \mu_0$

12. 下列假设检验形式的写法中错误的是（　　）。

　　A. $H_0: \mu = \mu_0$　$H_1: \mu \neq \mu_0$　　　B. $H_0: \mu \geq \mu_0$　$H_1: \mu < \mu_0$

　　C. $H_0: \mu \leq \mu_0$　$H_1: \mu > \mu_0$　　　D. $H_0: \mu > \mu_0$　$H_1: \mu \leq \mu_0$

13. 如果原假设 H_0 为真，所得到的样本结果会像实际观测结果那么极端或更极端的概率称为(　　)。
   A. 临界值　　　　　　　　　　　　B. 统计量
   C. 观察到的显著性水平　　　　　　D. 事先给定的显著性水平

14. 在假设检验中，得到的 P 值越大(　　)。
   A. 拒绝原假设的可能性越小
   B. 拒绝原假设的可能性越大
   C. 原假设正确的可能性越大
   D. 原假设正确的可能性越小

15. 在假设检验中，所计算出的 P 值越小，说明检验的结果(　　)。
   A. 越显著　　　B. 越不显著　　　C. 越真实　　　D. 越不真实

16. 下面的陈述中错误的是(　　)。
   A. P 值与原假设的对或错无关
   B. P 值是指样本数据出现的经常程度
   C. 不拒绝原假设意味着原假设就是正确的
   D. 样本越大就越有可能拒绝原假设

17. 一种零件的标准长度为 5 厘米，要检验某天生产的零件是否符合标准要求，建立的原假设和备择假设应为 (　　)。
   A. $H_0: \mu=5$　$H_1: \mu\neq 5$　　　　B. $H_0: \mu\neq 5$　$H_1: \mu=5$
   C. $H_0: \mu\leq 5$　$H_1: \mu>5$　　　　D. $H_0: \mu\geq 5$　$H_1: \mu<5$

18. 一所中学的教务管理人员认为，中学生中抽烟的比例超过 30%，为检验这一说法是否属实，一家研究机构在该地区所有中学生中抽取一个随机样本进行检验。建立的原假设和备择假设应为 (　　)。
   A. $H_0: \mu=30\%$　$H_1: \mu\neq 30\%$　　　　B. $H_0: \pi=30\%$　$H_1: \pi\neq 30\%$
   C. $H_0: \pi\geq 30\%$　$H_1: \pi<30\%$　　　　D. $H_0: \pi\leq 30\%$　$H_1: \pi>30\%$

19. 某企业每月发生事故的平均次数为 5 次，企业准备制订一项新的安全生产计划，希望新计划能减少事故次数。用来检验这一计划有效性的原假设和备择假设应为(　　)。
   A. $H_0: \mu=5$　$H_1: \mu\neq 5$　　　　B. $H_0: \mu\neq 5$　$H_1: \mu=5$
   C. $H_0: \mu\leq 5$　$H_1: \mu>5$　　　　D. $H_0: \mu\geq 5$　$H_1: \mu<5$

20. 随机抽取一个 $n=100$ 的样本，计算得到 $\bar{x}=60$，$s=15$，假设 $H_0: \mu=65$；$H_1: \mu\neq 65$，检验的统计量为 (　　)。
   A. -3.33　　　B. 3.33　　　C. -2.36　　　D. 2.36

21. 随机抽取一个 $n=500$ 的样本，计算得到 $\bar{x}=60$，$s=30$，假设 $H_0: \mu=65$；$H_1: \mu\neq 65$，检验的统计量为 (　　)。
   A. 1.18　　　B. -3.72　　　C. -2.36　　　D. 2.36

22. 设 z_c 为检验统计量的计算值，检验的假设为 $H_0: \mu=16$；$H_1: \mu\neq 16$，当 $z_c=3.05$ 时，计算出的 P 值为 (　　)。
   A. 0.0022　　　B. 0.025　　　C. 0.0038　　　D. 0.1056

第6章 假设检验

23. 设 z_c 为检验统计量的计算值，检验的假设为 $H_0: \mu \geq 16$；$H_1: \mu < 16$，当 $z_c = -1.58$ 时，计算出的 P 值为（　　）。
    A. 0.002 2　　　　B. 0.025　　　　C. 0.057 1　　　　D. 0.105 6

24. 一家汽车生产企业在广告中宣称"本公司的汽车可以保证在2年或24 000千克内无事故"，但该汽车的一个经销商认为保证"2年"这一项是不必要的，因为该企业生产的汽车车主在2年内行驶的平均里程超过24 000千克。假定这位经销商为检验假设 $H_0: \mu \leq 24\,000$；$H_1: \mu > 24\,000$ 抽取容量 $n=32$ 个车主的一个随机样本，计算出两年行驶里程的平均值 $\bar{x}=24\,517$ 千克，标准差为 $s=1\,866$ 千克，则计算出的检验统计量为（　　）。
    A. $z=1.57$　　　　B. $z=-1.57$　　　　C. $z=2.33$　　　　D. $z=-2.33$

25. 一项研究发现，2000年新购买小汽车的人中有40%是女性，在2005年所做的一项调查中，随机抽取120个新车主中有57人为女性，在 $\alpha=0.05$ 的显著性水平下，检验2005年新车主中女性的比例是否有显著增加，建立的原假设和备择假设分别是 $H_0: \pi \leq 40\%$；$H_1: \pi > 40\%$，检验的结论是（　　）。
    A. 拒绝原假设
    B. 不拒绝原假设
    C. 可以拒绝也可以不拒绝原假设
    D. 可能拒绝也可能不拒绝原假设

26. 从一个总体中随机抽出一个 $n=125$ 的样本，得到 $p=0.73$，在 $\alpha=0.01$ 的显著性水平下，检验假设 $H_0: \pi=0.73$；$H_1: \pi \neq 0.73$，所得的结论是（　　）。
    A. 拒绝原假设
    B. 不拒绝原假设
    C. 可以拒绝也可以不拒绝原假设
    D. 可能拒绝也不可能拒绝原假设

27. 容量为3升的橙汁容器上的标签表明，该种橙汁的脂肪含量的均值不超过1克，在对标签上的说明进行检验时，建立的原假设和备择假设分别为 $H_0: \mu \leq 1$；$H_1: \mu > 1$，该检验所犯的第Ⅰ类错误是（　　）。
    A. 实际情况是 $\mu \geq 1$，检验认为 $\mu > 1$
    B. 实际情况是 $\mu \leq 1$，检验认为 $\mu < 1$
    C. 实际情况是 $\mu \geq 1$，检验认为 $\mu < 1$
    D. 实际情况是 $\mu \leq 1$，检验认为 $\mu > 1$

28. 检验假设 $H_0: \pi=0.2$；$H_1: \pi \neq 0.2$，由 $n=200$ 组成一个随机样本，得到样本比例为 $P=0.175$。检验统计量的值为（　　）。
    A. $z=0.88$　　　　B. $z=-0.88$　　　　C. $z=2.25$　　　　D. $z=-2.25$

29. 如果能够证明某一电视剧在播出的头13周观众收视率超过了25%，则可以断定它获得了成功。假定由400户家庭组成的一个随机样本中，有112户家庭看过该电视剧，在 $\alpha=0.01$ 的显著性水平下，检验假设 $H_0: \pi \leq 25\%$；$H_1: \pi > 25\%$，得到的结论是（　　）。
    A. 拒绝 H_0
    B. 不拒绝 H_0

C. 可以拒绝也可以不拒绝 H_0
D. 可能拒绝也可能不拒绝 H_0

四、多项选择题

1. 关于正态分布的性质，下列说法正确的是（　　）。
   A. 正态曲线以 $x=\mu$ 呈钟形对称，其均值、中位数和众数三者必定相等
   B. 对于固定的 σ 值，不同均值 μ 的正态曲线的外形完全相同，差别只在于曲线在横轴方向上整体平移了一个位置
   C. 对于固定的 μ 值，不同均值 σ 的正态曲线的外形完全相同，差别只在于曲线在横轴方向上整体平移了一个位置
   D. 对于固定的 μ 值，σ 值越大，正态曲线越陡峭
   E. 正态分布两端与 x 轴渐进，最终重合

2. 统计推断的具体内容很广泛，归纳起来，主要是（　　）问题。
   A. 抽样分布　　　B. 参数估计　　　C. 方差分析
   D. 回归分析　　　E. 假设检验

3. 下列关于假设检验的陈述正确的是（　　）。
   A. 假设检验实质上是对原假设进行检验
   B. 假设检验实质上是对备择假设进行检验
   C. 当拒绝原假设时，只能认为肯定它的根据尚不充分，而不是认为它绝对错误
   D. 假设检验并不是根据样本结果简单地或直接地判断原假设和备择假设哪一个更有可能正确
   E. 当接受原假设时，只能认为否定它的根据尚不充分，而不是认为它绝对正确

4. 选择一个合适的检验统计量是假设检验中必不可少的一个步骤，其中"合适"实质上是指（　　）。
   A. 选择的检验统计量应与原假设有关
   B. 选择的检验统计量应与备择假设有关
   C. 在原假设为真时，所选的检验统计量的抽样分布已知
   D. 在备择假设为真时，所选的检验统计量的抽样分布已知
   E. 所选的检验统计量的抽样分布已知，不含未知参数

5. 关于 t 检验，下列说法正确的是（　　）。
   A. t 检验实际上是解决大样本均值的检验问题
   B. t 检验实际上是解决小样本均值的检验问题
   C. t 检验适用于任何总体分布
   D. t 检验对正态总体适用
   E. t 检验要求总体的 σ 已知

五、技能实训题

1. 根据统计，北京市初婚年龄服从正态分布，其均值为 25 岁，标准差为 5 岁，则 25 岁到 30 岁之间结婚的人，其百分数为多少？

2. 某单位统计报表显示，人均月收入为 3 030 元，为了验证该统计报表的正确性，做了

共 100 人的抽样调查,样本人均月收入为 3 060 元,标准差为 80 元,则能否说明该统计报表显示的人均收入的数字有误(取显著性水平 $\alpha=0.05$)?

3. 已知初婚年龄服从正态分布,根据 9 个人的抽样调查有:$\bar{x}=23.5$(岁),$s=3$(岁)。则是否可以认为该地区平均初婚年龄已超过 20 岁($\alpha=0.05$)?

4. 某地区成人中吸烟者占 75%,戒烟宣传之后,进行了抽样调查,发现 100 名被调查的成人中,有 63 人是吸烟者,则戒烟宣传是否收到了成效?($\alpha=0.05$)

5. 一种袋装食品每包的标准重量应为 1 000 克。现从生产的一批产品中随机抽取 81 袋,测得其平均重量为 990 克。已知这种产品的重量服从标准差为 51 克的正态分布。

要求:

(1)试利用总体均值估计的置信区间在 $\alpha=0.05$ 条件下来检验这批产品的包装重量是否合格。

(2)利用总体均值估计的置信区间在 $\alpha=0.10$ 条件下重新检验这批产品的包装重量是否合格。

6. 据原有资料,某城市居民彩电的拥有率为 60%,现根据最新 100 户的抽样调查,彩电的拥有率为 62%,则能否认为彩电拥有率有所增长?($\alpha=0.05$)

7. 一个样本容量为 50 的样本,均值为 10.6,标准差为 2.2。

要求:

(1)请用单侧检验,显著性水平 0.05 条件下检验总体均值为 10.0 的假设。

(2)请用双侧检验,显著性水平 0.05 条件下检验总体均值为 10.0 的假设。

8. 要评价某重点中学教学质量情况,原计划升学率为 60%,在高校录取工作结束后,在一个由 81 名学生组成的随机样本中,发现升学率为 55%,显著性水平为 0.02,能否就此得出该校的工作没有达到预期要求的结论?为什么?

9. 某市 2003 年居民的户均收入是 3 500 元,为了了解该市居民 2004 年的收入情况,有关调查部门做了一个共 100 户的收入情况的抽样调查,样本户平均月收入为 3 525 元,标准差为 100 元。据此,有多大把握说该市居民户均收入增加了?

10. 根据调查,女大学生的身高分布为 $N(163,6^2)$,某大学共有女大学生 1 500 名,则身高在 164~168 厘米的女大学生共有多少名?

第 7 章

相关与回归分析

★教学目标

1. 理解变量间函数关系、相关关系的概念、特点
2. 掌握相关关系的测定方法、相关系数的计算方法和应用
3. 掌握简单线性回归的基本原理和参数的最小二乘估计方法
4. 掌握回归方程的拟合优度评价及显著性检验
5. 能够利用回归方程进行点预测和区间预测
6. 了解常见的一元非线性回归模型及其线性化方法
7. 能够用 Excel 进行实际问题的简单线性回归分析

★知识结构图

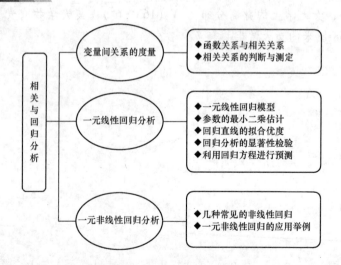

第 7 章 相关与回归分析

★ 引 例

中国的城市化是否有利于人民生活水平提高

著名的经济学家、诺贝尔奖获得者斯蒂格利茨指出，21 世纪全球经济的两件大事：一是美国的高科技；二是中国的城镇化。中国的城镇化将是区域经济实力提升、国家竞争力增强的重要途径，同时也会对全球经济局势产生重要影响。2016 年，我国城市化率达到 57.35%，比 2010 年年底的 49.7% 增长了 7.65%，这标志着中国的人口城镇化已进入加速发展时期。而城市化的发展，有利于提高人的生活质量，生活质量提高依赖于收入的提高。人总是追求更高的生活质量，生活质量提高又往往意味着服务业的发展、公共服务的进步，而服务业的发展则创造了就业。各经济现象间往往是相互联系、相互依存的。那么事实是不是如此呢？结合 2015 年我国 31 个省、市、自治区的相关数据，可以得到表 7-1 所示的数据。

表 7-1　2015 年中国各地区城镇化指标相关系数矩阵

项目	城镇化率	人均可支配收入	第三产业占 GDP 比重	城镇失业率
城镇化率	1.00			
人均可支配收入	0.90	1.00		
第三产业占 GDP 比重	0.60	0.74	1.00	
城镇失业率	-0.40	-0.48	-0.36	1.00

从中不难发现，城镇化率与居民人均可支配收入相关系数达 0.9，而居民人均可支配收入与第三产业（服务业）产值占 GDP 的比重相关系数也达 0.74，同时城镇化率与城镇登记失业率负相关。这也证明了上面的观点。各经济变量间紧密联系，那么各变量间具体的影响程度如何呢？以城镇化率与人均可支配收入为例，设城镇化率为 x，居民人均可支配收入为 y，代入数据后可得：$\hat{y} = -13\,810 + 630.65\,x$，说明城镇化率每增加一个百分点，则居民人均可支配收入将平均增加 630.65 元，并且这一方程对居民人均可支配收入所有变差的解释力度达 81.79%。可见城镇化对我国居民生活水平提高是显著有利的。

现实世界中的各种现象往往不是独立存在的，它们之间大多相互联系、相互制约、相互依存，某些现象产生变化时，另一现象也随之发生变化。因此，全面地认识一个现象，不仅要对经过搜集、整理的统计数据进行单变量的特征分析，还需要探寻相关变量之间的依存关系，找出它们之间的变化规律，从而为客观、科学地决策提供依据。相关与回归作为处理变量数据之间相关关系的统计方法，是现代统计学中非常重要的内容，已经广泛应用到企业管理、商业决策、金融分析以及自然科学和社会科学等众多研究领域。

7.1 变量间关系的度量

7.1.1 函数关系与相关关系

客观事物在发展过程中往往直接或者间接地相互联系、相互影响，人们常常要研究两个或两个以上变量间的关系。而变量间的关系一般可以分为两类：确定性关系和非确定性关系。

1. 函数关系及特点

函数关系是一种完全确定性的关系，即一个变量（因变量）的数值完全由另一个或一组变量（自变量）的值所确定，可以用精确的数学表达式来表示。函数关系的一般数学表达式为 $y=f(x_i)$，当自变量 x_i 的值取定后，变量 y 有唯一确定的值与之对应，比如：

（1）圆的面积（S）和半径（r）的关系：$S=\pi r^2$。
（2）某种商品的销售额（y）与销量（x）的关系：$y=px$（p 为平均单价）。
（3）企业的原材料消耗额（y）与产量（x_1）、单位产量消耗（x_2）、原材料价格（x_3）之间的关系：$y=x_1x_2x_3$。

函数关系的特点：

（1）函数关系是一一对应的确定关系，变量间表现为一种函数形式，即当给定自变量时，有唯一的因变量和它对应。
（2）当把自变量和因变量投放到坐标轴上时，各观测点落在一条直线或曲线上。

2. 相关关系及特点

相关关系是变量间的非确定性关系，它是指在两个变量中，当给定一个变量值（自变量）后，另一个变量值（因变量）可在一定范围内变化。这种 y 不确定的关系为相关关系，把存在相关关系的变量称为相关变量。比如：

（1）子女身高与其父母身高的关系。从遗传学角度看，父母身高较高，其子女的身高一般也比较高。但实际情况并不完全这样，因为子女的身高并不完全由父母的身高这一唯一因素所决定，还受其他很多因素的影响。
（2）作物种植密度与单位面积产量的关系。在一定条件下，随着作物种植密度的增大，单位面积产量逐渐增加，直到密度达到某一临界值后，单位面积产量又会开始下降。产量也并不由种植密度一个因素决定，降雨量、施肥量、温度、管理水平等因素都会对其带来影响。
（3）某食品价格与需求量的关系。一般来说，在其他条件不变的情况下，某普通食品的价格越高说明消费者对其的需求量越大。但是现实生活中，不可能保证其他条件一成不变，那么变化的收入水平、替代品和互补品的价格变化等因素也将影响商品的需求量。

根据上述例子，不难发现相关关系的特点：

（1）不能用精确的函数描述，一个变量的取值不能由另一个变量唯一确定，即当变量 x 的值取定后，y 有若干种可能取值。
（2）对大量数据观察研究，会发现许多变量间存在着一定的客观规律。
（3）当把自变量和因变量投放到坐标轴上时，各观测点分布在直线或曲线的周围。

变量之间的函数关系和相关关系，在一定条件下是可以相互转化的。本来具有函数关系的变量，当存在观测误差时，函数关系往往以相关的形式表现出来。而具有相关关系的变量之间的联系，如果能够正确并科学地把影响因变量的因素全部纳入方程，这时相关关系也可能转化为函数关系。现实生活中搜集到的变量数据更多地表现为相关关系，而研究客观现象的相关关系必须借助统计学中相关分析方法。

7.1.2 相关关系的判断与测定

1. 相关分析及步骤

相关分析是一种研究现象间是否存在某种依存关系，并对具有依存关系的现象的相关方向及相关程度进行研究的理论和方法。简而言之，相关分析就是对随机变量之间相关关系进行描述与测度的一种统计分析方法。它主要解决以下三个层次的问题：

（1）基础层次：判断变量间是否存在相关关系。
（2）初级层次：若存在关系，那么变量间是什么样的关系？关系的强度如何？
（3）应用层次：样本数据所反映的变量间关系是否能代表总体变量之间的关系？

通过解决上述问题，应用相关分析可以在影响某个变量的诸多因素中判断哪些是显著的影响，哪些是不显著的。且结合得到的相关分析结果，就可以对相互影响显著的变量，采用回归分析、因子分析等其他数据分析方法进一步地深入分析。

相关分析根据研究变量的个数一般分为简单线性相关分析（两个变量）和多元相关分析（研究一个变量对两个以上变量间的关系，具体包括复相关分析和偏相关分析），本书主要学习最为经典的简单线性相关分析。这一分析方法有以下三个步骤：

（1）绘制两个变量间的散点图，从而判断变量间是否存在相关关系，存在何种类型的相关关系。
（2）计算变量间的相关系数，进一步印证第一步的结论，同时明确变量间线性相关强度。
（3）对相关系数进行显著性检验，检验其对总体相关程度的代表性是否显著。

2. 散点图

相关分析就是对两个变量之间相关关系的描述与度量，为了更好地进行分析，首先假设两个总体变量是随机变量，设为 x、y，并且通过观察或试验，取得若干组观测数据，记为 (x_i, y_i) $(i=1, 2, \cdots, n)$。

用坐标的水平轴代表自变量 x，纵轴代表因变量 y，每组数据 (x_i, y_i) 在坐标系中用一个点表示，n 组数据在坐标系中形成的 n 个点称为散点，由坐标及散点形成的二维数据图称为散点图。散点图描述了两个变量之间的大致关系，从中可以直观地看出变量之间的关系形态及相关强度，从而确定变量间具体的相关关系类型。结合图 7-1 可以看出，相关关系的类型可以从以下几个角度划分：

（1）按照相关程度可分为完全相关（函数关系）、不完全相关和不相关。完全相关指的是某一现象的数量变化完全由另一个或几个现象的数量变化所确定，如图 7-1（a）、（b）所示，此时相关变量的相关关系便称为函数关系；不相关指的是现象间彼此互不影响，数量变化各自独立，如图 7-1（g）所示，两个变量的观测点很分散，无任何规律，又如图 7-1（h）所示，一个变量变化时另一个变量几乎一成不变；若两个现象之间的关系，介于完全相关和不相关之间,则称为不完全相关,一般的相关现象都是指这种不完全相关。

(2) 按照相关形式分为线性相关、非线性相关。就两个变量而言,如果变量之间的关系近似地表现为一条直线,则称为线性相关,如图 7-1 (c)、(d) 所示;如果变量之间的关系近似地表现为一条曲线,则称为非线性相关和曲线相关,如图 7-1 (e)、(f) 所示。

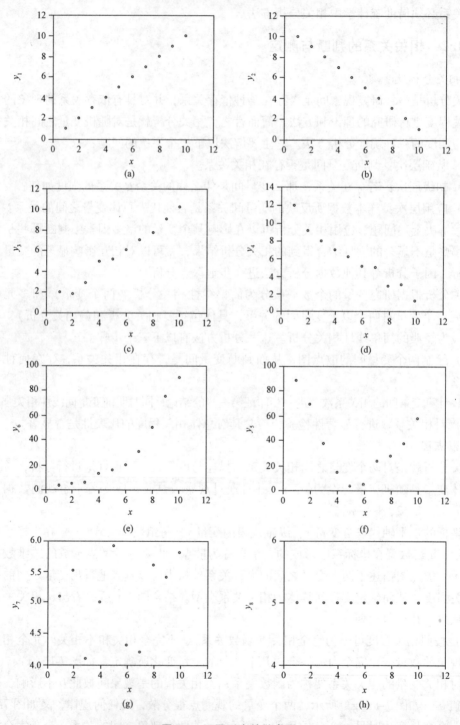

图 7-1　不同形态的散点图

（3）按照相关方向分为正相关和负相关。线性相关的前提下，若两个变量的变动方向相同，一个变量的数值增加（或减少）另一个变量的数值也随之增加（或减少），则称为正相关，如图7-1（a）、（c）所示；若两个变量的变动方向相反，一个变量的数值增加（或减少）另一个变量的数值随之减少（或增加），则称为负相关，如图7-1（b）、（d）所示。

3. 相关系数

通过散点图的绘制，人们可以初步判断变量之间有无相关关系。散点图还大致反映出变量之间的关系类型，但不能够准确地反映出变量之间的密切程度，所以需要计算相关系数，来准确度量两个变量之间的关系强度。

相关系数也称简单相关系数，是对两个变量之间线性相关程度的度量。如果相关系数是根据总体全部数据计算的，则称为总体相关系数，通常记为ρ；如果是根据样本数据计算的，则称为样本相关系数，也称样本相关系数，通常记为r。简单相关系数通常指的是样本相关系数，公式如下：

$$r = \frac{\sum (x_i - \bar{x})(y_i - \bar{y})}{\sqrt{\sum (x_i - \bar{x})^2 \sum (y_i - \bar{y})^2}} = \frac{n \sum x_i y_i - \sum x_i \sum y_i}{\sqrt{n \sum x_i^2 - (\sum x_i)^2} \sqrt{n \sum y_i^2 - (\sum y_i)^2}} \quad (7-1)$$

【例7-1】根据表7-2中的数据，首先计算城镇化率与居民人均可支配收入之间的相关系数，而后借助Excel计算城镇化率与其他各变量间的相关系数。

表7-2　2015年中国各省、市、自治区城市化相关指标

地区	城镇化率/%	人均可支配收入/元	第三产业占GDP比重/%	每百人拥有医护人员数量/人	人均健康检查次数×100	城镇失业率/%
上　海	87.60	49 867	67.76	1.27	32.15	3.14
北　京	86.50	48 458	79.65	1.87	39.38	1.39
天　津	82.64	31 291	52.15	1.04	28.67	3.66
广　东	68.71	27 859	50.61	1.01	37.44	2.14
辽　宁	67.35	24 576	46.19	1.09	21.68	2.45
江　苏	66.52	29 539	48.61	1.11	36.36	2.92
浙　江	65.80	35 537	49.76	1.31	44.46	3.29
福　建	62.60	25 404	41.56	0.99	22.66	2.29
重　庆	60.94	20 110	47.70	0.98	24.42	3.60
内蒙古	60.30	22 310	40.45	1.15	23.39	2.96
黑龙江	58.80	18 593	50.73	0.99	15.85	4.47
山　东	57.01	22 703	45.30	1.13	28.62	2.64
湖　北	56.85	20 026	43.10	1.14	29.66	4.09
吉　林	55.31	18 684	38.83	1.04	15.24	3.50
宁　夏	55.23	17 329	44.45	1.10	31.62	3.00
海　南	55.12	18 979	53.26	1.08	18.09	3.35
山　西	55.03	17 854	53.18	1.06	20.76	3.42
陕　西	53.92	17 395	40.74	1.19	21.84	3.65

续表

地区	城镇化率/%	人均可支配收入/元	第三产业占GDP比重/%	每百人拥有医护人员数量/人	人均健康检查次数×100	城镇失业率/%
江 西	51.62	18 437	39.10	0.83	25.98	4.02
河 北	51.33	18 118	40.19	0.90	19.57	3.17
湖 南	50.89	19 317	44.15	0.99	24.14	3.35
安 徽	50.50	18 363	39.09	0.83	22.13	3.51
青 海	50.30	15 813	41.41	1.05	27.46	3.36
四 川	47.69	17 221	43.68	1.03	33.85	4.04
新 疆	47.23	16 859	44.71	1.20	29.24	4.12
广 西	47.06	16 873	38.80	1.00	28.83	3.50
河 南	46.85	17 125	40.20	0.98	29.23	2.48
云 南	43.33	15 223	45.14	0.85	20.72	2.86
甘 肃	43.19	13 467	49.21	0.87	32.05	3.96
贵 州	42.01	13 697	44.89	0.93	25.98	2.93
西 藏	27.74	12 254	53.80	0.73	37.11	3.58

资料来源：国家统计局. 中国统计年鉴（2016）[J]. 北京：中国统计出版社，2016.

设城镇化率为 x，人均可支配收入为 y，则：

$$r = \frac{n\sum x_i y_i - \sum x_i \sum y_i}{\sqrt{n\sum x_i^2 - (\sum x_i)^2}\sqrt{n\sum y_i^2 - (\sum y_i)^2}}$$

$$= \frac{31 \times 41\,620\,574.64 - 1\,755.97 \times 679\,279.53}{\sqrt{31 \times 104\,449.8 - 1\,755.97^2}\sqrt{31 \times 17\,308\,348\,537 - 679\,279.53^2}} \approx 0.904\,4$$

相关系数为 0.904 4，说明城镇化率与人均可支配收入之间有高度的线性正相关关系。

借助 Excel "数据分析" 中 "相关系数" 工具计算表 7-2 中各变量间的相关系数，得到相关系数矩阵，见表 7-3。

表 7-3 相关系数矩阵

项目	x	y_1	y_2	y_3	y_4	y_5
x—城镇化率	1.000 0					
y_1—人均可支配收入	0.904 4	1.000 0				
y_2—第三产业占 GDP 比重	0.596 8	0.741 1	1.000 0			
y_3—每百人拥有医护人员数量	0.682 4	0.741 2	0.646 7	1.000 0		
y_4—人均健康检查次数×100	0.209 1	0.450 1	0.422 9	0.373 9	1.000 0	
y_5—城镇失业率	−0.400 9	−0.479 2	−0.359 7	−0.434 6	−0.246 3	1.000 0

结合表 7-3 相关系数矩阵和相关系数的定义不难发现，测定简单相关系数时，研究的两个变量是对等关系，即所研究的两个变量不区分自变量和因变量，且两个变量只能算出一个相关系数，其通过取值大小、符号来反映变量间相关强度和相关类型，这就是相关系数的性

质。其具体内容如下:

(1) 两个变量是对等关系,只能算出一个相关系数,即 $r_{xy}=r_{yx}$。

(2) 相关系数 r 的取值范围为 $[-1,+1]$。

(3) 若 $0<r\leqslant 1$,说明变量之间存在正的线性相关关系。若 $-1\leqslant r<0$,说明变量之间存在负的线性相关关系。

(4) 当 $r=\pm 1$ 时,称两个变量完全线性相关,$r=1$ 时为完全正相关,$r=-1$ 时为完全负相关,此时两个变量的取值完全依赖于对方。

(5) 当 $r=0$ 时,两个变量不存在线性相关关系。需要注意的是,这并不意味着变量间没有任何关系,例如它们可能存在非线性相关关系。变量间非线性相关程度较大时,可能会导致 $r=0$。

当然,实际计算过程中,$r=\pm 1$ 和 $r=0$ 的情况是极少见的,r 的取值一般为 $-1<r<1$,且 $|r|$ 越趋近于 1,则说明变量间线性关系越强,$|r|$ 越趋近于 0,则说明变量间线性关系越弱。关于相关强度的具体经验解释如下:

(1) $|r|\geqslant 0.8$ 时,可视为高度相关。

(2) $0.5\leqslant |r|<0.8$ 时,一般视为中度相关。

(3) $0.3\leqslant |r|<0.5$ 时,可视为低度相关。

(4) $|r|<0.3$ 时,说明两个变量间相关程度极弱,可视为不相关。

注意:上述经验解释必须建立在对相关系数的显著性进行检验的基础上。

4. 相关系数的显著性检验

一般来讲,总体的相关系数是无法得到的,只能通过样本统计量 r 进行估计。那么样本能代替总体吗?如图 7-2 所示,若实心的点碰巧为所抽到的样本,则样本相关系数极高(为 0.907),总体相关系数实际上是极低的(为 0.000 05)。

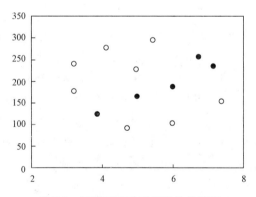

图 7-2 相关系数缺乏代表性的情况

由于样本相关系数 r 是抽样估计的量,因此必须对其进行显著性检验,这一检验过程称为相关系数的显著性检验。下面借助例题学习相关系数的显著性检验的步骤。

【例 7-2】 根据例 7-1 的计算结果,计算城镇化率与居民人均可支配收入之间的相关系数 $r=0.9044$,样本量 $n=31$,则对相关系数 ρ 的显著性检验步骤如下:

(1) 提出假设:$H_0:\rho=0$;$H_1:\rho\neq 0$。

(2) 明确检验统计量及其分布。样本系数的检验统计量是服从自由度为 $n-2$ 的 t 分布，记为 $t \sim t(n-2)$，公式为

$$t = \frac{r\sqrt{n-2}}{\sqrt{1-r^2}} \tag{7-2}$$

(3) 找到临界值。根据显著性水平 α 的取值，假设 $\alpha = 0.05$，查 t 分布表得到临界值 $t_{\frac{\alpha}{2}}(n-2) = t_{0.025}(n-2) = 2.045$。则拒绝区域为 $|t| > t_{\frac{\alpha}{2}}$，或者若 $p < \alpha$，则拒绝 H_0。

(4) 计算检验统计量。

$$t = \frac{r\sqrt{n-2}}{\sqrt{1-r^2}} = \frac{0.9044 \times \sqrt{31-2}}{\sqrt{1-0.9044^2}} \approx 11.41$$

(5) 得出结论。由于 $|t| = 11.41 > 2.045$，拒绝 H_0。因此，可以认为城镇化率与居民人均可支配收入之间是显著相关的。

5. 相关分析的注意事项

(1) 相关系数不能解释两变量间的因果关系。相关系数只是表明两个变量间互相影响的程度和方向，并不能说明两变量间是否有因果关系，以及何为因，何为果。即使是在相关系数非常大时，也并不意味着两变量间具有显著的因果关系。例如，根据一些人的研究，发现抽烟与学习成绩有负相关关系，但不能由此推断是抽烟导致了学习成绩差。

因与果在很多情况下是可以互换的。如研究发现收入水平与股票的持有额正相关，并且可以用收入水平作为解释股票持有额的因素，但是否存在这样的情况，你赚的钱越多，买的股票也越多，而买的股票越多，赚的钱也就越多，何为因？何为果？众所周知，经济增长与人口增长相关，可是究竟是经济增长引起人口增长，还是人口增长引起经济增长呢？不能从相关系数中得出结论。

(2) 警惕虚假相关导致的错误结论。有时两变量之间并不存在相关关系，但可能出现较高的相关系数。

如存在另一个共同影响两变量的因素。在时间序列资料中往往会出现这种情况，有人曾对教师薪金的提高和酒价的上涨做了相关分析，计算得到一个较大的相关系数，这是否表明教师薪金提高导致酒的消费量增加，从而导致酒价上涨呢？经分析，事实是由于经济繁荣导致教师薪金和酒价的上涨，而教师薪金增长和酒价之间并没有什么直接关系。

原因的混杂也可能导致错误的结论。如有人做过计算，发现在美国经济学学位越高的人，收入越低，笼统地计算学位与收入之间的相关系数会得到负值。但分别对大学、政府机构、企业各类别计算学位与收入之间的相关系数得到的则是正值，即对同一行业而言，学位高，收入也高。

另外，注意不要在相关关系据以成立的数据范围以外推论这种相关关系仍然保持。比如，雨下得多，农作物长得好，在缺水地区、干旱季节，雨是一种福音，但雨量太大，可能损坏庄稼。又如，广告投入多，销售额上涨，利润增加，但盲目加大广告投入，未必使销售额再增长，利润还可能减少。正相关达到某个极限，就可能变成负相关。这个道理似乎人人都明白，但在分析问题时却容易被忽视。

7.2 一元线性回归分析

相关分析是回归分析的基础和前提。回归分析是相关分析的深入和继续。相关分析的目的在于测度变量之间关系的密切程度。而回归分析则是指在相关分析的基础上，重点考察变量之间的数量伴随关系，并通过一定的数学表达式将这种关系描述出来，进而确定一个或几个变量（自变量）的变化对另一个特定变量（因变量）的影响程度。

回归分析的主要内容和步骤是：第一，根据理论和对问题的分析判断，选取合适的自变量和因变量，设定数学关系式；第二，结合样本数据，对设定的数学关系式进行估计；第三，对这些关系式的可信程度进行各种统计检验，并从影响因变量的诸多自变量中找出哪些变量的影响是显著的，哪些是不显著的，进而寻找更为合适的数学方程式（即回归模型），直至检验通过；第四，检验通过后可以利用所求的关系式，根据自变量去估计，预测因变量。

回归分析包括多种类型：根据所涉及变量的多少不同，可分为简单回归分析（一元回归分析）和多元回归分析。简单回归是指两个变量之间的回归，其中一个变量为自变量，另一个为因变量，而多元回归则有一个因变量和多个自变量。另外，根据回归方程式的形式不同，回归还可分为线性回归和非线性回归。

在这些形式的回归分析中，最基本的是一元线性回归分析，即回归分析中只涉及一个自变量，并且因变量 y 与自变量 x 之间为线性关系。

7.2.1 一元线性回归模型

1. 回归模型

回归分析的首要任务是正确识别并确定因变量和自变量。一般在回归分析中，被预测或被解释的变量称为因变量（被解释变量），用 y 表示；用来预测和用来解释因变量的一个或多个变量称为自变量（解释变量），用 x 表示。回归分析中，往往把最为重要，最值得估计、预测的变量设为因变量，或根据逻辑上的因果关系选择自变量（原因）和因变量(结果)。

确定了因变量与自变量后，就可以结合经验知识和已有数据设定回归模型。回归模型是描述因变量 y_i 如何依赖自变量 x_i 和随机误差项 μ_i 的方程。因此，一元线性回归模型（总体线性回归模型）可表示为

$$y_i = \beta_0 + \beta_1 x_i + \mu_i \tag{7-3}$$

在一元线性回归模型中，x_i、y_i 代表总体的经济变量；β_0 和 β_1 称为模型的参数，也称回归系数，$\beta_0 + \beta_1 x_i$ 反映了由于 x_i 变化而引起的 y_i 的线性变化；μ_i 称为误差项或干扰项的随机变量，反映了除 x_i 和 y_i 之间的线性关系之外的其他所有随机因素对 y_i 的影响。

2. 估计的回归方程

由于总体数据一般难以得到，总体参数往往未知，因此往往需要样本数据对其进行估计，因此可以设定样本回归模型：

$$y_i = \hat{\beta}_0 + \hat{\beta}_1 x_i + e_i \tag{7-4}$$

将具体样本数据代入式（7-3）后，利用最小二乘法，可对模型进行估计，得到估计的

回归方程：

$$\hat{y}_i = \hat{\beta}_0 + \hat{\beta}_1 x_i \tag{7-5}$$

方程的图示是一条直线，也称为直线回归方程。其中，$\hat{y}_i$ 是总体 $E(y|x_i)$ 的估计值，体现在 x_i 给定时，y_i 平均水平的轨迹。$\hat{\beta}_0$ 和 $\hat{\beta}_1$ 是用来估计总体参数 β_0 和 β_1 的样本统计量，$\hat{\beta}_0$ 是估计的回归直线在 y 轴上的截距，$\hat{\beta}_1$ 是直线的斜率，表示 x 每变动一个单位，y 的平均变动值。e_i 也称残差，是总体误差项 μ_i 的估计量。结合式（7-3）与式（7-4）可知：

$$y_i - \hat{y}_i = e_i \tag{7-6}$$

3. 一元线性回归模型的基本假定

假定1：因变量 y 与自变量 x 之间具有线性关系（即假设模型的形式是正确的）。

假定2：独立性假定，即在重复抽样中，自变量 x 的取值是固定的，即假定 x 是给定的、非随机的，且与随机误差项线性无关。

假定3：零均值假定，即误差项 μ 是一个条件期望值为 0 的随机变量，可表示为：$E(\mu|x_i) = 0$。其等价于，对于一个给定的 x，y 的期望值为 $E(y|x_i) = \hat{\beta}_0 + \hat{\beta}_1 x_i$，如图7-3所示。

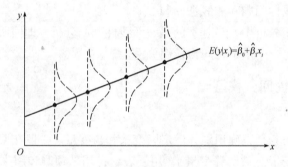

图7-3　零均值

假定4：同方差假定，即对于所有的 x，μ 的条件方差 σ^2 都相同，可表示为：Var$(\mu|x_i) = E[\mu_i - E(\mu_i|x^2 = \sigma_i^2)]$。这一假定意味着，任意一个特定的 x，y 的方差也都等于 σ^2，如图7-4所示。

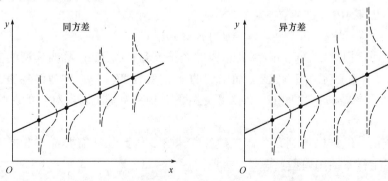

图7-4　同方差与异方差

假定5：无自相关假定，即不同的 μ_i 之间不相关，如图7-5所示。

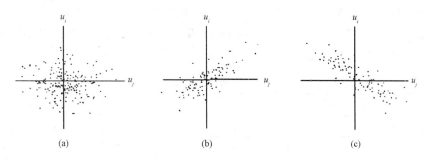

图7-5　自相关示意图
（a）无自相关；（b）正自相关；（c）负自相关

假定6：正态性假定，即误差项 μ_i 是一个服从正态分布的随机变量，且相互独立，即 $\mu_i \sim (0, \sigma^2)$。

7.2.2　参数的最小二乘估计

一元线性回归分析的基本方法是，根据样本数据，采用适当的估计方法得到样本回归方程，继而用样本统计量 $\hat{\beta}_0$ 和 $\hat{\beta}_1$ 对未知的总体参数 β_0 和 β_1 进行估计。不同的估计方法可以得到不同的样本回归系数 $\hat{\beta}_0$ 和 $\hat{\beta}_1$，所估计的 $\hat{y}$ 也就不尽相同。在估计回归方程的方法中最为简便、基础的方式是最小二乘法（缩写为OLS）。

最小二乘法的基本思想：理想的估计方法应使估计的 $\hat{y}_i$ 与真实的 y_i 的差（即残差 e）越小越好。由于根据一元线性回归假定3可证明 $\sum e_i = 0$，所以可以用 $\sum e_i^2$（残差平方和）作为衡量估计的 $\hat{y}$ 与真实的 y 的总偏差的标准，即要求：

$$\sum e_i^2 = \sum (y_i - \hat{y}_i)^2 = \sum (y_i - \hat{\beta}_0 - \hat{\beta}_1 x_i)^2 = \min \tag{7-7}$$

定义：使因变量的观察值 y_i 与估计值 $\hat{y}_i$ 之间的离差平方和达到最小来求得 $\hat{\beta}_0$ 和 $\hat{\beta}_1$ 的方法，称为最小二乘法。

由于样本数据中所有的 x_i、y_i 都是已知的，代入后，$\sum e_i^2$ 则是关于 $\hat{\beta}_0$ 和 $\hat{\beta}_1$ 的函数，且最小值总是存在，根据微积分的极值定理，可得下面求解 $\hat{\beta}_0$ 和 $\hat{\beta}_1$ 的标准方程组：

$$\begin{cases} \sum_{i=1}^{n} y_i = n\hat{\beta}_0 + \hat{\beta}_1 \sum_{i=1}^{n} x_i \\ \sum_{i=1}^{n} x_i y_i = \hat{\beta}_0 \sum_{i=1}^{n} x_i + \hat{\beta}_1 \sum_{i=1}^{n} x_i^2 \end{cases} \tag{7-8}$$

解得：

$$\begin{cases} \hat{\beta}_1 = \dfrac{n\sum_{i=1}^{n} x_i y_i - \left(\sum_{i=1}^{n} x_i\right)\left(\sum_{i=1}^{n} y_i\right)}{n\sum_{i=1}^{n} x_i^2 - \left(\sum_{i=1}^{n} x_i\right)^2} \\ \hat{\beta}_0 = \bar{y} - \hat{\beta}_1 \bar{x} \end{cases} \tag{7-9}$$

实际工作中，回归分析的计算量较大，主要依赖于计算机。除了专门的统计软件外，Excel 也有部分回归分析功能。

【例 7-3】 采用例 7-1 的数据，可运用 Excel 得到城镇化率（x）与居民人均可支配收入（y_1）的回归分析结果，见表 7-4。

表 7-4　回归分析结果

SUMMARY OUTPUT					
	回归统计				
Multiple R	0.904 355 897				
R Square	0.817 859 588				
Adjusted R Square	0.811 578 884				
标准误差	3 901.696 466				
观测值	31				
方差分析					
	df	SS	MS	F	Significance F
回归分析	1	1 982 336 571	1 982 336 571	130.217 824	3.044 25 E－12
残差	29	441 473 824.1	15 223 235.31		
总计	30	2 423 810 396			
			参数估计表		
	Coefficients	标准误差	t Stat	P－value	下限 95.0%	上限 95.0%
Intercept	－13 810.3	3 207.929	－4.305 05	0.000 174	－20 371.249 1	－7 249.347 957
城镇化率	630.65	55.265 2	11.411 3	3.04 E－12	517.617 873 9	743.677 918 5

由表 7-4 第三部分参数估计表可得估计的回归方程为 $\hat{y} = -13\,810 + 630.65x$，回归系数 $\hat{\beta}_1 = 630.65$，表示城镇化率每增加 1%，则居民人均可支配收入平均增加 630.65 元。截距项系数为 －13 810，表示若自变量城镇化率为 0 时，因变量居民人均可支配收入为 －13 810 元，这显然与现实不符，因此现实操作中，多不对其进行过多解释。

★ 相关链接

Excel 输出的分析结果主要包括以下几个部分：

第一部分："回归统计"，该部分给出了回归分析中一些最常用的统计量，包括相关系数 r（Multiple R）、判定系数 R^2（R Square）、修正后的判定系数 R^2（Adjusted R Square）、标准误差、观测值个数等。

第二部分："方差分析"表，该部分给出了自由度（df）、回归平方和、残差平方和、总平方和（SS）、回归和残差的均方（MS）、方程线性显著性检验统计量（F）和 F 检验的显著性水平（Significance F）。这一部分的主要作用是辅助对回归方程整体的线性关系进行检验。

第三部分："参数估计表"，该部分包括了方程的截距系数（Intercept）、斜率系数（X Variable 1，此处为城镇化率）、截距和斜率系数的标准误差、用于检验单个回归系数显著性

的 t 统计量（t Stat）、P（P-value），以及在 95% 的置信水平下，截距和斜率的置信区间（下限 95.0% 和上限 95.0%）。

此外，Excel 还可以生成"残差分析"部分内容，表 7-4 未给出其输出结果。

7.2.3 回归直线的拟合优度

经过上面的步骤，利用某一样本数据，采用最小二乘法，估计得到了样本回归方程，但是这一线性函数关系式的可信程度如何呢？是否只是一个偶然的结果？这就需要对回归方程进行现实意义和统计意义上的一系列评价及检验。统计检验部分，往往首先进行拟合优度的评价及检验。

一般认为，拟合是回归直线对观测值的一种逼近。而拟合优度是指样本回归方程（回归直线）与样本数据（观测值）的总体接近程度。同一样本，用不同的模型（不同函数形式）可拟合出不同的样本回归线，相同的模型用不同方法去估计参数，也可以拟合出不同的回归线，拟合的回归线与样本观测值总是有偏离，如图 7-6 所示。

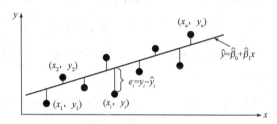

图 7-6　拟合的样本回归线

为了更为具体地说明和评价直线的拟合优度，需要计算判定系数和估计标准误差两个统计量。

1. 判定系数

为了评价所建立的样本回归函数对样本观测值的拟合程度，需要对模型的拟合优度加以度量。在统计学中，度量模型拟合优度的判定系数，也称可决系数，建立在对被解释变量总变差分解的基础之上，具体如图 7-7 所示，回顾已经估计的样本回归函数，因变量 y_i 相对于其均值 $\bar{y}$ 的差异称为离差，用 $y_i - \bar{y}$ 来表示。而离差源于两个方面：由于自变量 x 的取值不同造成的和除 x 以外的其他因素（如 x 对 y 的非线性影响、测量误差等）的影响。如果以被解释变量平均值 $\bar{y}$ 为基准，说明被解释变量观测值 y_i 和估计值 $\hat{y}_i$ 对 $\bar{y}$ 的偏离程度，可以用离差表示为

$$(y_i - \bar{y}) = (\hat{y}_i - \bar{y}) + (y_i - \hat{y}_i) \tag{7-10}$$

将式（7-10）两端平方后求和，可得

$$\sum_{i=1}^{n}(y_i - \bar{y})^2 = \sum_{i=1}^{n}[(\hat{y}_i - \bar{y}) + (y_i - \hat{y})]^2$$

$$= \sum_{i=1}^{n}(\hat{y}_i - \bar{y})^2 + \sum_{i=1}^{n}(y_i - \hat{y})^2 + 2\sum_{i=1}^{n}(\hat{y}_i - \bar{y})(y_i - \hat{y})$$

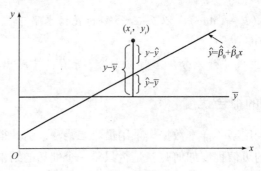

图 7-7 变差分解图

可证明 $\sum_{i=1}^{n}(\hat{y}_i - \bar{y})(y_i - \hat{y}) = 0$，所以有：

$$\sum(y_i - \bar{y})^2 = \sum(\hat{y}_i - \bar{y})^2 + \sum(y_i - \hat{y}_i)^2 \quad (7-11)$$

记 $SST = \sum(y_i - \bar{y})^2$，称为总离差平方和，表示所有样本观测值与其平均值的离差平方和；记 $SSR = \sum(\hat{y}_i - \bar{y})^2$，称为回归平方和，表示由回归方程做出解释的离差平方和；记 $SSE = \sum(y_i - \hat{y}_i)^2$，称为残差平方和，表示回归方程未做出解释的离差平方和。由式 (7-11) 有：$SST = SSR + SSE$。

显然，如果样本回归线拟合的程度越高，各样本观测值与样本回归线越近，则回归平方和在总离差平方和中所占的比重越大；反之，回归平方和在总离差平方和中所占比重越小。于是，可用回归平方和与总离差平方和之比作为度量拟合程度的指标，记为 R^2，称为判定系数，具体公式如下：

$$R^2 = \frac{SSR}{SST} = \frac{\sum(\hat{y}_i - \bar{y})^2}{\sum(y_i - \bar{y})^2} = 1 - \frac{\sum(y_i - \hat{y}_i)^2}{\sum(y_i - \bar{y})^2} \quad (7-12)$$

【例 7-4】结合表 7-4 中相关数据计算判定系数。

由表 7-4 可知，$SSR = 1\ 982\ 336\ 571$，$SSE = 441\ 473\ 824$，$SST = 2\ 423\ 810\ 396$，则：

$$R^2 = \frac{SSR}{SST} = 1 - \frac{SSE}{SST} = \frac{1\ 982\ 336\ 571}{2\ 423\ 810\ 396} = 1 - \frac{441\ 473\ 824}{2\ 423\ 810\ 396} = 0.817\ 8595\ 9$$

说明在被解释变量居民人均可支配收入的所有变差中，可以由模型进行解释的约占 81.79%。

判定系数有以下特点：

(1) R^2 的取值范围是 [0, 1]，是非负的统计量。

(2) R^2 越接近 1，表明回归平方和占总离差平方和的比例越大，回归直线与各观测点越接近，回归直线的拟合程度就越好。

(3) R^2 是样本观测值的函数，是随抽样变动的随机变量。

(4) 在一元线性回归中，相关系数 r 的平方等于判定系数，符号与自变量 x 的系数一致。因此可以根据回归结果求出相关系数。现实生活中多借助软件中回归程序来计算 R^2，如表 7-4 中，$R^2 = R\ \text{Square} = 0.817\ 859\ 588$。

(5) 表 7-4 回归分析表中还给出了 Adjusted R Square（修正的 R^2）= 0.811 578 884，一般记为 $\bar{R}^2$，多用于多元线性回归分析的拟合优度度量中。其具体公式可表示为：$\bar{R}^2 = 1 - (1 - R^2)\frac{n-1}{n-k-1}$，其中 k 为自变量的个数。

2. 估计标准误差

估计标准误差（Standard Error of Estimate）是对各观测数据在回归直线周围分散程度的一个度量值，一般记为 $s_{\hat{y}}$，可以证明 $s_{\hat{y}}$ 是对误差项 μ 的标准差 σ 的无偏估计。其计算公式为

$$s_{\hat{y}} = \sqrt{\frac{\sum e_i^2}{n-k-1}} = \sqrt{\frac{\sum (y_i - \hat{y}_i)^2}{n-k-1}} = \sqrt{\frac{SSE}{n-k-1}} = \sqrt{MSE} \qquad (7-13)$$

式中，k 为模型中自变量的个数，一元回归中等于 1。

估计标准误差反映了用估计的回归方程拟合因变量 y 时平均误差的大小。一般各观测数据越靠近回归直线，估计标准误差就越小，回归直线对各观测数据的代表性就越好。与 R^2 不同的是，估计标准误差是一个有单位的绝对数。

【例 7-5】结合表 7-4 中相关数据计算估计标准误差。

由表 7-4 可知，$SSE = 441\ 473\ 824$，$n - k - 1 = df = 29$，$MSE = 15\ 223\ 235.31$，则：

$$s_{\hat{y}} = \sqrt{\frac{SSE}{n-k-1}} = \sqrt{\frac{441\ 473\ 824}{29}} = \sqrt{15\ 223\ 235.31} = 3\ 901.696\ 466$$

结果表明估计标准差是 3 901.696 466 元。在实际应用中，Excel 在回归统计表中将直接给出估计的标准误差。

7.2.4 回归分析的显著性检验

回归分析的主要目的是根据所建立的估计方程用自变量 x 来估计或预测因变量 y 的取值。而估计方程是根据样本数据得出的，它是否能够真实地反映变量 x 和 y 之间的关系，则需要通过检验后才能证实。在一元线性回归分析中，已经假定 $y_i = \beta_0 + \beta_1 x_i + \mu_i$，但这一假定是否成立，则需要通过显著性检验后才能证实。

回归分析中的显著性检验包括两方面的内容：一是对单个自变量回归系数的显著性检验（t 检验）；二是对整个回归方程（所有自变量回归系数）显著性的整体检验（F 检验）。

1. 单个回归系数显著性检验

单个回归系数的显著性检验是检验各自变量本身对因变量的影响是否显著的一种检验。在一元线性回归模型 $y_i = \beta_0 + \beta_1 x_i + \mu_i$ 中，若回归系数 $\beta_1 = 0$，则说明回归线是一条水平线，表明因变量 y 的取值不依赖自变量 x，即两个变量之间没有线性关系。如果回归系数 $\beta_1 \neq 0$，则可以得出变量间存在线性关系的结论。因此，单个回归系数的显著性检验就是检验各个回归系数是否等于 0，在一元线性回归中就是检验回归系数 β_1 是否等于 0。

单个回归系数的显著性检验的具体步骤如下：

第 1 步：提出假设。一般为 $H_0: \beta_1 = 0$；$H_1: \beta_1 \neq 0$。

第 2 步：确定检验统计量 t。可以证明在回归模型的基本假设成立时，若零假设正确，则有

$$t = \frac{\hat{\beta}_1}{s_{\hat{\beta}_1}} \sim t(n-2), s_{\hat{\beta}_1} = \frac{s_{\hat{y}}}{\sqrt{\sum(x_i - \bar{x})^2}} \tag{7-14}$$

第3步：计算检验统计量的样本观测值或 p 值。

第4步：进行决策。根据显著性水平 α 和自由度 $df = n - 2$ 可查 t 分布表，找到临界值 $t_{\alpha/2}$，若 $|t| > t_{\alpha/2}$，则拒绝 H_0；或者 p 值 $< \alpha$ 时，拒绝 H_0。若 $|t| < t_{\alpha/2}$，则表明自变量对因变量的影响是不显著的，二者之间不存在线性关系。

注意：

（1）一元线性回归模型自由度总为（$n-2$），经验分析中，常用的 α 有 1%、5% 和 10%。为了避免显著水平选择的随意性，通常要给出 p 值。

（2）也可以对常数项进行 t 检验，但大部分情况下并不关心常数项的检验结果。通常情况下即使常数项在模型中不显著，也会在模型中保留常数项，去掉常数项可能会对模型带来不利影响。

【例 7-6】 根据例 7-3 的有关结果，检验回归系数的显著性（$\alpha = 0.05$）。

第1步：提出假设。$H_0: \beta_1 = 0$；$H_1: \beta_1 \neq 0$。

第 2~3 步：确定并计算检验统计量 t，或计算 p。

$$t = \frac{\hat{\beta}_1}{s_{\hat{\beta}_1}} = \frac{630.647\ 896\ 2}{55.265\ 198\ 59} = 11.411\ 302\ 45$$

第4步：进行决策。根据显著性水平 $\alpha = 0.05$，自由度 $df = n - 2 = 31 - 2 = 29$，查 t 分布表，找到临界值 $t_{\alpha/2} = t_{0.025}(29) = 2.045$。由于 $t = 11.411\ 302\ 45 > t_{0.025}(29) = 2.045$，则拒绝原假设 H_0。

在实际应用中，可以直接利用 Excel 输出的参数估计表进行检验。该表已经给出了各系数用于检验的 P 值（P-value）。检验时可直接将 P 值与给定的显著性水平 α 进行比较。若 P 值小于 α，则拒绝原假设；若 P 值大于 α，则不能拒绝原假设。在本例中，P 值 = P-value = 3.044 3 E-12 $< \alpha = 0.05$，所以拒绝原假设。

2. 方程显著性的整体检验

方程显著性的整体检验，也称方程整体线性关系检验，所检验的是所有自变量和因变量 y 之间的线性关系是否显著，或者说，它们之间是否能够用一个线性模型来表示。以一元线性回归方程 $y_i = \beta_0 + \beta_1 x_i + \mu_i$ 为例，为检验 x 和 y 两个变量间线性关系是否显著，需要采取如下步骤：

第1步：提出假设。

$H_0: \beta_1 = 0$（两个变量间的线性关系不显著）

$H_1: \beta_1 \neq 0$（两个变量间的线性关系显著）

第2步：确定检验统计量。

$$F = \frac{SSR/k}{SSE/(n-k-1)} = \frac{MSR}{MSE} \sim F(1, n-2) \tag{7-15}$$

该统计量的构造是以回归平方和（SSR）以及残差平方和（SSE）为基础的。将其各自除以自己相对应的自由度，如 SSR 对应的自由度为自变量的个数 k，在一元线性回归中 k 为

1；SSE 对应的自由度为 $n-k-1$，在一元线性回归中为 $n-2$。得到的 MSR 称为均方回归，MSE 称为均方残差。此时 MSR/MSE 的抽样分布服从分子自由度为 1，分母自由度为 $n-2$ 的 F 分布，如式（7-15）所示。

第 3 步：计算检验统计量的样本观测值或 p。

第 4 步：进行决策。根据显著性水平 α 和自由度（1，$n-2$）确定检验统计量的临界值 F_α，$F > F_\alpha$ 时拒绝 H_0；或者 $p < \alpha$ 时拒绝 H_0，如果不能拒绝零假设，则说明所有自变量作为一个整体对因变量都没有解释能力。注意，这里 F 检验是右侧检验。

【例 7-7】 根据例 7-3 的有关结果，检验城镇化率与居民人均可支配收入之间线性关系的显著性（$\alpha = 0.05$）。

第 1 步：提出假设。

$$H_0: \beta_1 = 0 \text{（两个变量间的线性关系不显著）}$$
$$H_1: \beta_1 \neq 0 \text{（两个变量间的线性关系显著）}$$

第 2～3 步：确定并计算检验统计量。

$$F = \frac{SSR/1}{SSE/(n-2)} = \frac{MSR/1}{MSE/(31-2)} = \frac{1\,982\,336\,571}{15\,223\,235.31} = 130.217\,824$$

且 F 检验的显著性水平 $p = \text{Significance } F = 3.044\,25\,\text{E}-12$

第 4 步：进行决策。根据显著性水平 $\alpha = 0.05$ 和自由度（1，29）查表得到 F 检验统计量的临界值 $F_\alpha = 4.18$，$F > F_\alpha$，因此拒绝 H_0；或者由于 $p = 3.044\,25\,\text{E}-12 < \alpha = 0.05$，所以拒绝 H_0。

在一元线性回归模型中，由于只有一个解释变量 x，因此对 $\beta_1 = 0$ 的 t 检验与对整个方程的 F 检验是等价的。

7.2.5 利用回归方程进行预测

如果经过检验，样本回归方程的拟合优度好，且回归系数的估计值显著不为 0，则可以用回归方程进行预测。预测分为点预测和区间预测。

1. 点预测

在一元线性回归中，假设 x_0 为解释变量的一个已知点，代入样本回归方程 $\hat{y}_t = \hat{\beta}_0 + \hat{\beta}_1 x_i$，即可得到 y_0 的估计值：$\hat{y}_0 = \hat{\beta}_0 + \hat{\beta}_1 x_0$，这一过程称为点预测。

在城镇化率与人均可支配收入（例 7-3）的研究中，估计回归方程为 $\hat{y} = -13\,810 + 630.65\,x$，提供了城镇化率 x 与人均可支配收入 y 之间关系的一种估计。可以用回归方程来对给定某一特定 x 时的 y 进行点估计，或者预测某一特定 x 值的 y 值。例如，假定某地城镇化率是 60%，运用回归方程，可以得到 $\hat{y} = -13\,810 + 630.65 \times 60 = 24\,029$（元）。因此当城镇化率为 60% 时，居民人均可支配收入的点估计值是 24 029 元。

2. 区间预测

对于预测问题，除了知道点估计的预测值外，还希望知道预测的精度，因为点估计不能给出与估计有关的任何准确信息。比如研究城镇化率与人均可支配收入的关系，可建立回归方程 $y_i = \beta_0 + \beta_1 x_i + \mu_i$，前面讲到当已知解释变量 $x = x_0$ 时，可得到点估计值 $\hat{y}_0$，但仅知道这一数值意义不大。而利用估计的回归方程，对于 x 的一个特定值 x_0，能给出一个 y 的估计值的变动区间，即区间估计。这一预测值范围比只给 $\hat{y}_0$ 更可信。

区间估计分为两种类型，分别是 y 的均值的置信区间估计和 y 的个别值的预测区间估计。

（1）y 的均值的置信区间估计。对于 x 的一个特定值 x_0，求出 y 的平均值的区间估计，即 y 的平均值的置信区间估计，也称 y 的置信区间估计。

$E(y_0)$ 在 $1-\alpha$ 置信水平下的置信区间为

$$\hat{y}_0 \pm t_{\alpha/2}(n-2) s_{\hat{y}} \sqrt{\frac{1}{n} + \frac{(x_0 - \bar{x})^2}{\sum_{i=1}^{n}(x_i - \bar{x})^2}} \tag{7-16}$$

【例 7-8】根据例 7-3 所求得的估计的回归方程，取 $x_0 = 55$，建立居民人均可支配收入 95% 的置信区间。

根据例 7-3 的计算结果，已知 $n = 31$，$s_{\hat{y}} = 3\,901.696\,5$，查表得 $t_{\alpha/2}(n-2) = t_{0.025}(29) = 2.045$。

当城镇化率 = 55% 时，居民人均可支配收入的点估计值为

$$E(y_0) = -13\,810 + 630.65 \times 55 = 20\,875.75 \text{（元）}$$

根据式（7-16）得到 $E(y_0)$ 的置信区间为

$$20\,875.75 \pm 2.045 \times 3\,901.696\,5 \sqrt{\frac{1}{3} + \frac{(55 - 56.644\,2)^2}{5\,150.435}}$$

$= 20\,875.75 \pm 3\,555.32$

即 $17\,320.43 \leq E(y_0) \leq 24\,431.07$。

当置信水平为 95%，城镇化率为 55% 时，居民人均可支配收入的平均值在 17 320.43 元与 24 431.07 元之间。

（2）y 的个别值的预测区间估计。对于 x 的一个特定值 x_0，求出 y 的一个个别值的区间估计，即 y 的个别值的置信区间估计，也称 y 的预测区间估计。

对于一个给定 x_0，y 的一个个别值 y_0 在 $1-\alpha$ 置信水平下的置信区间为

$$\hat{y}_0 \pm t_{\alpha/2}(n-5) s_{\hat{y}} \sqrt{1 + \frac{1}{n} + \frac{(x_0 - \hat{x})^2}{\sum_{i=1}^{n}(x_i - \hat{x})^2}} \tag{7-17}$$

【例 7-9】根据例 7-3 所求得的估计的回归方程，建立 2015 年城镇化率为 68.71% 的广东省的居民年人均可支配收入 95% 的置信区间。

根据例 7-3 的计算结果，已知 $n = 31$，$s_{\hat{y}} = 3\,901.696\,5$，查表得 $t_{\alpha/2}(n-2) = t_{0.025}(29) = 2.045$。

当城镇化率 = 68.71% 时，居民人均可支配收入的点估计值为

$$\hat{y} = -13\,810 + 630.65 \times 68.71 = 29\,521.96 \text{（元）}$$

根据式（7-17）得到 $E(y_0)$ 的置信区间为

$$29\,521.96 \pm 2.045 \times 3\,901.696\,5 \sqrt{1 + \frac{1}{31} + \frac{(68.71 - 56.644\,2)^2}{5\,150.435}}$$

$$= 29\ 521.96 \pm 8\ 216.883$$

即 $21\ 305.08 \leqslant \hat{y}_0 \leqslant 37\ 738.84$。

也就是说，当置信水平为 95%，城镇化率为 68.71% 时，广东省 2015 年居民人均可支配收入的预测区间是 21 305.08 元与 37 738.84 元之间。

由式（7-16）和式（7-17）的对比，以及具体的例题不难发现，两个区间的宽度是有所差别的，式（7-17）的根号内多了一个 1。因此，即使自变量 x 取值相同，这两个区间的宽度也是不一样的，预测区间要比置信区间宽一些，如图 7-8 所示。

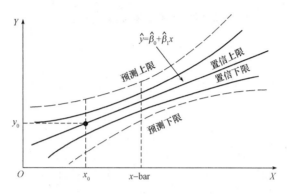

图 7-8　y 的预测区间与置信区间

7.3　一元非线性回归分析

在实际问题中，有许多回归模型的因变量 y 与自变量 x 之间的关系都不是线性的，但 y 与未知参数 α、β 之间的关系都是线性的。注意，线性回归是针对参数而言，而不是针对自变量而言。

因此，有些因变量 y 对自变量 x 的曲线关系情形可以通过变量代换转换成线性的形式。具体思路是通过作散点图或定性分析认为两个变量之间存在的相关关系为曲线相关时，可先根据变量间不同类型配合一条与其相适应的回归曲线，如指数曲线、双曲线等，然后确定回归方程中的未知参数。对于那些可线性化的回归方程，对新变量而言，线性化后的方程都为直线方程，故其参数的确定可用线性回归方程求参数的公式计算。下面给出几种常见的非线性模型及其线性化方法。

7.3.1　几种常见的非线性回归

1. 指数函数

指数函数曲数示意图如图 7-9 所示。

基本形式：$y = ae^{bx}$

线性变换：对其两边取自然对数，得 $\ln y = \ln a + bx$

令 $y' = \ln y$，则得 $y' = \ln a + bx$

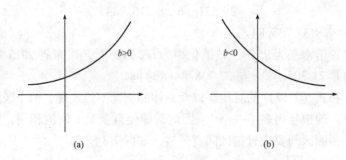

图 7-9　指数函数曲线示意图

2. 幂函数

幂函数曲线示意图如图 7-10 所示。

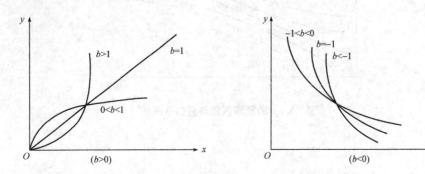

图 7-10　幂函数曲线示意图

基本形式：$y = ax^b$

线性变换：对其两边取对数，得 $\lg y = \lg a + b\lg x$

令 $y' = \lg y$，　$x' = \lg x$，　则得 $y' = \lg a + bx'$

3. 双曲线函数

双曲线函数曲线示意图如图 7-11 所示。

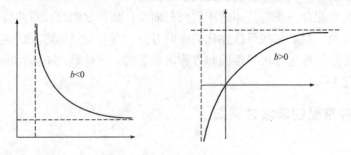

图 7-11　双曲线函数曲线示意图

基本形式：$\dfrac{1}{y} = a + \dfrac{b}{x}$

线性变换：令 $y' = \dfrac{1}{y}$，$x' = \dfrac{1}{x}$，则得 $y' = a + bx'$

4. 对数函数

对数函数曲线示意图如图 7-12 所示。

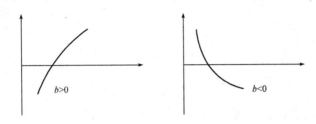

图 7-12 对数函数曲线示意图

基本形式：$y = a + b\lg x$

线性变换：令 $x' = \lg x$，则得 $y = a + bx'$

5. S 形曲线

S 形曲线示意图如图 7-13 所示。

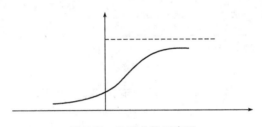

图 7-13 S 形曲线示意图

基本形式：$y = \dfrac{1}{a + b\mathrm{e}^{-x}}$

线性变换：令 $y' = \dfrac{1}{y}$，$x' = \mathrm{e}^{-x}$，则得 $y' = a + bx'$

7.3.2　一元非线性回归的应用举例

【例 7-10】某电器公司生产某种电器，生产成本与月产量的数据资料见表 7-5。试分析生产成本与月产量之间的关系，并建立成本对产量的回归方程。

表 7-5　生产成本与月产量资料表

月产量 x/件	生产成本 y/（元·件$^{-1}$）	月产量 x/件	生产成本 y/（元·件$^{-1}$）
4 300	346.23	6 024	310.82
4 004	343.34	6 194	306.83
4 300	327.46	7 558	305.11

续表

月产量 x/件	生产成本 $y/$（元·件$^{-1}$）	月产量 x/件	生产成本 $y/$（元·件$^{-1}$）
5 013	313.27	7 381	300.71
5 511	310.75	6 950	306.84
5 648	307.61	6 471	303.44
5 876	314.56	6 354	298.03
6 651	305.72	8 000	296.21

从生产边际分析，单位成本与产量之间成比例变动。将表 7-5 中数据绘制成散点图，如图 7-14 所示，从图中可以看出，随着产量（x）的增加，最初生产成本（y）下降很快，以后逐渐减慢并趋于稳定，因此两变量适宜用双曲线拟合。

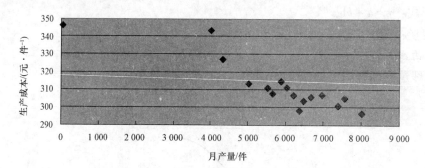

图 7-14　生产成本与月产量的散点图

双曲线回归方程为：$\dfrac{1}{y} = a + \dfrac{b}{x}$

令 $x' = \dfrac{1}{x}$，$y' = \dfrac{1}{y}$ 则得 $y' = a + bx'$

为确定参数 a，b，列出计算表 7-6。

表 7-6　回归方程计算

x	y	$x' = \dfrac{1}{x}10^6$	$y' = \dfrac{1}{y}10^6$	x'^2	$x'y'$
4 300	346.23	232.56	288.83	54 083.29	1 488 789
4 004	343.34	249.75	291.26	62 375.19	1 374 733
4 300	327.46	232.56	305.38	54 083.29	1 408 078
5 013	313.27	199.48	319.21	39 792.81	1 570 423
5 511	310.75	181.46	321.80	32 926.02	1 712 543
5 648	307.61	177.05	325.09	31 348.06	1 737 381
5 876	314.56	170.18	317.90	28 962.53	1 848 355
6 651	305.72	150.35	327.10	22 606.12	2 033 344

续表

x	y	$x' = \dfrac{1}{x}10^6$	$y' = \dfrac{1}{y}10^6$	x'^2	$x'y'$
6 024	310.82	166.00	321.73	27 556.88	1 872 380
6 194	306.83	161.45	325.91	26 064.99	1 900 505
7 558	305.11	132.31	327.75	17 505.97	2 306 021
7 381	300.71	135.48	332.55	18 355.64	2 219 541
6 950	306.84	143.88	325.90	20 702.86	2 132 538
6 471	303.44	154.54	329.55	23 881.26	1 963 560
6 354	298.03	157.38	335.54	24 768.83	1 893 683
8 000	296.21	125.00	337.60	15 625.00	2 369 680
—	—	2 769.44	5 133.10	7 669 787.61	29 831 553

$$b = \frac{n\sum x'y' - \sum x'\sum y'}{n\sum x'^2 - (\sum x')^2} = -0.010\ 56$$

$$a \times 10^6 = \overline{y}' - b\overline{x}' = 375.816\ 6$$

$$y' = 375.816\ 6 - 0.010\ 56 x'$$

将 $x' = \dfrac{1}{x}$，$y' = \dfrac{1}{y}$ 代入回归方程，即得双曲线回归方程为：

$$\frac{1}{y} = 3.76 \times 10^{-4} - 0.010\ 56 \frac{1}{x}$$

在统计过程中，有时也会遇到一个变量受多个变量因素的共同作用。如在进行人均可支配收入分析时，除城镇化率，其还可能受地区生产总值、物价水平、就业率、人均储蓄等因素的共同影响，这时可根据若干历史时期的相关资料，经分析、计量后，确定变动趋势，这就是多元线性回归分析法。本书对此不再介绍，只提醒读者，在进行多元分析时，也要进行各种检验，检验通过后才能进行分析预测。

回归分析方法的应用要特别注意定性分析与定量分析相结合。当现阶段的实际情况与建模时所用数据资料的背景发生较大变化时，不能机械地死套公式，这时要重新收集数据，尽可能用近期数据，以便对模型进行修改。

说明：作为数据分析工作者，如果统计功底不深厚，可以不必注意这些检验值的手工计算，因为利用现行的许多统计软件包括最普及的 Excel 软件都能很容易地计算出结果。只要掌握它们的意义进行正确的判断就可以了。

思考与练习

一、思考题

1. 简述变量间关系的类型。
2. 相关关系的含义是什么？其有哪些类型？
3. 简述相关系数的取值及其特点。

4. 简述相关系数显著性检验的步骤。
5. 举例说明回归模型、样本回归方程和估计回归方程的含义。
6. 简述参数最小二乘法的基本原理和假设条件。
7. 结合变差分解图,简述判定系数的含义、作用和特点。
8. 简述方程线性关系的 F 检验和单个回归系数的 t 检验的具体步骤,说明它们各自有什么作用。

二、单项选择题

1. 相关关系是(　　)。
   A. 现象间客观存在的依存关系　　B. 现象间的一种非确定性的数量关系
   C. 现象间的一种确定性的数量关系　　D. 现象间存在的函数关系
2. 当自变量 x 的值增加,因变量 y 的值也随之增加,两变量之间存在(　　)关系。
   A. 曲线相关　　B. 正相关　　C. 负相关　　D. 不相关
3. 当自变量 x 的值增加,因变量 y 的值随之减少,两变量之间存在(　　)关系。
   A. 曲线相关　　B. 正相关　　C. 负相关　　D. 不相关
4. 一般来说,当居民收入减少时,居民储蓄存款也会相应减少,两者(　　)。
   A. 负相关　　B. 正相关　　C. 非线性相关　　D. 不相关
5. 价格越低,商品需求量越大,这两者(　　)。
   A. 负相关　　B. 不相关　　C. 正相关　　D. 非线性相关
6. 相关图又称(　　)。
   A. 散布表　　B. 折线图　　C. 散点图　　D. 曲线图
7. 相关系数 r 的取值范围是(　　)。
   A. 从 0 到 1　　B. 从 -1 到 0　　C. 从 -1 到 1　　D. 无范围限制
8. 下面关于相关系数的陈述中错误的是(　　)。
   A. 数值越大说明两个变量之间的关系就越强
   B. 仅仅是两个变量之间线性关系的一个度量,不能用于描述非线性关系
   C. 只是两个变量之间线性关系的一个度量,不一定意味着两个变量之间存在因果关系
   D. 绝对值不会大于 1
9. 下面关于回归模型的假定中不正确的是(　　)。
   A. 自变量 x 是随机的
   B. 误差项是一个期望值为 0 的随机变量
   C. 对于所有的 x 的方差 σ 都相同
   D. 误差项 e 是一个服从正态分布的随机变量,且独立
10. 已知某产品产量与生产成本有直线关系,在这条直线上,当产量为 1 000 件时,其生产成本为 50 000 元,其中不随产量变化的成本为 12 000 元,则成本总额对产量的回归方程是(　　)。
    A. $\hat{y} = 12\,000 + 38x$　　B. $\hat{y} = 50\,000 + 12\,000x$
    C. $\hat{y} = 38\,000 + 12x$　　D. $\hat{y} = 12\,000 + 50\,000x$

11. 当所有观测值都落在回归直线上，则这两个变量之间的相关系数为( )。
    A. 1
    B. -1
    C. +1 或 -1
    D. 大于 -1，小于 +1

12. 某种产品的单位成本（元）与工人劳动生产率（件/人）之间的简单线性回归方程为 $\hat{y}=50-0.5x$，则其表明( )。
    A. 工人劳动生产率每增加 1 件/人，单位成本提高 0.5 元
    B. 工人劳动生产率每增加 1 件/人，单位成本下降 0.5 元
    C. 工人劳动生产率每增加 1 件/人，单位成本平均提高 0.5 元
    D. 工人劳动生产率每增加 1 件/人，单位成本平均下降 0.5 元

13. 在直线回归方程 $\hat{y}=\hat{\beta}_0+\hat{\beta}_1 x$ 中，若回归系数 $\hat{\beta}_1=0$，则表示( )。
    A. y 对 x 的影响是显著的
    B. y 对 x 的影响是不显著的
    C. x 对 y 的影响是显著的
    D. x 对 y 的影响是不显著的

14. 一元线性回归方程 $\hat{y}=\hat{\beta}_0+\hat{\beta}_1 x$ 中，$\hat{\beta}_1$ 表示( )。
    A. 自变量 x 每增加一个单位，因变量 y 增加的数量
    B. 自变量 x 每增加一个单位，因变量 y 平均增加或减少的数量
    C. 自变量 x 每减少一个单位，因变量 y 减少的数量
    D. 自变量 x 每减少一个单位，因变量 y 增加的数量

15. 下面关于判定系数的陈述中不正确的是( )。
    A. 回归平方和占总平方和的比例
    B. 取值范围是 [-1, 1]
    C. 取值范围是 [0, 1]
    D. 评价回归方程拟合优度的一个统计量

16. 在回归分析中，因变量的预测区间估计是指( )。
    A. 对于自变量 x 的一个给定值 x_0，求出因变量 y 的平均值的区间
    B. 对于自变量 x 的一个给定值 x_0，求出因变量 y 的个别值的区间
    C. 对于因变量 y 的一个给定值 y_0，求出自变量 x 的平均值的区间
    D. 对于因变量 y 的一个给定值 y_0，求出自变量 x 的个别值的区间

17. 在回归分析中，因变量的置信区间估计是指( )。
    A. 对于自变量 x 的一个给定值 x_0，求出因变量 y 的平均值的区间
    B. 对于自变量 x 的一个给定值 x_0，求出因变量 y 的个别值的区间
    C. 对于因变量 y 的一个给定值 y_0，求出自变量 x 的平均值的区间
    D. 对于因变量 y 的一个给定值 y_0，求出自变量 x 的个别值的区间

18. 已知回归平方和 $SSR=4854$，残差平方和 $SSE=146$。则判定系数 $R^2=$ ( )。
    A. 97.08%
    B. 2.92%
    C. 3.01%
    D. 33.25%

19. 一个由 200 名年龄在 18~60 岁的成年人组成的样本，测得其身高与体重的相关系数 $r=0.42$，则下列陈述中正确的是( )。
    A. 较高的人体重较大
    B. 身高与体重存在低度正相关
    C. 体重较大的人较矮
    D. 42% 的较高的人趋于较重

20. 若变量 x 与 y 之间的相关系数 $r=0.8$，则回归方程的判定系数为( )。
   A. 0.8　　　　B. 0.89　　　　C. 0.64　　　　D. 0.40
21. 若回归方程的判定系数 $R^2=0.81$，则两个变量 x 与 y 之间的相关系数 $r=($)。
   A. 0.81　　　　B. 0.90　　　　C. 0.95　　　　D. 0.41
22. 某汽车生产商欲了解广告费用（x）对销售量（y）的影响，收集了过去12年的有关数据，通过计算得到下面的方差分析表，见表7-7。

表7-7 方差分析表

变差来源	df	SS	MS	F	Significance F
回归分析	1	1 602 708.6	1 602 708.6		2.17 E−09
残差	10	40 158.07		—	
总计	11	1 642 866.67	—		

方差分析表中空格的数据分别为( )。
   A. 4 015.807 和 399.1
   B. 4 015.807 和 0.002 5
   C. 0.975 5 和 399.1
   D. 0.024 4 和 0.002 5
23. 根据22题中表格数据计算的判定系数为( )。
   A. 0.985 6　　B. 0.975 6　　C. 0.985 5　　D. 0.987 7
24. 根据22题中表格数据计算的估计标准误差为( )。
   A. 1 265.98　　B. 63.37　　C. 1 281.17　　D. 399.1
25. 在回归估计中，自变量的取值 x_0 越远离其平均值 $\bar{x}$，求得的 y 的预测区间( )。
   A. 越宽　　　B. 越窄　　　C. 越准确　　　D. 越接近实际值

三、技能实训题

1. 某地某年6所高校教育经费（x）与高校学生人数（y）的统计资料见表7-8。

表7-8 教育经费与高校人数设计资料表

教育经费 x/万元	316	343	373	393	418	455
在校学生数 y/万人	11	16	18	20	22	25

（1）高校教育经费作为自变量，高校学生人数作为因变量，绘制散点图，并说明两者之间的关系形态。
（2）计算两个变量之间的线性相关系数，说明两个变量之间的关系强度。
（3）求出估计的回归方程，并解释回归系数的实际意义。
（4）计算判定系数，并解释其意义。
（5）检验回归方程线性关系的显著性（$\alpha=0.05$）。
（6）如果教育经费为500万元，预测在校学生数。
（7）求教育经费为500万元时，在校学生数95%的置信区间和预测区间。

2. 在其他条件不变的情况下，某种商品的需求量（y）与该商品的价格（x）有关，现对给定时期内的价格与需求量进行观察，得到如下所示的一组数据，见表7-9。

表 7-9 商品的需求量与价格数据资料表

价格 x/元	10	6	8	9	12	11	9	10	12	7
需求量 y/吨	60	72	70	56	55	57	57	53	54	70

(1) 绘制价格与需求量之间的散点图,并说明两者之间的关系形态。
(2) 计算价格与需求量之间的简单相关系数。
(3) 对相关系数的显著性进行检验($\alpha = 0.05$),并说明两者之间的关系强弱程度。
(4) 求出估计的回归方程,并解释回归系数的实际意义。
(5) 检验回归系数的显著性($\alpha = 0.05$)。
(6) 确定当价格为 15 元时,需求量的估计值。
(7) 求价格为 15 元时,需求量 95% 的置信区间和预测区间。

3. 某地产公司为调查写字楼租金(x)与出租率(y)之间的关系,搜集了旗下 20 栋写字楼的相关数据,经过计算得到如下所示有关结果,见表 7-10 和表 7-11。

表 7-10 写字楼与出租调查数据方差分析表

方差分析表					
变差来源	df	SS	MS	F	Significance F
回归					2.798 89 E − 05
残差		129.845 2			
总计	19	352.985 5			

表 7-11 写字楼与出租率调查数据参数估计表

参数估计表				
	Coefficients	标准误差	t Stat	P − value
Intercept	49.317 7	3.805 0	12.961 2	0.000 0
X Variable 1	0.249 2	0.044 8	5.561 8	2.798 89 E − 05

(1) 完成上面的方差分析表。
(2) 出租率的变差中有多少是由于租金的变动引起的?
(3) 出租率与租金之间的相关系数是多少?
(4) 写出估计的回归方程并解释回归系数的实际意义。
(5) 检验线性关系的显著性($\alpha = 0.05$)。

第 8 章

时间序列分析与预测

★教学目标

1. 了解时间序列的概念、分类、构成要素及分解模型
2. 掌握时间序列的图形、增长率计算等描述性分析方法
3. 掌握平稳序列、趋势性序列的预测方法,能运用 Excel 软件进行操作
4. 了解复合序列的因素分析方法与步骤

★知识结构图

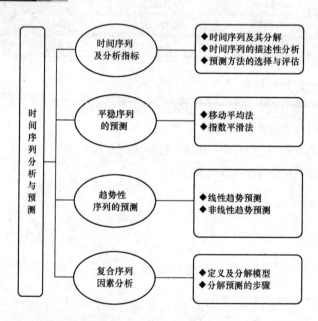

第8章 时间序列分析与预测

★引例

时间序列分析方法在保险领域的成功应用

美国内华达职业健康诊所（Nevada Occupational Health Clinic）是一家私人医疗诊所，位于内华达州的 Sparks 市。这家诊所专攻工业医疗，并且在该地区经营已经超过 15 年。1991 年年初，该诊所进入了快捷增长阶段。在其后的 26 个月里，该诊所每个月的账单收入从 57 000 美元增长到超过 300 000 美元。直至 1993 年 4 月 6 日，当诊所的主建筑物被烧毁时，诊所一直经历着戏剧性的增长。

诊所的保险单包括实物财产和设备，也包括出于正常商业经营的中断而引起的收入损失。确定实物财产和设备在火灾中的损失额，受理财产的保险索赔要求是一件相对简单的事情，但是确定在进行重建诊所的 7 个月中，收入的损失额是很复杂的，它涉及业主和保险公司之间的讨价还价。对如果没有发生火灾，诊所的账单收入"将会有什么变化"的计算，没有预先制定的规则。为了估计失去的收入，诊所用一种预测方法，来测算在 7 个月的停业期间将要实现的营业增长。火灾前的账单收入的实际历史资料，将为拥有线性趋势和季节成分的预测模型提供基础资料。这个预测模型使诊所得到收入损失的一个准确的估计值，这个估计值最终被保险公司所接受。

这是一个时间数列分析方法在保险业务中的成功案例。这个案例中的时间序列分析方法的统计思想对现代经济管理同样具有重要的启迪和现实意义。那么结合已有的 26 个月的数据，如何对诊所收入的发展水平、发展速度进行分析？如何得到收入的一般水平或趋势，如诊所收入随时间增长或下降的趋势？另外，诊所的历史收入是否遵循季节轨迹？如何根据上述趋势和轨迹进行收入的预测呢？要想全面了解这些信息，只有通过观察历史数据，对数列进行因素分解、描述统计，充分了解数据特征，而后根据数列特征选择合适的预测方法。这正是本章要研究的主要内容。

任何现象，随着时间的推移都会呈现出一种在时间上的发展和运动过程。时间数列分析，能反映客观事物的发展变化、揭示客观事物随时间演变的趋势和规律。具体来说，时间序列分析是指从时间发展变化的角度，研究客观事物在不同时间的发展状况，探索其随时间推移的演变趋势和规律，揭示其数量变化和时间的关系，预测客观事物在未来时间上可能达到的数量和规模的一种分析方法。

8.1 时间序列及分析指标

8.1.1 时间序列概述

现实生活中，大多数经济数据都是以时间序列的形式给出的，时间序列是一种最为常见的数据形式，是时间序列分析的依据。

1. 时间序列的定义

时间序列（Time Series）是指同一个现象在不同时间上的相继观察值排列而成的数列，

也称为时间数列或动态序列。时间序列形式上应具备两个基本要素：一是现象观察的具体时间；二是现象在不同时间上的观察值。时间序列中的时间可以是年份、季度、月份、周次或其他任何时间形式。

为了方便表述，用 t_i（$i=1, \cdots, n$）表示现象所属的时间，Y_i 表示现象在不同时间上的观察值，即 Y_i（$i=1, \cdots, n$）为时间 t_i 上的观察值。

2. 时间序列的影响因素及分解

一般来说，时间序列的变动主要受以下四大因素的变动影响：

（1）长期趋势（Trend，缩写为 T），即趋势性，是指社会经济现象在长时期内按一定方向不断发展变化（向上或向下发展）的趋势。这一趋势可以是线性的，也可以是非线性的。

（2）季节变动（Seasonality，缩写为 S），即季节性，是指社会经济现象在短时间内（往往为一年内），重复出现的有固定规律性的周期性变动。这里"季节"一词是广义的，泛指任何一种短期内的周期性的变化。比如，每年的冬季是哈尔滨的"旅游旺季"，11 月是淘宝网的"销售旺季"，春节、"五一""十一"等假期是我国"铁路运输旺季"等。

（3）循环波动（Cyclicity，缩写为 C），即周期性，是指时间序列中呈现出的围绕长期趋势的一种波浪式或振荡式变动。周期性通常是由经济环境变化引起的，它不同于趋势性，不是朝着单一方向的持续运动，而是涨落相间的交替波动；它也不同于季节变动有比较固定的规律且变动周期大多为一年以下，循环波动无固定规律，变动周期多在一年以上，且长短不一。

（4）偶然变动（Irregular，缩写为 I），即随机性，也称不规则变动，指由于自然或社会的偶然因素引起的社会经济现象的变动，是时间序列中除去趋势性、周期性和季节性之后的偶然性波动。

时间序列分析的一项重要内容是对序列进行因素分解，把上述影响因素从时间序列中分离出来，并将它们之间的关系用一定的数学关系式予以表达，而后分别进行分析。由于四种因素对时间序列的影响方式有所不同，因此时间序列可以分解为多种模型，如乘法模型、加法模型、混合模型等，其中最常用的是乘法模型。即设 Y_t 代表时间数列的各项数值，则上述因素对时间序列的影响因素可用如下数学模型来表示：

$$Y_t = T_t \times S_t \times C_t \times I_t \tag{8-1}$$

乘法模型的基本假设是，四个因素是由不同的原因形成的，但相互之间存在一定的关系，它们对事物的影响是相互的，因此时间序列中各观察值表现为各种因素的乘积。利用乘法模型可以将四个因素很容易地从时间序列中分离出来，因而乘法模型在时间序列分析中被广泛应用。本节及以后各节介绍的时间序列构成分析方法，也均以乘法模型为例。

3. 时间序列的分类

（1）按照变化形态（构成因素）分类。

①平稳序列（Stationary Series），是指基本上不存在趋势的序列。其各观察值基本上在某个固定的水平上波动或虽有波动，但并不存在某种规律，而其波动可以看成随机的。

②非平稳序列（Non-stationary Series），是指包含趋势性、季节性或周期性的序列。非平稳时间序列可能只含有上述三种成分中的一种，也可能是含有多种成分的复合序列。

（2）按照观察值表现形式分类。从观察表现形式上看，时间序列主要分为绝对数时间序列、相对数和平均数时间序列两类。

①绝对数时间序列，又称总量指标数列，是指将反映现象总规模、总水平的某一总量指标在不同时间上的观察数值按时间先后顺序排列起来所形成的数列。总量指标数列是计算相对指标和平均指标，进行各种时间数列分析的基础。

按其指标所反映时间状况的不同，总量指标序列又分为时期序列（见表8-1第2栏）和时点序列（见表8-1第4栏）。时期序列中所排列的指标为时期指标，各时期的数值分别反映现象在这一段时期内所达到的总规模、总水平，是现象在这一段时期内发展过程的累积总量。时期序列有观察值具有可加性及数值大小与所属时期长短有密切联系的特点。时点序列中所排列的指标为时点指标，各时点上的数值分别反映现象在各该时点上所达到的总规模、总水平，是现象在某一时点上的数量表现。时点序列有观察值具有时间上的不可加性及各时点上观察值大小与相邻两时点间隔长短无密切联系的特点。

②相对数和平均数时间序列，又称相对指标和平均指标数列，指将反映现象相对水平、平均水平的某一相对指标或平均指标在不同时间上的观察值按时间先后顺序排列起来所形成的数列（分别见表8-1的第3栏和第5栏）。不论是相对指标还是平均指标，其共同点都是由总量指标派生而来，反映一种对比或平均的概念；不同时间上的相对数或平均数不能相加，即相加以后没有意义。

表8-1 中国国内生产总值时间序列表

年份	GDP/亿元	第三产业对GDP的贡献率/%	年末总人口/万人	GDP指数（上年=100）	GDP指数（1978年=100）	CPI（上年=100）
1998	85 195.5	33.0	124 761	107.8	650.8	99.2
1999	90 564.4	37.4	125 786	107.7	700.7	98.6
2000	100 280.1	36.2	126 743	108.5	760.2	100.4
2001	110 863.1	49.0	127 627	108.3	823.6	100.7
2002	121 717.4	46.5	128 453	109.1	898.8	99.2
2003	137 422.0	39.0	129 227	110.0	989.0	101.2
2004	161 840.2	40.8	129 988	110.1	1 089.0	103.9
2005	187 318.9	44.3	130 756	111.4	1 213.1	101.8
2006	219 438.5	45.9	131 448	112.7	1 367.4	101.5
2007	270 232.3	47.3	132 129	114.2	156 2.0	104.8
2008	319 515.5	46.2	132 802	109.7	1712.8	105.9
2009	349 081.4	43.7	133 450	109.4	1 873.8	99.3
2010	413 030.3	39.0	134 091	110.6	2 073.1	103.3

续表

年份	GDP /亿元	第三产业对 GDP 的贡献率/%	年末总人口 /万人	GDP 指数（上年=100）	GDP 指数（1978 年=100）	CPI（上年=100）
2011	489 300.6	43.8	134 735	109.5	2 270.8	105.4
2012	540 367.4	44.9	135 404	107.9	2 449.2	102.6
2013	595 244.4	47.2	136 072	107.8	2 639.2	102.6
2014	643 974.0	47.5	136 782	107.3	2 831.8	102.0
2015	689 052.1	52.9	137 462	106.9	3 027.2	101.4

注：GDP 指数（1978 年=100），即以 1978 年物价水平为标准的，实际 GDP 的定基发展速度。

GDP 指数（上年=100），即以上一年物价水平为标准的，实际 GDP 的发展速度，减去 100 后能够得到当年实际 GDP 增长率。

★ **相关链接**

什么是第三产业对 GDP 的贡献率？

统计分析中经常出现"贡献率"这一名称，那么什么是"贡献率"？它是如何计算的呢？贡献率是分析经济效益的一个指标，是指有效或有用成果数量与资源消耗及占用量之比，即产出量与投入量之比，或所得量与所费量之比。其计算公式为

贡献率（%）=贡献量（产出量，所得量）/投入量（消耗量，占用量）×100%

贡献率也用于分析经济增长中各因素作用大小的程度。其计算方法是：

贡献率（%）=某因素增加量（增量或增长程度）/总增加量（总增量或增长程度）×100%

上式实际上是指某因素的增长量（程度）占总增长量（程度）的比重。比如表 8-1 中第三产业对 GDP 的贡献率，就是第三产业每一年产值与上年相比的增量与国内生产总值的增量之比。

4. 时间序列分析常用的方法

时间序列分析常用的方法有两种：一是描述性分析法；二是构成因素分析法。

描述性分析法是指在折线图为代表的图形展示基础上，计算一系列时间数列分析指标，包括发展水平、平均发展水平、增减量、平均增减量、发展速度、平均发展速度、增减速度、平均增减速度等来揭示现象的发展状况和发展变化程度。

构成因素分析法是将时间序列看作由长期趋势、季节变动、循环变动和不规则变动几种因素所构成，通过对这些因素的分解分析，揭示现象随时间变化而演变的规律，并在揭示这些规律的基础上，假定事物今后的发展趋势遵循这些规律，从而对事物的未来发展做出预测。

以上两种基本分析方法，各有不同的特点和作用，各揭示不同的问题和状况，分析问题时应视研究的目的和任务，分别采用或综合应用。本章以时间序列的构成因素分析法为主要讲解内容，描述性分析法仅用于速度指标略讲。

8.1.2 时间序列的描述性分析

1. 图形描述

在进行时间序列分析时,遵循统计分析的步骤,往往要先对数据进行初步的图表展示,通过图形观察数据随时间变化的模式和变化趋势。图形展示是观察时间序列形态的一种简捷有效的方法,有助于后续的进一步分析。下面结合表 8-1 和我国 2009 年一季度到 2016 年四季度的空调销量等几个时间序列,绘图并进行观察和分析,如图 8-1 所示。

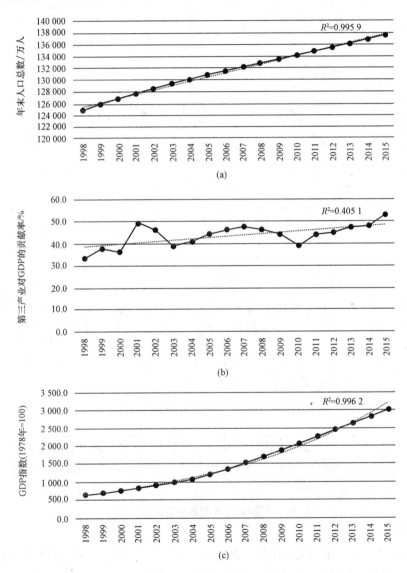

图 8-1 不同时间序列的图形展示

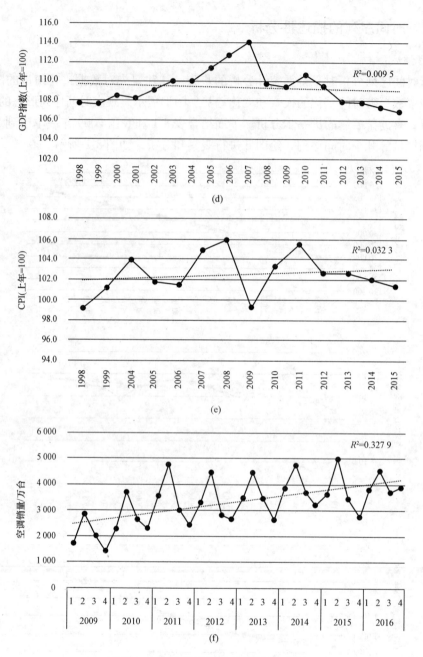

图 8-1　不同时间序列的图形展示（续）

从图 8-1 可以看出，年末人口总数序列，如图 8-1（a）所示，呈现明显的线性趋势；第三产业对 GDP 的贡献率序列，如图 8-1（b）所示，存在线性趋势，同时又有一定的周期性；GDP 指数（1978 年 = 100）序列，如图 8-1（c）所示，呈现一定的指数趋势；GDP 指数（上年 = 100）序列和 CPI 指数（上年 = 100）序列，则无明显趋势，但 GDP 指数（上年 = 100）序列存在着一定周期性，如图 8-1（d）所示，而 CPI 指数（上年 = 100）序列则主要呈现出随机波动，如图 8-1（e）所示；空调销量序列，则显示出明显的季节性与趋势性，如图8-1（f）所示。由此可见，通过对图形进行观察和分析有助于做进一步的描述，并为预测提供依据。

2. 时间序列的速度指标分析

在经济分析中，对时间序列进行描述时多采用速度指标，如发展速度、增长速度、平均发展速度、平均增长速度。

（1）发展速度。发展速度是报告期发展水平与基期发展水平之比，用于描述现象在观察期内相对的发展变化程度。

由于采用的基期不同，发展速度可以分为环比发展速度和定基发展速度。环比发展速度是报告期水平与前一时期水平之比，说明现象逐期发展变化的程度；定基发展速度是报告期水平与某一固定时期水平之比，说明现象在整个观察期内总的发展变化程度。

设时间序列的观察值为 Y_i（$i=1, 2, \cdots, n$），发展速度为 R，环比发展速度和定基发展速度的一般形式可以写为

环比发展速度：
$$R_i = \frac{Y_i}{Y_{i-1}} \quad (i=1, \cdots, n) \tag{8-2}$$

定基发展速度：
$$R_i = \frac{Y_i}{Y_0} \quad (i=1, \cdots, n) \tag{8-3}$$

式中，Y_0 为用于对比的固定基期的观察值。

环比发展速度与定基发展速度之间存在着重要的数量关系：观察期内各个环比发展速度的连乘积等于相应时期的定基发展速度；两个相邻的定基发展速度，用后者除以前者，等于相应时期的环比发展速度。即

$$\prod \frac{Y_i}{Y_{i-1}} = \frac{Y_n}{Y_0} \quad (\prod 为连乘符号) \tag{8-4}$$

$$\frac{Y_i}{Y_0} \div \frac{Y_{i-1}}{Y_0} = \frac{Y_i}{Y_{i-1}} \tag{8-5}$$

利用上述关系，可以根据一种发展速度去推算另一种发展速度。

（2）增长速度。增长速度也称增长率，是增减量与基期水平之比，用于说明报告期水平较基期水平的相对增减程度。它可以根据增减量求得，也可以根据发展速度求得。其基本计算公式为

$$增长速度 = \frac{增减量}{基期水平} = \frac{报告期水平 - 基期水平}{基期水平} = 发展速度 - 1 \tag{8-6}$$

从式（8-6）可以看出，增长速度等于发展速度减1。但两者各自说明的问题是不同的，发展速度说明报告期水平较基期发展到多少；而增长速度说明报告期水平较基期增减多少（扣除了基数）。当发展速度大于1时，增长速度为正值，表示现象的增长程度；当发展速度小于1时，增长速度为负值，表示现象的降低程度。

由于对比的基期不同，增长速度也可分为环比增长速度和定基增长速度。前者是逐期增减量与前一时期水平之比，用于描述现象逐期增减的程度；后者是累积增减量与某一固定时期水平之比，用于描述现象在观察期内总的增减程度。

设增长速度为 G，环比增长速度和定基增长速度的公式可写为

环比增长速度：$\quad G_i = \dfrac{Y_i - Y_{i-1}}{Y_{i-1}} = \dfrac{Y_i}{Y_{i-1}} - 1 \quad (i = 1, \cdots, n)$ (8-7)

定基增长速度：$\quad G_i = \dfrac{Y_i - Y_0}{Y_0} = \dfrac{Y_i}{Y_0} - 1 \quad (i = 1, \cdots, n)$ (8-8)

需要指出，环比增长速度与定基增长速度之间没有直接的换算关系。在由环比增长速度推算定基增长速度时，可先将各环比增长速度加 1 后连乘，再将结果减 1，即得定基增长速度。

【例 8-1】以表 8-1 中的名义 GDP 数据为例，计算 2011—2015 年名义 GDP 的环比、定基发展速度和增长速度，具体见表 8-2。

表 8-2 国内生产总值计算表

年 份		2010	2011	2012	2013	2014	2015
国内生产总值/亿元		413 030.3	489 300.6	540 367.4	595 244.4	643 974.0	689 052.1
增减量/亿元	逐期	—	76 270.3	51 066.8	54 877.0	48 729.6	45 078.1
	累积	—	76 270.3	127 337.1	182 214.1	230 943.7	276 021.8
发展速度/%	环比	—	118.47	110.44	110.16	108.19	107.00
	定基	—	118.47	130.83	144.12	155.91	166.83
增长速度/%	环比	—	18.47	10.44	10.16	8.19	7.00
	定基	—	18.47	30.83	44.12	55.91	66.83

(3) 平均发展速度。平均发展速度是各个时期环比发展速度的平均数，用于描述现象在整个观察期内平均发展变化的程度。

计算平均发展速度的常用方法是水平法，又称几何平均法，是根据各期的环比发展速度采用几何平均法计算出平均发展速度。其计算公式为

$$\bar{R} = \sqrt[n]{\dfrac{Y_1}{Y_0} \times \dfrac{Y_2}{Y_1} \times \cdots \times \dfrac{Y_n}{Y_{n-1}}} = \sqrt[n]{\dfrac{Y_n}{Y_0}} \tag{8-9}$$

式中，$\bar{R}$ 为平均发展速度；n 为环比发展速度的个数，等于观察数据的个数减 1。

(4) 平均增长速度。平均增长速度说明现象逐期增减的平均程度。平均增长速度（$\bar{G}$）与平均发展速度仅相差一个基数，即

$$\bar{G} = \bar{R} - 1 \tag{8-10}$$

【例 8-2】国内生产总值 2011—2015 年环比发展速度见表 8-2，计算平均发展速度与平均增长速度。

$$\bar{R} = \sqrt[5]{118.47\% \times 110.44\% \times \cdots \times 107\%}$$

$$= \sqrt[5]{166.83\%} = \sqrt[5]{\dfrac{689\ 052.1}{413\ 030.3}}$$

$$= 110.78\%$$

$$\bar{G} = \bar{R} - 1$$

$$= \sqrt[5]{166.83\%} - 1$$

$$= 10.78\%$$

即 2011—2015 年我国名义 GDP 的平均发展速度为 110.78%，平均增长速度为 10.78%。

（5）速度指标的分析与应用。对于大多数有关社会经济现象的时间序列，人们经常利用速度来描述其发展的数量特征。尽管速度在计算与分析上比较简单，但实际应用中，有时也会出现误用乃至滥用速度的现象，因此，在应用速度分析实际问题时，应注意以下几方面的问题。

①当时间序列中的观察值出现 0 或负数时，不宜计算速度。比如，假如某企业连续五年的利润额分别为 4 万元、2 万元、0 万元、-3 万元、2 万元，对这一序列计算速度，要么不符合数学公理，要么无法解释其实际意义。在这种情况下，适宜直接用绝对数进行分析。

②在有些情况下，不能单纯就速度论速度，要注意速度与基期绝对水平的结合分析。下面先看一个例子。

【例 8-3】假定有甲、乙两家生产条件基本相同的企业，各年的利润额及有关的速度值见表 8-3，试评判两家企业的经营业绩。

表 8-3 甲、乙两家企业的有关资料

年份	甲企业		乙企业	
	利润额/万元	增长率/%	利润额/万元	增长率/%
2015	500	—	60	—
2016	600	20	84	40

若不看利润额的绝对值，仅就速度对甲、乙两家企业进行分析评价，可以看出乙企业的利润增长速度比甲企业高出 1 倍。如果就此得出乙企业的生产经营业绩比甲企业要好得多，这样的结论就是不切实际的。因为速度是一个相对值，它与对比的基期值的大小有很大关系。大的速度背后，其隐含的增长绝对值可能很小；小的速度背后，其隐含的增长绝对值可能很大。这就是说，由于对比的基点不同，可能会造成速度数值上的较大差异，进而造成速度上的虚假现象。例 8-3 表明，由于两家企业的生产起点不同，基期的利润额不同，才造成了两者速度上的较大差异。从利润的绝对额来看，两家企业的速度每增长 1% 所增加的利润绝对额是不同的。在这种情况下，需要将速度与绝对水平结合起来进行分析，通常要计算增长 1% 绝对值来弥补速度分析中的局限性。

增长 1% 绝对值表示速度每增长 1% 而增加的绝对数量，其计算公式为

$$\text{增长 1\% 绝对值} = \frac{\text{逐期增长量}}{\text{环比增长速度} \times 100} = \frac{\text{前期水平}}{100} \tag{8-11}$$

根据表 8-3 的资料计算，甲企业速度每增长 1%，增加的利润额为 5 万元，而乙企业则为 0.6 万元，甲企业远高于乙企业。这说明甲企业的生产经营业绩不是比乙企业差，而是更好。

8.1.3 预测方法的选择与评估

利用速度等动态指标进行描述统计分析，研究现象发展过程中的数量特征，只是时间序列分析的一部分内容，其更重要的另一部分内容则是了解现象发展变化的形态与趋势、预测未来的数量特征。想要正确对未来进行预测，就要科学地选择合适的预测方法，并能够对其

进行有效评估。

1. 预测方法的选择

在预测方法的选择过程中，主要需要考虑以下因素：

第一，时间序列所包含的成分。这主要取决于历史数据模型，可以借助经验、图形来进行初步的成分确定。

第二，已有数据的多少。不同的预测方法对于历史数据数量的要求是有所差别的，一般序列包含的成分越复杂，则需要更多的数据来保证预测方法的可行。

第三，预测期的长短。不同方法能够进行较为准确预测的预测期存在很大不同，因此需慎重选择。

结合上述因素，可以对常用的时间序列预测方法有一个初步了解，具体见表8-4，其中灰色底纹的方法为本章将要讲解的最为基础的预测方法。

表8-4 预测方法及选择依据

预测方法	数据模型	对数据的要求	预测期
移动平均	平稳序列	至少与移动平均的步长相等	非常短
简单指数平滑	平稳序列	5个以上	短期
Holt 指数平滑	线性趋势	5个以上	短期至中期
一元线性回归	线性趋势	10个以上	短期至中期
指数模型	非线性趋势	10个以上	短期至中期
多项式模型	非线性趋势	10个以上	短期至中期
季节性多元回归	趋势和季节成分	至少四个周期的季度或月份数据	短期、中期、长期
分解预测	趋势、季节和循环成分	至少四个周期的季度或月份数据	短期、中期、长期
ARIMA 模型	平稳或可平稳化序列	至少50个	短期、中期、长期

2. 预测方法的评估

在选择出预测方法并利用该方法进行预测时，有时会出现有几种可供选择的方法以及不确定所选择的方法是否有效的情况。这时需要根据预测结果对所选择的方法进行评估，以确定选择的方法的有效性、正确性。

一种预测方法的好坏取决于预测误差的大小。预测误差是预测值与实际值的差距，度量方法有平均误差（Mean Error）、均方误差（Mean Square Error）、平均绝对误差（Mean Absolute Error）、平均百分比误差（Mean Percentage Error）和平均绝对百分比误差（Mean Absolute Percentage Error）。

较为常用的是均方误差（MSE），其公式为

$$MSE = \frac{\sum_{i=1}^{n}(Y_i - F_i)^2}{n} \tag{8-12}$$

式中，Y_i 为第 i 期的实际值；F_i 为第 i 期的预测值；n 为预测误差的个数。

8.2 平稳序列的预测

平稳的时间序列由于只含有随机成分,因此往往采用平滑方法进行预测,主要有移动平均法和指数平滑法,它们通过对时序数列进行平滑处理以消除随机波动。平滑法经常用于平稳序列的短期预测,或对时间序列进行平滑处理从而辅助序列的趋势性(包括线性趋势和非线性趋势)分析。

8.2.1 移动平均法

移动平均法(Moving Average)是通过扩大原时间序列的时间间隔,并按一定的间隔长度逐期移动计算出一系列移动平均数作为预测值的预测方法。这些平均数形成的新的时间序列对原时间序列的波动起到一定的修匀作用,削弱了原序列中短期偶然因素的影响,从而呈现出现象发展的变动趋势。该方法可分为简单移动平均法和加权移动平均法两种。

1. 简单移动平均法

简单移动平均法是直接用简单算术平均数作为移动平均趋势值的一种方法。设移动间隔长度为 K,则移动平均数序列可以写为

$$F_{t+1} = \bar{Y}_t = \frac{Y_t + Y_{t-1} + \cdots + Y_{t+K-1}}{K} \tag{8-13}$$

式中,$\bar{Y}_t$ 为移动平均趋势值;K 为大于 1 小于 n 的正整数;F_{t+1} 为第 $t+1$ 期的预测值。

简单移动平均法将每个观察值都给予相同的权数,且只使用第 K 期的数据,在每次计算移动平均值时,移动的间隔都为 K,对于同一个时间序列,采用不同的移动步长预测的准确性是不同的,选择移动步长时,可通过试验的办法,选择一个使均方误差达到最小的移动步长。

【例 8-4】根据 21 年的 CPI 数据,分别以 3 年、5 年为移动间隔,计算移动平均趋势值、预测误差,并将实际值与两种预测结果进行图形展示,进行比较,结果见表 8-5,图形如图 8-2 所示。

根据 Excel 计算结果,可知当 $K=3$ 时,移动平均预测值 $F_{2016}=102.0$;$K=5$ 时,$F_{2016}=102.8$,其余各期预测值同理,具体结果见表 8-5。

表 8-5 CPI 的移动平均预测

年份	CPI	预测值($K=3$)	预测误差	误差平方	预测值($K=5$)	预测误差	误差平方
1996	108.3	—	—	—	—	—	—
1997	102.8	—	—	—	—	—	—
1998	99.2	—	—	—	—	—	—
1999	98.6	103.4	-4.8	23.36	—	—	—
2000	100.4	100.2	0.2	0.04	—	—	—
2001	100.7	99.4	1.3	1.69	101.9	-1.2	1.35

续表

年份	CPI	预测值（$K=3$）	预测误差	误差平方	预测值（$K=5$）	预测误差	误差平方
2002	99.2	99.9	-0.7	0.49	100.3	-1.1	1.30
2003	101.2	100.1	1.1	1.21	99.6	1.6	2.50
2004	103.9	100.4	3.5	12.48	100.0	3.9	15.05
2005	101.8	101.4	0.4	0.13	101.1	0.7	0.52
2006	101.5	102.3	-0.8	0.64	101.4	0.1	0.02
2007	104.8	102.4	2.4	5.76	101.5	3.3	10.76
2008	105.9	102.7	3.2	10.24	102.6	3.3	10.63
2009	99.3	104.1	-4.8	22.72	103.6	-4.3	18.32
2010	103.3	103.3	0.0	0.00	102.7	0.6	0.41
2011	105.4	102.8	2.6	6.59	103.0	2.4	5.95
2012	102.6	102.7	-0.1	0.00	103.7	-1.1	1.30
2013	102.6	103.8	-1.2	1.36	103.3	-0.7	0.49
2014	102.0	103.5	-1.5	2.35	102.6	-0.6	0.41
2015	101.4	102.4	-1.0	1.00	103.2	-1.8	3.17
2016	—	102.0	—	—	102.8	—	—
合计	—	—	—	90.06	—	—	72.18

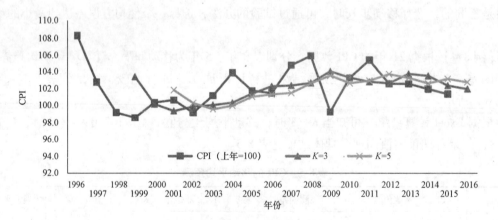

图 8-2 CPI 的移动平均预测

借助软件得到了两种步长下的预测结果，那么哪一种步长的预测效果更好呢？需要计算均方误差来进行判断，3 期移动平均的均方误差为 5.3（90.06÷17），而 5 期移动平均的均方误差为 4.81（72.18÷15），因此采用 5 期移动平均进行预测效果更好些。

注意：分析表 8-5 中各列数据以及图 8-2，不难看出，通过移动平均所得到的移动平均数数列，要比原始数据序列匀滑，并且 5 期移动平均数数列又比 3 期项移动平均数数列匀滑,因此,为了更好地消除不规则波动,达到修匀的目的,可以适当增加移动的步长。

但是当移动平均法用于对时间序列进行平滑以进行趋势描述时,由于移动的步长越大,所得趋势值越少,个别观察值影响作用就越弱,移动平均序列所表现的趋势越明显,但移动间隔过长有时会脱离现象发展的真实趋势;若移动间隔越短,个别观察值的影响作用就越大,有时又不能完全消除序列中短期偶然因素的影响,从而看不出现象发展的变动趋势。一般来说,如果现象的发展具有一定的周期性,应以周期长度为移动间隔的长度;若时间序列是季度资料,应采用4期移动平均,月度资料则应采用12期移动平均。

2. 加权移动平均法

加权移动平均法是在简单移动平均法的基础上给近期数据以较大的权数,给远期的数据以较小的权数,计算加权移动平均数作为下一期的移动平均趋势值的一种方法。其计算公式为

$$F_{t+1} = \bar{Y}_t = \frac{Y_t f_t + Y_{t+1} f_{t+1} + \cdots + Y_{t+k-1} f_{t+k-1}}{f_t + f_{t+1} + \cdots + f_{t+k-1}} \tag{8-14}$$

仍以表8-5中的已知数据为例,设 $K=3$,则

$$F_{2016} = \bar{Y}_{2015} = \frac{102.6 \times 1 + 102 \times 2 + 101.4 \times 3}{6} = 101.8$$

其余类推。

8.2.2 指数平滑法

指数平滑法(Exponential Smoothing)是用过去时间序列值的加权平均数作为预测值,使得第 t 期的指数平滑值等于 t 期的实际观察值与第 t 期指数平滑值的加权平均值的一种预测方法。它是加权移动平均法的一种特殊情形。其基本形式是根据本期的实际值 Y_t 和本期的预测值 $\hat{y}_t$,分别给以不同权数 α 和 $1-\alpha$,计算加权平均数作为下期的趋势值 $\hat{y}_{t+1}$。基本指数平滑法模型(一次指数平滑模型)如下:

$$\hat{y}_{t+1} = \alpha Y_t + (1-\alpha) \hat{y} \tag{8-15}$$

式中,$\hat{y}_{t+1}$ 表示时间数列 $t+1$ 期趋势值;Y_t 表示时间数列 t 期的实际值;$\hat{y}_t$ 表示时间数列 t 期的趋势值;α 为平滑系数 $(0<\alpha<1)$。

若利用指数平滑法模型进行预测,从基本模型中可以看出,只需一个 t 期的实际值 Y_t,一个 t 期的趋势值 $\hat{y}_t$ 和一个 α,所用数据量和计算量都很少,这是移动平均法所不能及的。一次指数平滑法比较简单,但也有问题,即 α 和初始值的确定是关键,它们直接影响趋势值误差的大小。通常对于 α 和初始值 $\hat{y}_1$ 的确定可按以下方法:

1. α 的确定

选择 α,一个总的原则是使预测值与实际观察值之间的误差最小。从理论上讲,α 取0和1之间的任意数据均可以。具体如何选择,要视时间序列的变化趋势来定。

当时间序列呈较稳定的水平趋势时,应取小一些,如 $0.1 \sim 0.3$,以减小修正幅度,同时各期观察值的权数差别不大,预测模型能包含更长时间序列的信息;当时间序列波动较大时,宜选择居中的 α,如 $0.3 \sim 0.5$;当时间序列波动很大,呈现明显且迅速的上升或下降趋势时,α 应取大些,如 $0.6 \sim 0.8$,以使预测模型灵敏度高些,能迅速跟上数据的变化。

在实际预测中,可取几个 α 进行试算,比较预测误差,选择误差小的 α。

2. 初始值 $\hat{y}_1$ 的确定

如果资料总项数 N 大于 50,则经过长期平滑链的推算,初始值的影响变得很小了,为了简便起见,可用第一期水平作为初始值,即 $\hat{y}_1 = Y_1$。但是如果 N 小于 20,则初始值的影响较大,可以选用最初几期的平均数作为初始值。

另外,指数平滑法除常用于平稳序列的预测外,还可用于预测呈长期趋势变动和季节变动的评估对象。指数平滑法可分为一次指数平滑法和多次指数平滑法。本节仅介绍一次指数平滑法的应用。

【例 8-5】根据例 8-4 中的 CPI 数据,用指数平滑法进行预测,并计算预测误差。假设初始年份的预测值等于当年的实际值,α 分别取 0.3 和 0.5,将预测结果进行图表展示。

采用 Excel 辅助进行指数平滑预测,结果见表 8-6,图形如图 8-3 所示。

表 8-6 CPI 的一次指数平滑预测

年份	CPI	预测值 (α=0.3)	预测误差	误差平方	预测值 (α=0.5)	预测误差	误差平方
1996	108.3	—	—	—	—	—	—
1997	102.8	108.30	−5.5	30.25	108.30	−5.5	30.25
1998	99.2	106.65	−7.4	55.50	105.55	−6.3	40.32
1999	98.6	104.42	−5.8	33.81	102.38	−3.8	14.25
2000	100.4	102.67	−2.3	5.16	100.49	−0.1	0.01
2001	100.7	101.99	−1.3	1.66	100.44	0.3	0.07
2002	99.2	101.60	−2.4	5.77	100.57	−1.4	1.88
2003	101.2	100.88	0.3	0.10	99.89	1.3	1.73
2004	103.9	100.98	2.9	8.54	100.54	3.4	11.27
2005	101.8	101.85	−0.1	0.00	102.22	−0.4	0.18
2006	101.5	101.84	−0.3	0.11	102.01	−0.5	0.26
2007	104.8	101.74	3.1	9.39	101.76	3.0	9.27
2008	105.9	102.66	3.2	10.53	103.28	2.6	6.88
2009	99.3	103.63	−4.3	18.74	104.59	−5.3	27.97
2010	103.3	102.33	1.0	0.94	101.94	1.4	1.84
2011	105.4	102.62	2.8	7.72	102.62	2.8	7.72
2012	102.6	103.45	−0.9	0.73	104.01	−1.4	1.99
2013	102.6	103.20	−0.6	0.36	103.31	−0.7	0.50
2014	102.0	103.02	−1.0	1.04	102.95	−1.0	0.91
2015	101.4	102.71	−1.3	1.72	102.48	−1.1	1.16
2016	—	102.32	—	—	101.94	—	—
合计	—	—	—	192.07	—	—	158.46

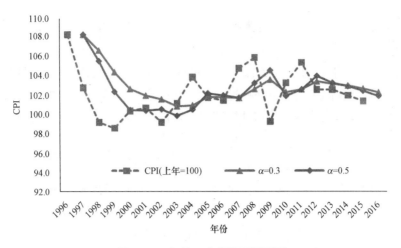

图 8-3 CPI 的一次指数平滑预测

由表 8-6 中误差平方和可知，$\alpha = 0.5$ 时的预测误差更小一些，因此两者对比，$\alpha = 0.5$ 更加合适。另外，CPI 的数据既可以使用移动平均预测方法，也可以使用指数平滑的预测方法。要判断哪种方法更好，需要计算均方误差来比较，5 期移动平均的均方误差为 4.81 （72.18÷15），$\alpha = 0.5$ 时指数平滑法预测的均方误差为 8.34 （158.46÷19），因此采用 5 期移动平均的预测方法更好。

8.3 趋势性序列的预测

在预测方法的选择过程中，往往首先考虑序列的成分构成，当序列只含有随机波动时采取上述平滑方法进行预测是比较合适的。平滑法也可以用于描述时间序列的趋势，但在进行预测时，尤其是序列存在明显趋势性的时候，上述平滑法就不再适用，这时对于有趋势成分的序列可以借助回归分析的方法进行线性趋势或非线性趋势的外推预测。

8.3.1 线性趋势预测

如果一个时间序列呈明显的线性趋势变化，其相邻两年数据的一阶差近似为一常数时，可以采用直线趋势方程来描述：

$$\hat{Y}_t = a + bt \tag{8-16}$$

式中，$\hat{Y}_t$ 为时间序列 Y_t 的趋势估计值；t 表示时间代码；a、b 为需估计的参数，a 表示趋势线在 Y 轴上的截距，b 为趋势线的斜率，表明时间 t 变动一个单位时，观察值 Y 的平均变动水平。可利用最小二乘法来求解参数 a、b，计算公式如下：

$$\begin{cases} b = \dfrac{n\sum tY - \sum t \sum Y}{n\sum t^2 - (\sum t)^2} \\ a = \bar{Y} - b\bar{t} \end{cases} \tag{8-17}$$

其中，n 代表用于预测的时间的观测值的项数，$\bar{Y} = \sum Y/n, \bar{t} = \sum t/n$，其他符号所代表的意义不变。

可以借助 Excel 估计线性回归方程，而后根据趋势方程可以计算出各时期的趋势值，并进行外推预测。得到预测结果后，还应通过对预测误差的计算来进行预测方法的评判，在线性趋势预测中，可以用线性回归的估计标准误差来衡量预测方法的合理性，计算公式为

$$s_{\hat{Y}} = \sqrt{\frac{\sum e_i^2}{n-m}} = \sqrt{\frac{\sum (Y_i - \hat{Y}_i)^2}{n-m}} = \sqrt{\frac{SSE}{n-m}} = \sqrt{MSE} \qquad (8-18)$$

其中，m 为趋势方程中待估计的参数的个数，对于线性趋势方程而言 $m = 2$。

【例8-6】根据表8-1中年末人口总数的数据，用线性趋势方程预测2016年的年末人口总数，并给出每年的预测值和预测误差，同时进行图形展示，并对预测方法进行评价。

从图8-1（a）中不难发现，历年年末人口总数呈较好的线性增长趋势，因此可以利用线性趋势方程进行预测。这里设1998年为初始时间，记为 $t_1 = 1$，以此类推。取 t 为自变量，年末人口总数为因变量。则借助 Excel 整理可得到：$\hat{Y}_t = 124\ 653.54 + 724.87\ t$，其斜率系数表示时间每变动一年，年末人口总数平均增加约724.87万人，将 $t = 19$ 代入趋势方程，可得 $\hat{Y}_{2016} = 138\ 426.07$ 万人，其他具体预测值和预测误差见表8-7，观测值与预测值的具体走势如图8-4所示。

表8-7 历年年末人口总数的线性趋势预测　　　　　　　　　　单位：万人

年份	时间 t	历年年末人口总数 Y	预测值 $\hat{Y}_t$	预测误差（残差）e_t	误差平方 e_t^2
1998	1	124 761	125 378.41	-617.41	381 194.31
1999	2	125 786	126 103.28	-317.28	100 664.21
2000	3	126 743	126 828.14	-85.14	7 249.35
2001	4	127 627	127 553.01	73.99	5 474.52
2002	5	128 453	128 277.88	175.12	30 668.12
2003	6	129 227	129 002.74	224.26	50 290.88
2004	7	129 988	129 727.61	260.39	67 802.64
2005	8	130 756	130 452.48	303.52	92 125.93
2006	9	131 448	131 177.34	270.66	73 254.49
2007	10	132 129	131 902.21	226.79	51 433.15
2008	11	132 802	132 627.08	174.92	30 597.68
2009	12	133 450	133 351.94	98.06	9 614.79
2010	13	134 091	134 076.81	14.19	201.30
2011	14	134 735	134 801.68	-66.68	4 446.05
2012	15	135 404	135 526.55	-122.55	15 017.42
2013	16	136 072	136 251.41	-179.41	32 188.83
2014	17	136 782	136 976.28	-194.28	37 744.46
2015	18	137 462	137 701.15	-239.15	57 190.90
合计	171	2 367 716	2 367 716	0	1 047 159.03

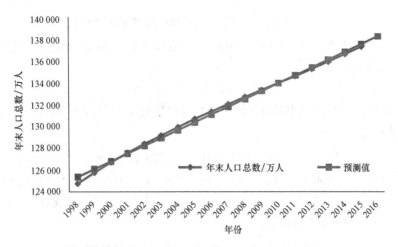

图 8-4 年末人口总数的线性趋势预测

由图 8-4 和回归分析中的回归标准误差可知,均方误差(MSE) = 65 447.439,$s_{\hat{y}}$ = 255.827,R^2 = 0.995 9 预测值与实际值拟合效果较好。

8.3.2 非线性趋势预测

序列中的趋势很多时候并不是随着时间推移严格按线性变化的,很多时候呈现出某种非线性的趋势,这时配合适当的趋势曲线更为合适。常见的非线性趋势有各种各样的形态,如指数形态、双曲线形态、对数形态、多项式形态等,本章仅对指数曲线进行简要介绍。

指数曲线(Exponential Curve)是一种描述时间序列以几何级数递增或递减趋势的曲线。其一般形式为

$$\hat{y}_t = ab^t \tag{8-19}$$

其中,a,b 为待估的未知常数。且指数曲线具有如下特性:

$$Y_t = \hat{y}_t = ab^t,\ Y_{t+1} = ab^{t+1},\ \frac{Y_{t+1}}{Y_t} = \frac{ab^{t+1}}{ab^t} = b$$

所以当时间序列的各期数值大致按某一相同比率增长时,可以考虑配合指数方程。且若 $b>1$,增长率随着时间 t 的增加而增加;若 $b<1$,增长率随着时间 t 的增加而降低;若 $a>0$,$b<1$,趋势值逐渐降低到以 0 为极限。

为了顾及指数曲线中的待定系数 a,b,往往采用"线性化"手段,将指数模型转化为对数直线形式,即对式(8-19)两边取自然对数得:$\ln\hat{y}_t = \ln a + t\ln b$,令 $y' = \ln\hat{y}$,$a' = \ln a$,然后可以利用最小二乘法求解参数,标准方程如下:

$$\begin{cases} \sum \ln Y = n\ln a + \ln b \sum t \\ \sum t\ln Y = \ln a \sum t + \ln b \sum t^2 \end{cases} \tag{8-20}$$

由此可计算 $\ln a$ 和 $\ln b$,再求其反对数,即可得到常数 a、b 的估计值。

【例 8-7】根据表 8-1 中的 GDP 指数(1978 年 =100)数据,用指数曲线预测 2016 年的 GDP 指数(1978 年 =100),并计算出各期预测值与预测误差,将实际值和预测值绘图进行比较。

可以借助 Excel 软件进行数值辅助计算。设 1998 年为初始时间，记为 $t_1=1$，以此类推。取 t 为自变量，GDP 指数（1978 年 =100）为因变量。先将因变量数据转化为自然对数形式，借助 Excel 整理可得

$$\ln \hat{y}_t = 6.3547 + 0.0956\, t$$

则 $\ln a = 6.3547$，$\ln b = 0.0956$。分别求其反对数有 $a = 575.2078$，$b = 1.1003$。

因此求得曲线方程为

$$\hat{Y}_t = 575.2078 \times (1.1003)^t = 575.2078 \times e^{0.0956 t}$$

从其系数 $b = 1 + 0.1003$ 可知，GDP 指数（1978 年 =100）的年平均增长率为 10.03%，将 $t = 19$ 代入趋势方程，可得 $\hat{y}_{2016} = 3538.516$，其他具体预测值和预测误差见表 8-8，观测值与预测值的具体走势如图 8-5 所示。

表 8-8 GDP 指数（1978 年 =100）的指数趋势预测

年份	时间	GDP 指数 Y	$\ln Y$	$\ln \hat{Y}_t$	预测值 $\hat{Y}_t$	预测误差（残值）e_t
1998	1	650.8	6.48	6.45	632.9231	17.8769
1999	2	700.7	6.55	6.55	696.4293	4.2707
2000	3	760.2	6.63	6.64	766.3077	-6.1077
2001	4	823.6	6.71	6.74	843.1975	-19.5975
2002	5	898.8	6.80	6.83	927.8022	-29.0022
2003	6	989.0	6.900	6.93	1020.8961	-31.8961
2004	7	1089.10	6.929	7.02	1123.3308	-34.3308
2005	8	1213.130	7.10	7.12	1236.0436	-22.9436
2006	9	1367.415	7.242	7.22	1360.0658	7.3342
2007	10	1562.0	7.35	7.31	1496.5321	65.4679
2008	11	1712.8	7.45	7.41	1646.6912	66.1088
2009	12	1873.8	7.54	7.50	1811.9170	61.8830
2010	13	2073.1	7.64	7.60	1993.7211	79.3789
2011	14	2270.8	7.73	7.69	2193.7672	77.0328
2012	15	2449.2	7.80	7.79	2413.8855	35.3145
2013	16	2639.2	7.88	7.88	2656.0900	-16.8900
2014	17	2831.8	7.95	7.98	2922.5968	-90.7968
2015	18	3027.2	8.02	8.08	3215.8445	-188.6445

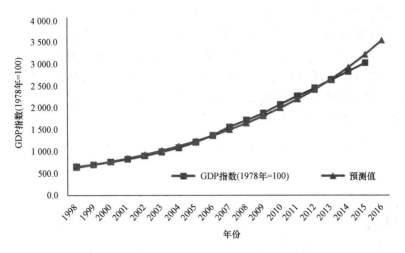

图 8-5　GDP 指数（1978 年 =100）的指数趋势预测

8.4　复合序列因素分析

8.4.1　复合序列因素分析概述

复合时间序列是指综合包含趋势性、季节性、周期性和随机性的序列。对于复合序列主要采取构成因素分析法，将时间序列各个因素依次分解出来，然后进行预测。因素分解次序上，往往先分离季节性、周期性因素，再结合趋势估计方程。鉴于实际生活中的经济周期往往持续时间较长，很难得到多年的数据来辅助周期性的因素分析，因此本节仅采用含趋势性、季节性、随机性三种因素的分解模型：$Y_t = T_t \times S_t \times I_t$。

预测方法上，由表 8-4 可知，对于上述模型的主要预测方法有季节性多元回归模型、时序分解模型和季节自回归模型等，本节主要介绍因素分解的预测方法。其步骤如下：

（1）分析并分离季节因素。通过计算季节指数，确定时间序列中的季节成分特征，而后用每一个观测值除以相应的季节指数，以消除季节性。

（2）建立预测模型并进行预测。结合趋势性因素分析方法，对消除季节成分的序列建立适当的预测模型，并根据这一模型进行预测。

（3）计算预测值。用已经计算出的预测值乘以第一步计算出的相应季节指数，得到最终的预测值。

8.4.2　季节因素分析与分离

测定季节变动的方法从是否排除长期趋势的影响看，可分为两种：一是不排除长期趋势影响的简单平均法；二是可消除时间序列长期趋势影响的移动平均趋势剔除法。前者计算简便，但所求出的季节比率包含长期趋势的影响。后者计算较复杂，但能够得到一个反映现象发展过程中单纯季节变动的缩影——剔除长期趋势后的季节指数。这里主要介绍移动平均趋势剔除法。

移动平均趋势剔除法是利用移动平均法来消除原时间序列中长期趋势的影响，然后计算季节指数，测定它的季节变动。其计算步骤及方法如下：

第一步：计算"中心化移动平均值"。根据时间数列中各年按季度（月）的数值计算其4个季度的（若是月度资料则为12个月的）移动平均数。由于是偶数项移动平均，趋势值要分两步求得，即需将移动平均的结果再进行一次二项的移动平均，进行"中心化"处理，得出"中心化移动平均值"（CMA）。

第二步：用时间数列中各季度（月）的数值（Y_t）与其相对应的趋势值（$\hat{Y}_t$）对比，计算 $Y_t/\hat{Y}_t$ 的比值。

第三步：把 $Y_t/\hat{Y}_t$ 的比值按季度（月）排列，计算出各年同季度（月）比值的平均数，这个平均数就是各季度（月）的季节比率。

第四步：调整得到季节指数。把各季度（月）的季节比率加起来，其总计数应等于400%（若为月度资料其总计数应等于1 200%），如果不符，还应把400%与实际加总的各季度（月）季节比率相比求出校正系数，把校正系数分别乘上各季度（月）的季节比率。这样求得的季节比率就是一个剔除了长期趋势影响后的季节指数。

注意：季节指数（Seasonal Index）在乘法模型中，以其平均数为100%作为条件，反映了某一季度（或月）的数值占全年平均水平的大小。在现象无季节性时，各期季节指数应均等于100%；若有季节性，则各期季节指数应不等于100%，且与100%偏差越大说明季节性越强。

【例8-8】表8-9中是我国2009—2016年各个季度的空调销量数据。请对2017年各季度的空调销量进行预测，并将实际值和预测值绘图进行比较。

表8-9 我国各季度空调销量数据　　　　　　　　　　单位：万台

年份	季度			
	1	2	3	4
2009	1 740.4	2 864.7	2 026.1	1 439.1
2010	2 264.7	3 711.9	2 626.9	2 303.0
2011	3 594.6	4 770.5	3 002.5	2 420.4
2012	3 312.4	4 473.8	2 795.2	2 653.6
2013	3 500.7	4 443.9	3 456.8	2 655.5
2014	3 883.9	4 756.1	3 686.8	3 247.6
2015	3 664.2	4 993.0	3 422.6	2 776.3
2016	3 826.2	4 546.9	3 710.7	3 910.6

空调销量的时间序列如图8-1（f）所示。具有明显的季节性，同时随着年度的推移，销量还存在增加趋势，如图8-6所示，因此其中还含有趋势成分，由于现有数据跨度只有8年，因此周期性难以判断，初步认定空调销量为一个含有趋势性、季节性与随机性的复合序列。预测步骤如下：

第8章 时间序列分析与预测

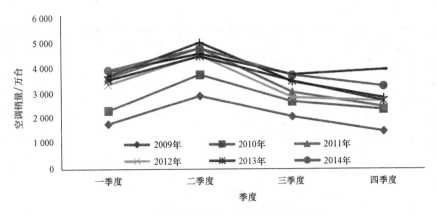

图 8-6 空调销量的年度折线时间序列图

（1）计算季节指数。借助 Excel 可以得到表 8-10 与表 8-11。

表 8-10 空调销量中心化移动平均值及比值

年度	季度	时间编号（t）	空调销量 Y	中心化移动平均值（CMA）	比值（Y/CMA）
2009	1	1	1 740.4	—	—
	2	2	2 864.7	—	—
	3	3	2 026.1	2 083.113	0.972 6
	4	4	1 439.1	2 254.550	0.638 3
2010	1	5	2 264.7	2 435.550	0.929 9
	2	6	3 711.9	2 618.638	1.417 5
	3	7	2 626.9	2 892.863	0.908 1
	4	8	2 303	3 191.425	0.721 6
2011	1	9	3 594.6	3 370.700	1.066 4
	2	10	4 770.5	3 432.325	1.389 9
	3	11	3 002.5	3 411.725	0.880 1
	4	12	2 420.4	3 339.363	0.724 8
2012	1	13	3 312.4	3 276.363	1.011 0
	2	14	4 473.8	3 279.600	1.364 1
	3	15	2 795.2	3 332.288	0.838 8
	4	16	2 653.6	3 352.088	0.791 6
2013	1	17	3 500.7	3 431.050	1.020 3
	2	18	4 443.9	3 513.988	1.264 6
	3	19	3 456.8	3 562.125	0.970 4
	4	20	2 655.5	3 649.050	0.727 7

续表

年度	季度	时间编号（t）	空调销量 Y	中心化移动平均值（CMA）	比值（Y/CMA）
2014	1	21	3 883.9	3 716.825	1.045 0
	2	22	4 756.1	3 819.588	1.245 2
	3	23	3 686.8	3 866.138	0.953 6
	4	24	3 247.6	3 868.288	0.839 5
2015	1	25	3 664.2	3 864.875	0.948 1
	2	26	4 993	3 772.938	1.323 4
	3	27	3 422.6	3 734.275	0.916 5
	4	28	2 776.3	3 698.763	0.750 6
2016	1	29	3 826.2	3 679.013	1.040 0
	2	30	4 546.9	3 856.813	1.178 9
	3	31	3 710.7	—	—
	4	32	3 910.6	—	—

表 8-11 季节指数计算表

年份	季度			
	1	2	3	4
2009	—	—	0.972 6	0.638 3
2010	0.929 9	3 711.9	0.908 1	0.721 6
2011	1.066 4	4 770.5	0.880 1	0.724 8
2012	1.011 0	4 473.8	0.838 8	0.791 6
2013	1.020 3	4 443.9	0.970 4	0.727 7
2014	1.045 0	4 756.1	0.953 6	0.839 5
2015	0.948 1	4 993.0	0.916 5	0.750 6
2016	1.040 0	4 546.9	—	—
季节平均数	1.008 7	1.311 9	0.920 0	0.742 0
季节指数	1.013 1	1.317 7	0.924 0	0.745 3

由表 8-11 计算可知，4 个季度平均数之和为 3.982 6 < 400%，因此需计算校正系数 4 ÷ 3.982 6 = 1.004 4，将各季节平均数都乘以校正系数 1.004 4，即可得到季节指数，具体可用折线图来表示，如图 8-7 所示，发现空调销量在第二季度达到最高。

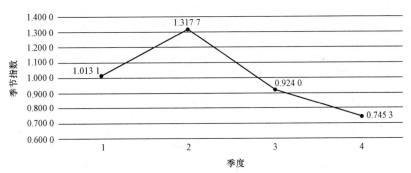

图 8-7 空调销量的季节指数

（2）从序列中分离季节因素。基于乘法公式，可以通过把各观测值分别除以相应季节指数的方法，将季节因素进行分离，计算公式为

$$\frac{Y_t}{S_t} = \frac{T_t \times S_t \times I_t}{S_t} = T_t \times I_t \tag{8-21}$$

具体计算结果见表 8-12 第 6 栏，剔除季节成分后的序列和原始序列对比如图 8-8 所示。

（3）结合趋势形态建立预测模型并进行预测。结合图 8-8，不难发现，分离了季节因素后，空调销量随着时间推移存在着明显的线性上升趋势，因此可以用一元线性回归模型来辅助预测。设季节分离后的序列为因变量 Y，t 为自变量，借助 Excel 进行回归可得线性趋势方程为：$\hat{Y}_t = 2\,279.380\,2 + 64.819\,2\,t$，各期趋势预测值见表 8-12 第 7 栏。将各期预测值乘以对应的季节指数，则能够得到最终的预测值，同时可计算最终预测误差，具体结果见表 8-12。

表 8-12　空调销量的预测值

年份	季度	时间编号（t）	空调销量 Y	季节指数	季节分离后序列（Y/S）	趋势预测值	最终预测值	预测误差
①	②	③	④	⑤	⑥ = ④ ÷ ⑤	⑦	⑧ = ⑦ × ⑤	⑨ = ④ − ⑧
2009	1	1	1 740.4	1.013 1	1 717.896	2 344.199	2 374.908	−634.508
	2	2	2 864.7	1.317 7	2 174.015	2 409.019	3 174.364	−309.664
	3	3	2 026.1	0.924 0	2 192.749	2 473.838	2 285.826	−259.726
	4	4	1 439.1	0.745 3	1 930.900	2 538.657	1 892.061	−452.961
2010	1	5	2 264.7	1.013 1	2 235.416	2 603.476	2 637.582	−372.882
	2	6	3 711.9	1.317 7	2 816.954	2 668.295	3 516.013	195.887
	3	7	2 626.9	0.924 0	2 842.965	2 733.115	2 525.398	101.502
	4	8	2 303	0.745 3	3 090.031	2 797.934	2 085.300	217.700
2011	1	9	3 594.6	1.013 1	3 548.120	2 862.753	2 900.255	694.345
	2	10	4 770.5	1.317 7	3 620.323	2 927.572	3 857.662	912.838
	3	11	3 002.5	0.924 0	3 249.459	2 992.391	2 764.970	237.530
	4	12	2 420.4	0.745 3	3 247.551	3 057.211	2 278.539	141.861

续表

年份	季度	时间编号(t)	空调销量 Y	季节指数	季节分离后序列（Y/S）	趋势预测值	最终预测值	预测误差
2012	1	13	3 312.4	1.013 1	3 269.569	3 122.030	3 162.928	149.472
	2	14	4 473.8	1.317 7	3 395.158	3 186.849	4 199.311	274.489
	3	15	2 795.2	0.924 0	3 025.108	3 251.668	3 004.542	−209.342
	4	16	2 653.6	0.745 3	3 560.445	3 316.488	2 471.778	181.822
2013	1	17	3 500.7	1.013 1	3 455.434	3 381.307	3 425.602	75.098
	2	18	4 443.9	1.317 7	3 372.467	3 446.126	4 540.960	−97.060
	3	19	3 456.8	0.924 0	3 741.126	3 510.945	3 244.113	212.687
	4	20	2 655.5	0.745 3	3 562.995	3 575.764	2 665.017	−9.517
2014	1	21	3 883.9	1.013 1	3 833.679	3 640.584	3 688.275	195.625
	2	22	4 756.1	1.317 7	3 609.395	3 705.403	4 882.609	−126.509
	3	23	3 686.8	0.924 0	3 990.043	3 770.222	3 483.685	203.115
	4	24	3 247.6	0.745 3	4 357.440	3 835.041	2 858.256	389.344
2015	1	25	3 664.2	1.013 1	3 616.820	3 899.860	3 950.949	−286.749
	2	26	4 993	1.317 7	3 789.178	3 964.680	5 224.258	−231.258
	3	27	3 422.6	0.924 0	3 704.113	4 029.499	3 723.257	−300.657
	4	28	2 776.3	0.745 3	3 725.077	4 094.318	3 051.495	−275.195
2016	1	29	3 826.2	1.013 1	3 776.725	4 159.137	4 213.622	−387.422
	2	30	4 546.9	1.317 7	3 450.634	4 223.956	5 565.907	−1 019.007
	3	31	3 710.7	0.924 0	4 015.909	4 288.776	3 962.829	−252.129
	4	32	3 910.6	0.745 3	5 247.015	4 353.595	3 244.734	665.866
2017	1	33	—	1.013 1	—	4 418.414	4 476.295	−634.508
	2	34	—	1.317 7	—	4 483.233	5 907.556	−309.664
	3	35	—	0.924 0	—	4 548.052	4 202.400	−259.726
	4	36	—	0.745 3	—	4 612.872	3 437.973	−452.961

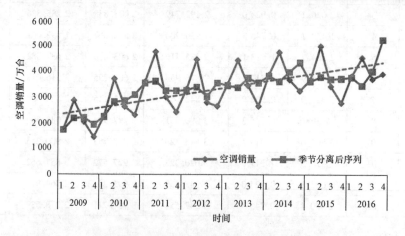

图 8-8　季节分离前后空调销量及其趋势

将 $t=33$，34，35，36 分别代入线性趋势方程，能够得到 2017 年各季度趋势预测值，而后分别乘以各自对应的季节指数，得到最后的预测结果，见表 8-12 中灰色底色部分。最终预测值与实际值对比线图如图 8-9 所示，可见总体预测效果较好。

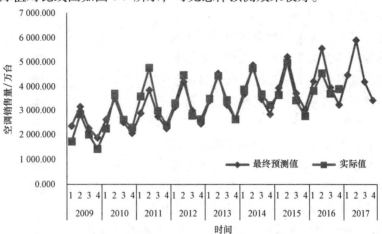

图 8-9　空调销量的实际观察值与预测值

思考与练习

一、思考题

1. 简述时间序列的各构成要素及分解模型。
2. 简述平稳序列与非平稳序列的含义。
3. 举例说明利用增长率分析时间序列时应注意的问题。
4. 简述时间序列预测方法的选择与评估依据。
5. 简述复合序列因素分解预测的基本步骤。

二、单项选择题

1. 从图 8-10 中图形可以判断该时间序列中存在（　　）。

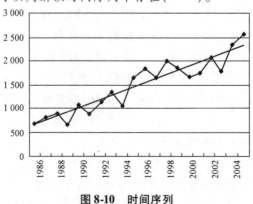

图 8-10　时间序列

A. 趋势性和周期性 B. 季节性和随机性
C. 周期性和随机性 D. 趋势性和随机性

2. 某地区 2000—2016 年排列的每年年终人口数时间序列是（   ）。
   A. 绝对数时期序列   B. 绝对数时点序列
   C. 相对数时间序列   D. 平均数时间序列

3. 环比增长率是（   ）。
   A. 报告期观察值与前一时期观察值之比减 1
   B. 报告期观察值与前一时期观察值之比加 1
   C. 报告期观察值与某一固定时期观察值之比减 1
   D. 报告期观察值与某一固定时期观察值之比加 1

4. 定基增长率是（   ）。
   A. 报告期观察值与前一时期观察值之比减 1
   B. 报告期观察值与前一时期观察值之比加 1
   C. 报告期观察值与某一固定时期观察值之比减 1
   D. 报告期观察值与某一固定时期观察值之比加 1

5. 时间序列中各逐期环比值的几何平均数减 1 后的结果称为（   ）。
   A. 环比增长率   B. 定基增长率
   C. 平均增长率   D. 年度化增长率

6. 增长 1 个百分点而增加的绝对数量称为（   ）。
   A. 环比增长率   B. 平均增长率
   C. 年度化增长率   D. 增长 1% 绝对值

7. 某种商品的价格连续四年环比增长率分别为 8%、10%、9%、12%，该商品价格的年平均增长率为（   ）。
   A. $(8\%+10\%+9\%+12\%)\div 4$
   B. $[(108\%+110\%+109\%+112\%)-1]\div 4$
   C. $\sqrt[3]{108\%\times 110\%\times 109\%\times 112\%}-1$
   D. $\sqrt[4]{108\%\times 110\%\times 109\%\times 112\%}-1$

8. 某地区城镇居民家庭的年平均收入 2015 年为 50 000 元，2016 年增长了 5%，那么 2016 年与 2015 年相比，每增长 1 个百分点增加的收入额为（   ）。
   A. 425 元   B. 500 元   C. 525 元   D. 2 500 元

9. 下面的方法不适合对平稳序列预测的是（   ）。
   A. 移动平均法   B. 简单移动平均法
   C. 指数平滑法   D. 线性模型法

10. 指数平滑法得到 $t+1$ 期的预测值等于（   ）。
    A. t 期的实际观察值与第 $t+1$ 期指数平滑值的加权平均值
    B. t 期的实际观察值与第 t 期指数平滑值的加权平均值
    C. t 期的实际观察值与第 $t+1$ 期实际观察值的加权平均值
    D. $t+1$ 期的实际观察值与第 t 期指数平滑值的加权平均值

11. 在使用指数平滑法进行预测时，如果时间序列的随机波动较小，则平滑系数 α 的取值（   ）。

A. 应该小些 B. 应该大些
C. 应该等于 0 D. 应该等于 1

12. 如果现象随着时间的推移其增长量呈现出稳定增长或下降的变化规律，则适合的预测方法是（   ）。

    A. 移动平均法 B. 指数平滑法
    C. 线性模型法 D. 指数模型法

13. 如果时间序列的逐期观察值按一定的增长率增长或衰减，则适合的预测模型是（   ）。

    A. 移动平均模型 B. 指数平滑模型
    C. 线性模型 D. 指数模型

14. 对某时间序列建立的趋势方程为 $\hat{Y}_t = 100 - 9x$，这表明该序列（   ）。

    A. 没有趋势 B. 呈现线性上升趋势
    C. 呈现线性下降趋势 D. 呈现指数下降趋势

15. 对某企业各年的销售额拟合的直线趋势方程为 $\hat{Y}_t = 10 + 1.2x$，这表明（   ）。

    A. 时间每增加 1 年，销售额平均增加 1.2 个单位
    B. 时间每增加 1 年，销售额平均减少 1.2 个单位
    C. 时间每增加 1 年，销售额增长 1.2 个单位
    D. 时间每增加 1 年，销售额平均增长 1.2%

16. 对某时间序列建立的指数方程为 $\hat{Y}_t = 1100 \times (1.1)^t$，这表明该现象（   ）。

    A. 每期增长率为 110% B. 每期增长率为 10%
    C. 每期增长量为 1.1 个单位 D. 每期的观测值为 1.1 个单位

17. 对某时间序列建立的趋势方程为 $\hat{Y}_t = 100 \times (0.92)^t$，这表明该序列（   ）。

    A. 没有趋势 B. 呈现线性上升趋势
    C. 呈现指数上升趋势 D. 呈现指数下降趋势

18. 季节指数反映了某一月份或季度的数值占全年平均数值的大小。如果现象的发展没有季节变动，则各期的季节指数应（   ）。

    A. 等于 0 B. 等于 100%
    C. 小于 100% D. 大于 100%

19. 若根据各季度某商品销售额数据计算的季节指数为：第一季度 128%，第二季度 69%，第三季度 100%，第四季度 110%。受季节因素影响最大的是（   ）。

    A. 第一季度 B. 第二季度
    C. 第三季度 D. 第四季度

20. 如果某月份的商品销售额为 108 万元，该月的季节指数等于 1.2，在消除季节因素后该月的销售额为（   ）。

    A. 90 万元 B. 106.8 万元
    C. 109.2 万元 D. 129.6 万元

三、技能实训题

1. 某化工企业 2011—2015 年的化肥产量资料见表 8-13。

表 8-13　某化工企业 2011—2015 年的化肥产量资料

年份	2011	2012	2013	2014	2015
化肥产量/万吨	400			484	
环比增长速度/%	—	5			12.5
定基发展速度/%	—		111.3		

请利用所学指标间关系将表中所缺数字补全。

2. 我国 1998—2015 年人均 GDP 数据见表 8-14。

表 8-14　我国 1998—2015 年人均 GDP 数据　　　　　　　　单位：元

年份	人均 GDP	年份	人均 GDP
1998	6 860	2007	20 505
1999	7 229	2008	24 121
2000	7 942	2009	26 222
2001	8 717	2010	30 876
2002	9 506	2011	36 403
2003	10 666	2012	40 007
2004	12 487	2013	43 852
2005	14 368	2014	47 203
2006	16 738	2015	50 251

（1）计算人均 GDP 的年平均增长率，并根据年平均增长率预测 2016 年、2017 年的人均 GDP。

（2）绘制人均 GDP 的时间序列线图，并在图中添加直线与指数曲线趋势线。

（3）构建线性趋势方程对各年度人均 GDP 进行预测，并计算判定系数、估计标准误差。

（4）构建指数趋势方程对各年度人均 GDP 进行预测，并计算判定系数。

（5）试判断线性与指数两种趋势方程哪种方法的预测效果更好，为什么？

3. 已知 1998—2015 年我国第三产业对 GDP 的贡献率（%）见表 8-15。

表 8-15　1998—2015 年我国第三产业对 GDP 的贡献率

年份	第三产业对 GDP 的贡献率/%	年份	第三产业对 GDP 的贡献率/%
1998	33.0	2007	47.3
1999	37.4	2008	46.2
2000	36.2	2009	43.7
2001	49.0	2010	39.0
2002	46.5	2011	43.8
2003	39.0	2012	44.9
2004	40.8	2013	47.2
2005	44.3	2014	47.5
2006	45.9	2015	52.9

(1) 试采用 3 期、5 期移动平均法预测各年度第三产业对 GDP 的贡献率（%），计算均方误差，并比较哪个步长更合适。

(2) 采用指数平滑法，分别用平滑系数 $a=0.3$，$a=0.5$ 预测各年度的贡献率，并结合误差分析，说明采用哪个平滑系数进行预测更合适。

(3) 建立一个线性趋势方程对各年度第三产业对 GDP 的贡献率进行预测，并绘制实际值与预测值的线图，在图中添加相应趋势线。

(4) 结合线图与预测误差试评价移动平均、指数平滑与线性趋势三种方法哪种预测结果更好。

4. 2009—2015 年我国的啤酒产量数据见表 8-16。

表 8-16　2009—2015 年我国的啤酒产量数据　　　　　　单位：万千升

年份	第一季度产量	第二季度产量	第三季度产量	第四季度产量
2009	779.2	1 246.0	1 430.9	825.3
2010	835.5	1 250.5	1 540.3	821.6
2011	910.3	1 418.7	1 602.1	924.6
2012	913.1	1 521.3	1 541.9	929.0
2013	1 039.7	1 444.0	1 607.1	937.9
2014	1 099.1	1 525.6	1 526.8	787.8
2015	1 060.9	1 361.9	1 409.6	861.3

请对表中数据进行时间序列的构成要素分解，计算季节指数，剔除季节变动，计算剔除季节变动后的趋势方程，而后试预测 2016 年我国各季度啤酒产量。

第 9 章

统计指数

★ 教学目标

1. 了解统计指数的概念，掌握统计指数的分类
2. 掌握加权综合指数与加权平均指数的编制
3. 掌握指数体系与因素分析的基本方法
4. 了解一些常用的价格指数

★ 知识结构图

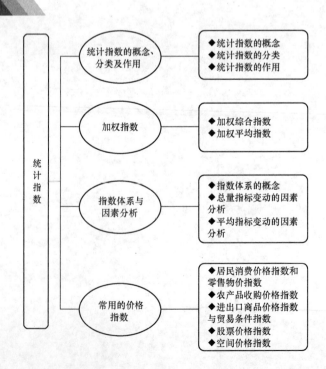

★引 例

解读2016年价格水平的变化及其影响

《中华人民共和国2016年国民经济和社会发展统计公报》披露,中国2016年全年居民消费价格总水平比上年上涨2.0%,城市居民消费价格总水平的上涨幅度高出农村0.2个百分点。在八大类别中,食品烟酒与医疗保健价格均上涨3.8%,涨幅居于首位;其次是其他用品和服务类,上涨2.8%。具体见表9-1。

表9-1　2016年居民消费价格比上年上涨情况　　　　　　　单位:%

指标	全国	城市	农村
居民消费价格	2.0	2.1	1.9
其中:食品烟酒	3.8	3.7	4.0
衣着	1.4	1.5	1.3
居住	1.6	1.9	0.6
生活用品及服务	0.5	0.5	0.2
交通和通信	−1.3	−1.4	−1.1
教育文化和娱乐	1.6	1.5	1.9
医疗保健	3.8	4.4	2.5
其他用品和服务	2.8	2.9	2.2

此外,中国2016年全年,工业生产者出厂价格下降1.4%,工业生产者购进价格下降2.0%,固定资产投资价格下降0.6%。农产品生产者价格(指农产品生产者直接出售其产品时的价格)上涨3.4%。

全年全社会固定资产投资606 466亿元,比上年增长7.9%,扣除价格因素,实际增长8.6%。

全年社会消费品零售总额332 316亿元,比上年增长10.4%,扣除价格因素,实际增长9.6%。

全年全国居民人均可支配收入23 821元,比上年增长8.4%,扣除价格因素,实际增长6.3%;全国居民人均可支配收入中位数20 883元,增长8.3%。按常住地分,城镇居民人均可支配收入33 616元,比上年增长7.8%,扣除价格因素,实际增长5.6%;城镇居民人均可支配收入中位数31 554元,增长8.3%。农村居民人均可支配收入12 363元,比上年增长8.2%,扣除价格因素,实际增长6.2%;农村居民人均可支配收入中位数11 149元,增长8.3%。

全国居民人均消费支出17 111元,比上年增长8.9%,扣除价格因素,实际增长6.8%。按常住地分,城镇居民人均消费支出23 079元,增长7.9%,扣除价格因素,实际增长5.7%;农村居民人均消费支出10 130元,增长9.8%,扣除价格因素,实际增长7.8%。恩格尔系数为30.1%,比上年下降0.5个百分点,其中城镇为29.3%,农村为32.2%。

通过上述资料,可以看出"全国居民消费价格指数"与八个大类消费价格指数应该存在什么样的数量关系?"全国居民消费价格指数"与"商品零售价格指数"包括的范围有什么区别?为什么我国要分城、乡计算居民消费价格指数?上述分析中多处提到"扣除价格因素,实际增长……",如何理解"实际增长"的含义?"全年全社会固定资产投资606 466

亿元，比上年增长 7.9%，扣除价格因素，实际增长 8.6%"，这里的两个增长率之间有什么关系？如何利用指数体系对 2016 年社会消费品零售总额与 2015 年相比的变动情况进行因素分析？要想解决上述问题，就需要对统计指数进行学习，这正是本章所需学习的主要内容。

统计指数是社会统计中常用的一种经济分析指标，可以反映社会经济现象在不同时间或空间上发展变化的状况，为制定宏观经济政策提供重要的决策依据，如居民消费价格指数（CPI）、生产者物价指数（PPI）、采购经理指数（PMI）、股价综合指数等。通过统计指数分析，可以研究社会经济现象的长期变动趋势，分析和测定各个因素对现象总变动的影响方向和程度，对社会经济现象进行综合评价和测定。

9.1 统计指数的概念、分类及作用

9.1.1 统计指数的概念

统计指数简称指数，是一种对比性的分析指标，通常用相对数形式表示。最早的统计指数起源于 18 世纪欧洲对物价变动的研究，当时是指用来说明商品物价涨跌情况的相对数，后来被广泛地应用于经济领域的各个方面，如对产量、成本、劳动生产率、股价等指数的计算。随着研究的不断深入，统计指数已成为分析客观现象数量变动情况的一种特有方法，并被广泛应用于社会经济生活的各方面，一些重要的指数已成为社会经济发展的晴雨表。

指数的含义有广义和狭义之分。广义指数泛指所有反映社会经济现象数量变动程度的相对数，即用来反映客观现象在不同空间、不同时间、实际与计划对比的变动程度。如第 4 章中所讲的动态相对数、计划完成相对数、比较相对数等都属于指数。狭义指数是指用来综合反映那些不能直接相加的复杂社会经济现象总体数量变动的相对数，是一种特殊的相对数。复杂社会经济现象总体是指由于各个部分性质、计量单位不同而在研究其数量特征时不能加总或直接对比的总体。例如，要说明一个国家或一个地区商品价格的综合变动情况，由于各种商品的经济用途、规格、型号、计量单位等不同，不能将各种商品的价格直接加总进行对比，这个由所有商品所构成的总体即为复杂总体。本章的重点主要是研究狭义的指数。

9.1.2 统计指数的分类

1. 按指数研究对象的范围分

按指数研究对象的范围分，统计指数可分为个体指数和总指数。

（1）个体指数是指反映个别事物数量变动的相对数。如个别产品的产量指数、某种商品的价格指数等。个体指数是用来反映简单现象总体数量变动的指数，属于广义指数的范畴。个体指数通常记为 i，例如：

$$个体产品产量指数\ i_q = \frac{q_1}{q_0}$$

$$个体单位产品成本指数\ i_z = \frac{z_1}{z_0}$$

$$个体物价指数\ i_p = \frac{p_1}{p_0}$$

式中，q 表示产量，z 表示单位产品成本，p 表示商品的单价；下标 1 表示报告期，下标 0 表示基期。

例如，某种蔬菜 2017 年 3 月 15 日的价格为 5.68 元，而前一天的价格为 5 元，那么这种蔬菜的个体价格指数就是 113.6%（5.68/5×100%），说明这种蔬菜 3 月 15 日的价格比前一天的价格上涨 13.6%。

（2）总指数是反映复杂社会经济现象总体数量综合变动的相对数。如工业总产量指数、零售物价总指数、居民消费价格总指数等。总指数是用来反映复杂社会经济现象总体数量变动的指数，属于狭义指数的范畴。

总指数与个体指数之间具有密切的联系。例如，工业产品产量指数是综合反映总体中各个产品产量平均变动情况的；销售价格指数是综合反映各个商品价格平均变动情况的。因此，总指数可以说是各个个体指数的平均数。

在个体指数与总指数之间，还有一种类（组）指数。类（组）指数是用来说明总体中某一类（组）社会经济现象变动情况的相对数。它的编制方法与总指数相同，只是范围小些。例如，在零售商品中，食品类商品的零售物价指数就属于类（组）指数。编制类（组）指数可以更深入地反映各类社会经济现象的发展情况，研究总体中各部分现象的发展变化规律。

2. 按指数所反映的现象特征分

按指数所反映的现象特征分，统计指数可分为数量指标指数和质量指标指数。

（1）数量指标指数是用来反映社会经济现象的数量或规模变动方向和程度的指数。如产品产量指数、商品销售量指数、职工人数指数等。

（2）质量指标指数是用来反映社会经济现象质量、内涵变动情况的指数。如单位成本指数、物价指数、劳动生产率指数等。

3. 按指数所采用的基期分

按指数所采用的基期分，统计指数可分为定基指数和环比指数。

（1）定基指数是指各个时期指数都是采用同一个固定时期为基期计算的指数。

（2）环比指数是指依次以前一个时期为基期计算的指数。

定基指数和环比指数是各个时期的指数按时间顺序加以排列，也称指数数列。

4. 按指数对比内容分

按指数对比内容分，统计指数可分为动态指数和静态指数。

（1）动态指数是由两个不同时期的同类经济现象水平对比形成的指数，说明现象在不用时间上发展变化的程度。如零售物价指数、股票价格指数等。动态指数是应用最为广泛、最为重要的指数。

（2）静态指数包括空间指数和计划完成程度指数两种。空间指数（地域指数）是将不同空间（如不同国家、地区、部门、企业等）的同类现象进行比较的结果，反映现象在不同空间的差异程度。计划完成程度指数是指同一地区、单位的实际水平与计划水平对比形成的指数，反映计划的执行情况或完成与未完成的程度。

5. 按指数计算方法分

按指数计算方法分，统计指数可分为综合指数与平均指数。

（1）综合指数是通过同度量因素的媒介作用，将不同度量的事物综合计算的指数。综合指数包括数列指标指数和质量指标指数。如商品销售量指数、商品销售价格指数等。

（2）平均指数是以个体指数为基础，采用平均形式编制的总指数。

★ **相关链接**

啤酒与尿布的故事

全球最大的零售商沃尔玛通过分析顾客购物的数据后发现，很多周末购买尿布的顾客同时也购买啤酒。经过深入观察和研究发现，美国家庭买尿布的多是爸爸。年轻的父亲们下班后要到超市买尿布，同时"顺手牵羊"带走啤酒，好在周末看棒球赛时过把酒瘾。后来沃尔玛就把尿布和啤酒摆放得很近，从而促进了尿布和啤酒的销量。这个故事被公认是数据挖掘的经典范例。

9.1.3 统计指数的作用

1. 综合反映社会经济现象总的变动方向和变动程度

在统计实践中，经常要研究多种商品或产品的价格综合变动情况、多种商品的销售量或多种产品的成本总变动，多种股票价格的综合变动等。这类问题由于各种商品或产品的使用价值不同、各种股票价格涨跌幅度和成交量不同，所以个体之间不能直接相加。指数法的首要任务，就是把不能直接加总的现象过渡到可以加总对比，从而反映复杂经济现象的总变动方向及变动程度。例如，2016年全国居民消费价格指数（以2015年为基期）为102%，这表明2016年全国居民消费价格比2015年上涨了2%。

2. 分析和测定复杂社会经济现象总变动中各个因素的影响方向和影响程度

复杂社会经济现象总体是由多个因素构成的，其变动是由构成的诸多因素变动综合影响的结果。如商品销售额由商品销售量和销售价格两个因素组成，即

$$商品销售额 = 商品销售量 \times 商品销售价格$$

商品销售额的多少取决于商品销售量的多少和商品销售价格的高低。诸如此类现象，就要编制指数体系来分析和测定社会经济现象总体中各个构成因素对其的影响方向和影响程度。

3. 反映现象的长期变动趋势

按时间次序，连续编制指数的时间数列可以从动态上反映事物发展变化的趋势。例如，根据2001—2016年共16年的零售商品价格资料，编制16个环比价格指数，从而构成价格指数数列，就可以揭示零售商品价格的长期变动趋势。

9.2 加权指数

9.2.1 加权综合指数

1. 加权综合指数的编制原理

加权综合指数也可简称为综合指数，是编制和计算总指数的一种基本形式，它是由两个总量指标对比而形成的指数。在所研究的总量指标中，包含两个或两个以上的因素，将其中

一个或一个以上的因素固定下来，仅观察其中一个因素的变动，这样编制出来的总指数就叫作综合指数。综合指数有两种：一种是数量指标指数，如商品销售量指数；另一种是质量指标指数，如商品价格指数。

编制综合指数时，无论是数量指标指数还是质量指标指数，都由两个因素构成：一个是指数化因素，另一个是同度量因素。指数化因素是指要通过指数反映其变动的因素，是编制综合指数时所要测定的因素，如销售量指数中的销售量，价格指数中的价格。同度量因素是把不能直接相加的总体转化为可以直接相加的总体的媒介因素，如销售量指数中的价格，价格指数中的销售量。同度量因素不仅可以起到同度量的作用，还可以起到权数的作用，因此，综合指数也可称为加权综合指数。

编制综合指数的基本原理是"先综合，后对比"。即要先加总个别事物的指数化因素，显然，指数化因素不能直接相加总，必须先找出一个适当的媒介因素，将不能直接相加的事物转变为能直接相加的事物，引入的这个因素就是同度量因素。在编制综合指数时，必须将同度量因素固定在同一个时期。例如，在编制销售量指数时，需要将作为同度量因素的价格固定在同一时期，以测定销售量的综合变动；在编制价格指数时，需要将作为同度量因素的销售量固定在同一时期，以测定价格的综合变动。至于同度量因素应该固定在基期、报告期还是其他时期，可以根据需要加以选择。

2. 加权综合指数的一般编制方法

编制综合指数的主要问题是确定同度量因素并把同度量因素固定在某一个时期。根据统计实践的应用情况，同度量因素时期的选择一般按如下方法：在编制数量指标指数时，应以基期的质量指标作为同度量因素；在编制质量指标指数时，应以报告期的数量指标作为同度量因素。由此得到综合指数的基本计算公式为

数量指标指数：$$I_q = \frac{\sum p_0 q_1}{\sum p_0 q_0} \qquad (9\text{-}1)$$

质量指标指数：$$I_p = \frac{\sum p_1 q_1}{\sum p_0 q_1} \qquad (9\text{-}2)$$

式中，q_0 和 q_1 分别表示基期和报告期的数量指标；p_0 和 p_1 分别表示基期和报告期的质量指标；I 代表指数。

【例 9-1】某商店基期和报告期的销售资料见表 9-2。试计算该商店商品的销售量指数和销售价格指数。

表 9-2 某商店商品销售资料表

商品类别	计量单位	销售价格/元		销售量		销售额/万元		
		p_0	p_1	q_0	q_1	$p_0 q_0$	$p_1 q_1$	$p_0 q_1$
甲	台	100	120	1 100	1 200	11	14.4	12
乙	千克	80	110	500	600	4	6.6	4.8
丙	吨	480	500	50	60	2.4	3	2.88
合计	—	—	—	—	—	17.4	24	19.68

根据式（9-1）和（9-2）计算如下：

商品销售量指数： $I_q = \dfrac{\sum p_0 q_1}{\sum p_0 q_0} = \dfrac{19.68}{17.4} = 113.10\%$

$\sum p_0 q_1 - \sum p_0 q_0 = 19.68 - 17.4 = 2.28$（万元）

商品销售价格指数： $I_p = \dfrac{\sum p_1 q_1}{\sum p_0 q_1} = \dfrac{24}{19.68} = 121.95\%$

$\sum p_1 q_1 - \sum p_0 q_1 = 24 - 19.68 = 4.32$（万元）

计算结果表明，该商店的商品销售量报告期与基期相比增加了13.10%，由于销售量的增加，使得销售额增加了2.28万元；该商店的商品价格报告期比基期上升了21.95%，由于价格上升，使得销售额增加了4.32万元。

以商品的销售量指数与销售价格指数为例，计算公式这样确定的好处在于，销售量指数如果选择报告期的价格作为同度量因素会包含价格因素从基期到报告期的变动，若要价格不变，选择基期比较符合经济现象变动的客观实际。同理，销售价格指数选择报告期的销售量作为同度量因素也更符合实际需要，毕竟以基期销售量来研究报告期相对于基期的变动情况会偏离实际的销售经营情况。

3. 加权综合指数的其他编制方法

前面学习的数量指标指数和质量指标指数的计算方法是我国统计实践中的一种常用做法，实际上关于综合指数的编制还有许多其他方法也被广泛应用于现实工作中，常用的有以下几种：

（1）拉氏指数。拉氏指数是在1864年由德国经济学家埃蒂恩·拉斯贝尔（Etienne Laspeyres）首先提出的，其特点是无论编制数量指标指数还是质量指标指数都将其同度量因素固定在基期水平上，因此拉氏指数也称基期加权综合指数。其具体计算公式为

$$L_q = \dfrac{\sum p_0 q_1}{\sum p_0 q_0}, \quad L_p = \dfrac{\sum p_1 q_0}{\sum p_0 q_0} \tag{9-3}$$

（2）派氏指数。派氏指数是由德国经济学家哈曼·派许（Herman Paasche）在1874年提出的，其编制原则是无论编制数量指标指数还是质量指标指数都将其同度量因素固定在报告期水平上，所以派氏指数也称报告期加权综合指数。其具体计算公式为

$$P_q = \dfrac{\sum p_1 q_1}{\sum p_1 q_0}, \quad P_p = \dfrac{\sum p_1 q_1}{\sum p_0 q_1} \tag{9-4}$$

（3）马埃指数。马埃指数是由英国经济学家马歇尔（A. Marshall）和埃奇沃斯（F. Y. Edgeworth）在1887—1890年提出的。马埃公式的特点是以交叉加权综合的方式对拉氏指数和派氏指数进行了折中，把同度量因素固定在基期与报告期水平的中间位置。其具体计算公式如下：

$$E_q = \frac{\sum q_1(\frac{p_0 + p_1}{2})}{\sum q_0(\frac{p_0 + p_1}{2})} = \frac{\sum p_0 q_1 + \sum p_1 q_1}{\sum p_0 q_0 + \sum p_1 q_0}$$

$$E_p = \frac{\sum p_1(\frac{q_0 + q_1}{2})}{\sum p_0(\frac{q_0 + q_1}{2})} = \frac{\sum p_1 q_0 + \sum p_1 q_1}{\sum p_0 q_0 + \sum p_0 q_1}$$

(9-5)

（4）理想指数。理想指数是由美国经济学家沃尔什（G. M. Walsh）和庇古（A. C. Pigou）等人在1901—1902年提出的，然后美国经济学家费雪（I. Fisher）比较验证了该公式的优良性，将其命名为"理想公式"，也称为费雪公式。该公式是通过对拉氏指数和派氏指数求几何平均数综合得来的。其具体计算公式为

$$F_q = \sqrt{\frac{\sum p_0 q_1}{\sum p_0 q_0} \times \frac{\sum p_1 q_1}{\sum p_1 q_0}}, F_p = \sqrt{\frac{\sum p_1 q_0}{\sum p_0 q_0} \times \frac{\sum p_1 q_1}{\sum p_0 q_1}}$$

(9-6)

（5）杨格指数。杨格指数是由英国经济学家杨格（A. Young）提出的。它的同度量因素既不是固定在基期也不是固定在报告期，而是固定在某一个特定时期（第 n 期），该固定期一经选定可以多年不变，有利于观察现象长时间发展变化的趋势。其具体计算公式为

$$Y_q = \frac{\sum p_n q_1}{\sum p_n q_1}, Y_p = \frac{\sum p_1 q_n}{\sum p_0 q_n}$$

(9-7)

9.2.2 加权平均指数

1. 加权平均指数的编制原理

综合指数是编制总指数的基本形式，但在实际工作中，在许多情况下难以取得它所要求的资料。因为，无论采用哪一个公式，都必须掌握 $\sum p_0 q_1$ 这个假定价值总量指标的数据资料，这意味着计算综合指数需要搜集关于数量指标和质量指标的基期与报告期的全面资料，但实践中很难做到这一点。一般较容易得到的数据是基期与报告期的价值总量以及相应的个体指数资料，因此有必要对综合指数公式进行变形，通过对个体指数求加权平均的方式计算总指数，习惯上称之为加权平均指数，它也是总指数的基本形式之一。

加权平均指数的编制原理是"先对比，后平均"。其中"先对比"是指先通过对比计算个别现象的个体指数；"后平均"则是将个体指数按适当的权数进行加权平均来计算总指数。加权平均指数中的个体指数相当于加权平均指数计算公式中被平均的变量，权数一般选择与所编制指数密切相关的价值总量 pq。根据 p 和 q 所属时期的不同可以有 $p_1 q_1$、$p_0 q_0$、$p_0 q_1$、$p_1 q_0$ 四种形式，通过对综合指数的公式进行变形可以得到加权算术平均指数和加权调和平均指数的公式（表9-3）。由于实际工作中 $p_0 q_1$ 和 $p_1 q_0$ 的资料不易取得，所以常见的加权平均指数多是以 $p_1 q_1$ 和 $p_0 q_0$ 为权数的加权算术平均指数与加权调和平均指数。

表 9-3　加权综合指数与加权平均指数变换对比表

指数种类	加权综合指数公式	加权算术平均指数公式	加权调和平均指数公式
数量指标指数 I_q	$I_q = \dfrac{\sum p_0 q_1}{\sum p_0 q_0}$	$\dfrac{\sum i_q p_0 q_0}{\sum p_0 q_0}$	$\dfrac{\sum p_0 q_1}{\sum \dfrac{1}{i_q} p_0 q_1}$
质量指标指数 I_p	$I_p = \dfrac{\sum p_1 q_1}{\sum p_0 q_1}$	$\dfrac{\sum i_p p_0 q_1}{\sum p_0 q_1}$	$\dfrac{\sum p_1 q_1}{\sum \dfrac{1}{i_p} p_1 q_1}$

2. 加权平均指数的种类

从表 9-2 中指数公式的变换情况可以看出，由加权综合指数变形为加权平均指数时，数量指标指数适宜采用加权算术平均法，掌握的资料一般是个体指数 i_q 与综合指数分母资料 $p_0 q_0$；质量指标指数适宜采用加权调和平均法，掌握的是个体指数 i_p 与综合指数的分子资料 $p_1 q_1$。

（1）加权算术平均指数。设个体数量指标指数 $i_q = \dfrac{q_1}{q_0}$，则计算公式如下：

$$I_q = \frac{\sum p_0 q_1}{\sum p_0 q_0} = \frac{\sum \dfrac{q_1}{q_0} p_0 q_0}{\sum p_0 q_0} = \frac{\sum i_q p_0 q_0}{\sum p_0 q_0} \tag{9-8}$$

【例 9-2】某企业经营三种商品的销售情况见表 9-4，试计算该企业的销售量总指数。

表 9-4　某企业销售量指数计算表

商品名称	计量单位	销售量 基期（q_0）	销售量 报告期（q_1）	基期销售额 ($p_0 q_0$)/万元	$i_q = \dfrac{q_1}{q_0}$	$i_q p_0 q_0$
A	千克	300	480	6	1.60	9.60
B	件	600	900	4	1.50	6.00
C	台	150	300	5	2.00	10.00
合计	—	—	—	15		25.60

把已知数据代入式（9-8），得

$$I_q = \frac{\sum i_q p_0 q_0}{\sum p_0 q_0} = \frac{25.6}{15} = 170.67\%$$

由计算结果可知，该企业三种商品的销售量报告期比基期增加了 70.67%。

（2）加权调和平均指数。设个体质量指标指数 $i_p = \dfrac{p_1}{p_0}$，则计算公式如下：

$$I_p = \frac{\sum p_1 q_1}{\sum p_0 q_1} = \frac{\sum p_1 q_1}{\sum \dfrac{p_0}{p_1} p_1 q_1} = \frac{\sum p_1 q_1}{\sum \dfrac{1}{i_p} p_1 q_1} \tag{9-9}$$

【例9-3】 某企业经营三种商品的销售情况见表9-5,试计算该企业的销售价格总指数。

表9-5　某企业销售价格指数计算表

商品名称	计量单位	销售价格 基期（p_0）	销售价格 报告期（p_1）	报告期销售额 ($p_1 q_1$)/万元	$i_p = \dfrac{p_1}{p_0}$	$\dfrac{1}{i_p} p_1 q_1$
A	千克	1.2	1.5	8	1.25	6.40
B	件	5	6	6	1.20	5.00
C	台	300	330	6	1.10	5.45
合计	—	—	—	20	—	16.85

把已知数据代入式（9-9）得

$$I_p = \frac{\sum p_1 q_1}{\sum \dfrac{1}{i_p} p_1 q_1} = \frac{20}{16.85} = 118.69\%$$

由计算结果可知,该企业三种商品的销售价格报告期比基期上升了18.69%。

★ 相关链接

《红楼梦》作者考证

众所周知,《红楼梦》一书共120回,自从胡适做《红楼梦考证》以来,一般都认为前80回为曹雪芹所写,后40回为高鹗所续。然而长期以来这种看法一直饱受争议。

能否从统计上做出论证?从1985年开始,复旦大学的李贤平教授带领他的学生做了这项很有意义的工作,他们创造性的想法是将120回看成是120个样本,然后确定与情节无关的虚词出现的次数作为变量,巧妙运用数理统计分析方法,看看哪些回目出自同一人的手笔。

一般认为,每个人使用某些词的习惯是特有的。于是李教授用每个回目中47个虚词(之,其,或……;呀,吗,咧,罢……;可,便,就……;等等)出现的次数(频率),作为《红楼梦》各个回目的数字标志。之所以要抛开情节,是因为在一般情况下,同一情节大家描述的都差不多,但由于个人写作特点和习惯的不同,所用的虚词是不会一样的。利用多元分析中的聚类分析法进行聚类,果然将120回分成两类,即前80回为一类,后40回为一类,很形象地证实了《红楼梦》不是出自同一人的手笔。之后又进一步分析前80回是否为曹雪芹所写。这时又找了一本曹雪芹的其他著作,做了类似计算,结果证实了用词手法完全相同,断定前80回为曹雪芹一人手笔,是他根据《石头记》写成,中间插入《风月宝鉴》,还有一些别的增加成分。而后40回是否为高鹗写的呢?论证结果认为后40回并非高鹗一个人所写,而是曹雪芹的亲友将其草稿整理而成,宝黛故事为一人所写,贾府衰败情景当为另一人所写等。

这个论证在红学界轰动很大,李教授他们用多元统计分析方法支持了红学界的观点,使红学界大为赞叹。

9.3 指数体系与因素分析

9.3.1 指数体系

1. 指数体系的概念

社会经济现象之间是相互联系、相互影响的。某一些现象的变动往往受到其他因素的影响和制约,它们之间的联系可以用经济方程式表现出来,比如:

$$商品销售额 = 商品销售量 \times 商品销售价格$$
$$总成本 = 产品产量 \times 单位产品成本$$
$$工业总产值 = 产品产量 \times 出厂价格$$

以上关系式按指数形式表现时,也同样存在对等关系。即

$$商品销售额指数 = 商品销售量指数 \times 商品销售价格指数$$
$$总成本指数 = 产品产量指数 \times 单位产品成本指数$$
$$工业总产值指数 = 产品产量指数 \times 出厂价格指数$$

这些指数关系归纳起来就是

$$现象总体变动指数 = 数量指标指数 \times 质量指标指数$$

这种在性质上相互联系、在数量上存在一定对等关系的三个或三个以上的指数构成的整体叫作指数体系。

2. 指数体系的作用

指数体系在统计分析中有着重要的作用,主要表现在以下三个方面:

(1) 利用指数体系可以进行因素分析。当分析复杂现象变动时,为了测定和分析各个因素变动对复杂现象变动的影响,就要利用指数体系。例如,利用指数体系可以分别测定商品销售量变动和商品价格变动对商品销售额变动的影响方向和影响程度。

(2) 利用指数体系可以进行指数间的相互推算。例如,若已知农副产品收购额指数和农副产品收购价格指数,则可推算农副产品收购量指数。其计算公式为

$$农副产品收购量指数 = 农副产品收购额指数 \div 农副产品收购价格指数$$

(3) 用综合指数法编制总指数时,指数体系也是确定同度量因素所属时期的根据之一。因为指数体系是进行因素分析的依据,所以要求各个指数之间在数量上要保持一定的联系。例如,在编制商品销售量指数时,把作为同度量因素的商品价格固定在基期,那么在编制商品价格指数时就必须把作为同度量因素的商品销售量固定在报告期。

9.3.2 因素分析

1. 因素分析的含义

因素分析是指利用指数体系分析各构成因素的变化对总体现象变化影响的方向和程度的一种统计分析方法。

应用指数体系进行因素分析的步骤:

(1) 根据社会经济现象之间的相互关系,编制指数体系;

(2) 利用指数体系从相对数和绝对数两方面分析各因素变动对复杂现象总变动的影响

方向和程度。

2. 因素分析的种类

（1）因素分析按被研究指标的性质不同，可以分为总量指标变动的因素分析和平均指标变动的因素分析。前者分析绝对指标的总变动中各因素变动的影响，如销售额变动中的销售量、销售价格的影响程度；后者分析加权平均指标的变动中变量值水平和总体结构的影响，如平均工资的变动中工资水平和个人结构的影响程度等。

（2）因素分析按影响因素的多少不同，可以分为两因素分析和多因素分析。

9.3.3　总量指标变动的因素分析

1. 两因素分析

在指数体系中，若总变动指数等于两个因素指数的乘积，则采用总量指标变动的两因素分析，分别分析两个因素各自的变动对总变动的影响程度和影响的绝对额。下面以商品销售额的变动为例来说明两因素分析的方法。

商品销售额指数、商品销售量指数以及商品销售价格指数之间的指数体系关系为

$$商品销售额指数 = 商品销售量指数 \times 商品销售价格指数$$

（1）分析总体现象（商品销售额）的变动程度和变动差额。

商品销售额变动的程度可以用商品销售额指数来反映，即

$$I_{pq} = \frac{\sum p_1 q_1}{\sum p_0 q_0}$$

商品销售额的变动差额可以用商品销售额指数中的分子与分母之差来反映，即 $\sum p_1 q_1 - \sum p_0 q_0$。

（2）分析各个因素分变动对总变动的影响程度及其绝对差额。

①商品销售量变动对商品销售额变动影响的程度及影响的绝对差额如下：

$$影响的程度 I_q = \frac{\sum p_0 q_1}{\sum p_0 q_0}$$

$$影响的绝对差额 = \sum p_0 q_1 - \sum p_0 q_0$$

②商品销售价格变动对商品销售额变动影响的程度及影响的绝对差额如下：

$$影响的程度 I_p = \frac{\sum p_1 q_1}{\sum p_0 q_1}$$

$$影响的绝对差额 = \sum p_1 q_1 - \sum p_0 q_1$$

（3）综合分析两个因素的变动对总体变动的影响。商品销售额的变动是商品销售量和商品销售价格两个因素共同影响的结果。可用以下指数体系来表示：

相对数形式：
$$I_{pq} = I_q \times I_p$$

即
$$\frac{\sum p_1 q_1}{\sum p_0 q_0} = \frac{\sum p_0 q_1}{\sum p_0 q_0} \times \frac{\sum p_1 q_1}{\sum p_0 q_1}$$

绝对数形式：

$$\sum p_1q_1 - \sum p_0q_0 = \left(\sum p_0q_1 - \sum p_0q_0\right) + \left(\sum p_1q_1 - \sum p_0q_1\right)$$

【例9-4】某企业三种商品的销售资料见表9-6，要求对该企业三种商品的销售额变动进行两因素分析。

表9-6　某企业三种商品的销售资料

商品名称	计量单位	销售量		价格/元		销售额/万元		
		基期 q_0	报告期 q_1	基期 p_0	报告期 p_1	基期 p_0q_0	报告期 p_1q_1	假定期 p_0q_1
甲	米	1 200	1 250	25	30	3.000	3.750	3.125
乙	吨	500	550	300	250	15.000	13.750	16.500
丙	件	800	950	60	50	4.800	4.750	5.700
合计	—	—	—	—	—	22.800	22.250	25.325

（1）分析商品销售额的变动程度与变动绝对差额。

$$I_{pq} = \frac{\sum p_1q_1}{\sum p_0q_0} = \frac{22.25}{22.8} = 97.59\%$$

$$\sum p_1q_1 - \sum p_0q_0 = 22.25 - 22.8 = -0.55(万元)$$

（2）分别分析商品销售量和商品销售价格的变动对商品销售额变动影响的程度与绝对差额。

①商品销售量变动对商品销售额变动影响的程度及绝对差额：

$$I_q = \frac{\sum p_0q_1}{\sum p_0q_0} = \frac{25.325}{22.8} = 111.07\%$$

$$\sum p_0q_1 - \sum p_0q_0 = 25.325 - 22.8 = 2.525(万元)$$

②商品销售价格变动对商品销售额变动影响的程度及绝对差额：

$$I_p = \frac{\sum p_1q_1}{\sum p_0q_1} = \frac{22.25}{25.325} = 87.86\%$$

$$\sum p_1q_1 - \sum p_0q_1 = 22.25 - 25.325 = -3.075(万元)$$

（3）从相对数和绝对数两方面综合分析商品销售量和商品销售价格两个因素对商品销售额变动的总体影响。

相对数分析：

$$\frac{\sum p_1q_1}{\sum p_0q_0} = \frac{\sum p_0q_1}{\sum p_0q_0} \times \frac{\sum p_1q_1}{\sum p_0q_1}$$

$$97.59\% = 111.07\% \times 87.86\%$$

绝对数分析：

$$\sum p_1q_1 - \sum p_0q_0 = \left(\sum p_0q_1 - \sum p_0q_0\right) + \left(\sum p_1q_1 - \sum p_0q_1\right)$$

-0.55（万元） $= 2.525$（万元） $+$ （-3.075）（万元）

由以上分析可知，该企业三种商品的销售额报告期比基期减少了 2.41%，绝对减少了 0.55 万元。其中，由于商品销售量增加 11.07%，使得销售额增加了 2.525 万元；由于商品销售价格下降 12.14%，使得销售额减少了 3.075 万元。

2. 多因素分析

在现实经济生活中，还有很多现象是由两个以上的因素决定的，对这种现象进行的分析称为多因素分析。例如：

$$\text{原材料费用总额} = \text{产品产量} \times \text{单位产品原材料消耗量} \times \text{原材料单价}$$

$$\text{工业总产值} = \text{职工人数} \times \text{生产工人比重} \times \text{生产工人劳动生产率}$$

多因素分析是两因素分析的深入，同度量因素时期的确定与两因素分析相同，只是由于指标包含了三个及以上因素，因此需要合理地安排各个因素的前后顺序，测定其中一个因素变动的影响时，要把其余因素都固定不变。具体来说，在多因素分析中编制指数体系时应注意以下几个问题：

(1) 多因素分析必须遵循连环替代法的原则，即在分析受多种因素影响的事物变动时，为了测定某一因素的影响，需将其余因素固定下来，如此逐项分析，逐项替代。

(2) 各因素之间的排列顺序应遵循数量指标在前，质量指标在后的原则，并且要使相邻指标相乘符合实际经济意义。

(3) 在多因素分析中，当分析第一个因素变动的影响时，将其余因素作为同度量因素固定在基期；当分析第二个因素变动的影响时，将已分析过的因素固定在报告期，未分析的因素仍固定在基期；当分析第三个因素变动的影响时，将已分析过的两个因素都固定在报告期，其余未分析的因素仍固定在基期，以此类推，直到把所有因素分析完为止。

例如，某工厂对原材料费用总额的变动进行因素分析，影响原材料费用总额的因素有三个：产品产量、单位产品原材料消耗量（单耗）和原材料单价。在这三个因素中，产品产量是数量指标；单耗对产品产量而言是质量指标，对原材料单价而言是数量指标（这类指标具有双重性质）；原材料单价是质量指标。因此可得到如下等式关系：

$$\text{原材料费用总额} = \text{产品产量} \times \text{单耗} \times \text{原材料单价}$$

进而可得它们的指数之间存在的关系：

$$\text{原材料费用总额指数} = \text{产品产量指数} \times \text{单耗指数} \times \text{原材料单价指数}$$

假设用 q 表示产品产量，m 表示单耗，p 表示原材料单价，则指数体系可表示为

相对数形式：
$$I_{qmp} = I_q \times I_m \times I_p$$

即
$$\frac{\sum q_1 m_1 p_1}{\sum q_0 m_0 p_0} = \frac{\sum q_1 m_0 p_0}{\sum q_0 m_0 p_0} \times \frac{\sum q_1 m_1 p_0}{\sum q_1 m_0 p_0} \times \frac{\sum q_1 m_1 p_1}{\sum q_1 m_1 p_0}$$

绝对数形式：
$$\sum q_1 m_1 p_1 - \sum q_0 m_0 p_0 = \left(\sum q_1 m_0 p_0 - \sum q_0 m_0 p_0\right) + \left(\sum q_1 m_1 p_0 - \sum q_1 m_0 p_0\right) + \left(\sum q_1 m_1 p_1 - \sum q_1 m_1 p_0\right)$$

【例 9-5】某厂生产三种产品的产量、单耗及原材料单价资料见表 9-7，要求对该厂原材料费用总额的变动进行多因素分析。

表 9-7　某厂产品产量、单耗及原材料单价资料

产品名称	单位	原材料单位	产品产量 基期 q_0	产品产量 报告期 q_1	单耗 基期 m_1	单耗 报告期 m_0	原材料单价/元 基期 p_0	原材料单价/元 报告期 p_1
甲	件	米	600	800	1.2	0.9	20	21
乙	套	千克	1 100	1 200	2.0	1.8	15	18
丙	件	千克	900	950	2.2	2.1	30	28

根据指数体系分析的要求,计算有关原材料费用总额,见表 9-8。

表 9-8　有关原材料费用总额计算表　　　　　　　　单位:元

产品	原材料费用总额			
	$q_0 m_0 p_0$	$q_1 m_0 p_0$	$q_1 m_1 p_0$	$q_1 m_1 p_1$
甲	14 400	19 200	14 400	15 120
乙	33 000	36 000	32 400	38 880
丙	59 400	62 700	59 850	55 860
合计	106 800	117 900	106 650	109 860

(1) 分析原材料费用总额的变动程度与变动绝对差额。

$$\text{原材料费用总额指数 } I_{qmp} = \frac{\sum q_1 m_1 p_1}{\sum q_0 m_0 p_0} = \frac{109\ 860}{106\ 800} = 102.87\%$$

增加的原材料费用总额 = $\sum q_1 m_1 p_1 - \sum q_0 m_0 p_0$ = 109 860 - 106 800 = 3 060(元)

(2) 分析各因素变动影响的程度及绝对差额。

①产品产量变动的影响分析如下:

$$\text{产品产量指数 } I_q = \frac{\sum q_1 m_0 p_0}{\sum q_0 m_0 p_0} = \frac{117\ 900}{106\ 800} = 110.39\%$$

因产量变动而增加的原材料费用 = $\sum q_1 m_0 p_0 - \sum q_0 m_0 p_0$
$$= 117\ 900 - 106\ 800 = 11\ 100\ (\text{元})$$

②单耗变动的影响分析如下:

$$\text{单耗指数 } I_m = \frac{\sum q_1 m_1 p_0}{\sum q_1 m_0 p_0} = \frac{106\ 650}{117\ 900} = 90.46\%$$

因单耗变动而增加的原材料费用 = $\sum q_1 m_1 p_0 - \sum q_1 m_0 p_0$
$$= 106\ 650 - 117\ 900 = -11\ 250\ (\text{元})$$

③原材料单价变动的影响分析如下:

$$\text{原材料单价指数 } I_p = \frac{\sum q_1 m_1 p_1}{\sum q_1 m_1 p_0} = \frac{109\ 860}{106\ 650} = 103.01\%$$

因原材料单价变动而增加的原材料费用 = $\sum q_1 m_1 p_1 - \sum q_1 m_1 p_0$

$$= 109\,860 - 106\,650 = 3\,210\,（元）$$

（3）分析总体影响。

相对数分析：
$$102.87\% = 110.39\% \times 90.46\% \times 103.01\%$$

绝对数分析：
$$3\,060\,（元）= 11\,100\,（元）+（-11\,250）（元）+3\,210\,（元）$$

由以上分析可知，该厂三种产品的原材料费用总额报告期比基期增加了 2.87%，绝对增加了 3 060 元。其中，由于产品产量增加 10.39%，使得原材料费用增加了 11 100 元；由于原材料单耗降低 9.54%，使得原材料费用减少了 11 250 元；由于原材料单价上升 3.01%，使得原材料费用增加了 3 210 元。

9.3.4 平均指标变动的因素分析

从总量指标变动的因素分析可以看出，当一个总量指标分解成两个或两个以上因素的乘积时，就能计算每一个因素的变动对总量指标的影响。同样地，对于平均指标而言，也可以用上述方法进行分析，因为平均指标也能够分解为两个影响因素。在分组条件下，总平均指标等于各组平均数的加权算术平均，用公式表示为

$$\bar{x} = \frac{\sum xf}{\sum f} = \sum x \frac{f}{\sum f} \tag{9-10}$$

式中，$\bar{x}$ 表示总平均数；x 表示各组平均数；f 表示各组的次数或频数。

由式（9-10）可知，在分组条件下，总平均指标的变动受两个因素的影响：一是各组平均数（各组水平）x；二是各组次数（频数）所占的比重 $\frac{f}{\sum f}$，即总体结构。其中各组平均数 x 属于质量指标，各组次数所占的比重 $\frac{f}{\sum f}$ 属于数量指标。因此，对平均指标进行因素分析，需要分析各组水平变动的影响和总体结构变动的影响。

编制平均指标指数体系也应遵循综合指数编制的一般原则，即编制数量指标指数时，以基期的质量指标作为同度量因素；编制质量指标指数时，以报告期的数量指标作为同度量因素。由此可得，编制平均指标指数体系的具体原则为：编制关于 x 的指数，把同度量因素 $\frac{f}{\sum f}$ 固定在报告期；编制关于 $\frac{f}{\sum f}$ 的指数，则把同度量因素 x 固定在基期。根据这一原则，可得到平均指标指数的以下计算公式。

（1）可变构成指数：

$$I_{可变} = \frac{\bar{x_1}}{\bar{x_0}} = \frac{\dfrac{\sum x_1 f_1}{\sum f_1}}{\dfrac{\sum x_0 f_0}{\sum f_0}} \tag{9-11}$$

这个指数可简称为可变指数，它反映了平均指标的实际变动情况。

(2) 固定构成指数：

$$I_{固定} = \frac{\overline{x_1}}{\overline{x_n}} = \frac{\dfrac{\sum x_1 f_1}{\sum f_1}}{\dfrac{\sum x_0 f_1}{\sum f_1}} \tag{9-12}$$

这个指数可用来反映各组水平变动对平均指标的影响。

(3) 结构影响指数：

$$I_{结构} = \frac{\overline{x_n}}{\overline{x_0}} = \frac{\dfrac{\sum x_0 f_1}{\sum f_1}}{\dfrac{\sum x_0 f_0}{\sum f_0}} \tag{9-13}$$

这个指数可用来反映总体内各组结构变动对总平均指标的影响。

对以上三个指数进行综合分析可得以下指数体系：

相对数形式：

$$可变构成指数 = 固定构成指数 \times 结构影响指数$$

$$I_{可变} = I_{固定} \times I_{结构}$$

即

$$\frac{\dfrac{\sum x_1 f_1}{\sum f_1}}{\dfrac{\sum x_0 f_0}{\sum f_0}} = \frac{\dfrac{\sum x_1 f_1}{\sum f_1}}{\dfrac{\sum x_0 f_1}{\sum f_1}} \times \frac{\dfrac{\sum x_0 f_1}{\sum f_1}}{\dfrac{\sum x_0 f_0}{\sum f_0}}$$

绝对数形式：

$$\overline{x_1} - \overline{x_0} = (\overline{x_1} - \overline{x_n}) + (\overline{x_n} - \overline{x_0})$$

即

$$\frac{\sum x_1 f_1}{\sum f_1} - \frac{\sum x_0 f_0}{\sum f_0} = \left(\frac{\sum x_1 f_1}{\sum f_1} - \frac{\sum x_0 f_1}{\sum f_1}\right) + \left(\frac{\sum x_0 f_1}{\sum f_1} - \frac{\sum x_0 f_0}{\sum f_0}\right)$$

【例 9-6】某企业基期和报告期职工的月工资情况见表 9-9，要求分析该企业总平均工资变动中受职工工资水平和工人结构变动的影响程度和绝对差额。

表 9-9　某企业职工月工资情况

个人类别	月工资额/元		职工人数/人		工资总额/元		
	基期 x_0	报告期 x_1	基期 f_0	报告期 f_1	$x_0 f_0$	$x_1 f_1$	$x_0 f_1$
工种 A	1 200	1 500	30	25	36 000	37 500	30 000
工种 B	1 800	2 000	60	80	108 000	160 000	144 000
工种 C	2 500	3 000	50	45	125 000	135 000	112 500
合计	—	—	140	150	269 000	332 500	286 500

(1) 总平均工资的变动分析：

$$I_{可变} = \frac{\overline{x_1}}{\overline{x_0}} = \frac{\frac{\sum x_1 f_1}{\sum f_1}}{\frac{\sum x_0 f_0}{\sum f_0}} = \frac{\frac{332\,500}{150}}{\frac{269\,000}{140}} = \frac{2\,216.67}{1\,921.43} = 115.37\%$$

$$\overline{x_1} - \overline{x_0} = 2\,216.67 - 1\,921.43 = 295.24 \text{（元）}$$

（2）总平均工资受职工工资水平变动影响的分析：

$$I_{固定} = \frac{\overline{x_1}}{\overline{x_n}} = \frac{\frac{\sum x_1 f_1}{\sum f_1}}{\frac{\sum x_0 f_1}{\sum f_1}} = \frac{\frac{332\,500}{150}}{\frac{286\,500}{150}} = \frac{2\,216.67}{1\,910} = 116.06\%$$

$$\overline{x_1} - \overline{x_n} = 2\,216.67 - 1\,910 = 306.67 \text{（元）}$$

（3）总平均工资受工人结构变动影响的分析：

$$I_{结构} = \frac{\overline{x_n}}{\overline{x_0}} = \frac{\frac{\sum x_0 f_1}{\sum f_1}}{\frac{\sum x_0 f_0}{\sum f_0}} = \frac{\frac{286\,500}{150}}{\frac{269\,000}{140}} = \frac{1\,910}{1\,921.43} = 99.41\%$$

$$\overline{x_n} - \overline{x_0} = 1\,910 - 1\,921.43 = -11.43 \text{（元）}$$

三个指数之间的关系：

$$115.37\% = 116.06\% \times 99.41\%$$

三个差额之间的关系：

$$295.24 \text{（元）} = 306.67 \text{（元）} + (-11.43) \text{（元）}$$

计算结果表明，该企业职工的总平均工资报告期比基期增加了 15.37%，绝对数增加了 295.24 元。其中，由于工资水平上升 16.06%，使得总平均工资增加了 306.67 元；由于工人结构的变动使得总平均工资减少 0.59%，绝对数减少了 11.43 元。

★ **相关链接**

出租车肇事

某市发生一起出租车肇事逃逸案件，当时目击证人仅有一位。据证人陈述，肇事车为绿色。该市出租车仅有蓝、绿两种颜色，其中 0.5% 的出租车为绿色。目前已排除了外市出租车肇事的可能性。

同时，为了验证证人的辨色能力，还专门对其进行了辨色测试。测试结果表明，无论对蓝色还是绿色，证人都能以 95% 的概率判断正确。即若出租车为蓝色（绿色），证人 100 次中能有 95 次准确地判断出车为蓝色（绿色）。

现在的问题是公安部门是否应该完全相信证人的目击，而把调查完全放在该市的绿色出租车上？

通过统计中贝叶斯公式的计算,会发现证人的目击并不能成为调查的依据,仍然需要将调查的重点放在蓝色出租车上。

9.4 常用价格指数介绍

9.4.1 居民消费价格指数和零售物价指数

居民消费价格指数是综合反映各种消费品和生活服务价格的变动程度的重要经济指数,通常记为CPI。该指数可以用于分析市场物价的基本动态,调整货币工资以得到实际工资水平等。它是进行经济分析和决策、价格总水平检测和调控及国民经济核算的重要指标。

我国的居民消费价格指数是采用固定加权算术平均指数方法编制的。其主要编制过程和特点是:第一,将各种居民消费品和生活服务项目分为食品、衣着、家庭设备及用品、医疗保健、交通和通信、娱乐教育和文化用品、居住、服务项目八个大类,各大类再划分为若干个中类和小类;第二,从以上各类中选定325种有代表性的商品和服务项目入编指数(其中一般商品273种,餐饮业食品16种,服务项目36种),利用有关对比时期的价格资料分别计算个体价格指数;第三,依据有关时期内各种商品销售额构成确定代表品的比重权数,它不仅包括代表品本身的权数(直接权数),而且包括该代表品所属的那一类商品中其他项目所具有的权数(附加权数),以此提高入编项目对于所有消费品的一般代表性程度;第四,按从低到高的顺序,采用固定加权算术平均公式,依次编制各小类、中类的消费价格指数和消费价格总指数。编制居民消费价格指数的计算公式为

$$I_p = \frac{\sum i_p w}{\sum w} \tag{9-14}$$

式中,I_p表示居民消费价格指数;i_p表示个别商品或某类商品的价格指数;w为确定的居民消费构成的固定权数,一般有$\sum w = 100\%$。

我国的零售物价指数的编制程序与居民消费价格指数基本相同,也是采用固定加权算术平均指数公式。目前,零售物价指数的入编商品共计353项,其中不包括服务项目,对商品的分类方式也与居民消费价格指数有所不同。这些都决定了两种价格指数在分析意义上的差别:居民消费价格指数综合反映城乡居民所购买的各种消费品和生活服务的价格变动程度,而零售物价指数则反映城乡市场各种零售商品(不含服务)的价格变动程度。

9.4.2 农产品收购价格指数

农产品收购价格指数是反映一定时期农产品收购价格变动趋势和程度的指标。农产品价格的变动与农业生产的水平、速度和农村产业结构的变动,与农民的收入和生活水平密切相关。因此,农产品收购价格指数是各级政府研究农村经济和农民生活问题及制定农村经济政策的重要依据,也是反映工农业商品综合比价变动情况所必不可缺的指标。

我国的农产品收购价格指数是采用加权调和平均法编制的。其主要的编制过程为:第

一，将各种农产品分为粮食类、经济作物类（食用植物油及油料、棉、麻、糖、烟、茶等）、竹木材类、工业用油漆类（油脂、油料、漆胶等）、禽畜产品类（肉禽、禽蛋、皮张、鬃毛等）、蚕茧蚕丝类、干鲜果类、干鲜菜及调味品、中药材类、土特产品类、水产品类11大类，以下再划分为若干中类和小类；第二，从以上各类中选定276种有代表性的农产品入编指数，各地方可根据实际情况适当增加当地产量大的主要产品，减去当地不产或产量很小且没有代表性的农产品，必须选两个以上的代表规格品；第三，从各省（区）的主要市县、主产乡镇中若干收购量大的收购点搜集农产品的价格资料，产地分布较分散时，调查点可多些，产地分布较集中时，调查点可少些；第四，以收购量或收购额为权数，采用加权算术平均法或加权调和平均法，依次编制各小类、中类的农产品收购价格指数及农产品收购价格总指数。编制农产品收购价格指数的计算公式为

$$I_p = \frac{\sum p_1 q_1}{\sum \frac{1}{i_p} p_1 q_1} \tag{9-15}$$

式中，I_p 表示农产品收购价格指数；i_p 为个别农产品或某类农产品的收购价格指数；$p_1 q_1$ 为权数，表示个别农产品或某类农产品报告期的收购额。

9.4.3 进出口商品价格指数与贸易条件指数

1. 进出口商品价格指数

进出口商品价格指数是指反映进出口商品国际市场价格变动趋势与程度的指标。在统计实践中，一般是分别编制进口商品价格指数和出口商品价格指数，有的国家（地区）还单独编制转口商品价格指数。编制进出口商品价格指数有着重要的意义，具体表现在：

（1）编制进出口商品价格指数有利于正确反映我国对外经济贸易的规模、水平、速度的发展变化情况；

（2）编制进出口商品价格指数有利于研究外贸经济的结构及比例关系的发展变化；

（3）编制进出口商品价格指数也是完善价格指标体系的需要。通过编制包括进出口商品价格指数在内的各物价指数，全面反映商品价格的变动情况，为各级领导和有关部门制定和调整价格政策提供依据。

编制进出口商品价格指数需要注意以下问题：

（1）进出口商品价格指数所包括的商品范围，应与我国海关进出口贸易额的统计范围一致。商品分类也要与海关统计的商品分类相一致。

（2）一般来说，从进出口商品中选择代表品，不宜采用随机抽样法，而应当采用判断抽样法，有目的、有条件地选择代表商品和代表规格品。代表品的选择应遵循下列条件：①必须是实际进出国境的贸易性商品；②在进口货（出口）额中所占比重大、影响大的商品；③连续多年进口或出口，可以取得编制指数所必需的有关资料；④在同类或相关联的商品中价格变动情况有代表性。

（3）在我国的进出口统计中，无论是外贸业务统计，还是海关统计，都规定进口商品一律按到岸价（CIF）统计，出口商品则一律按离岸价（FOB）统计。因此，我国的进出口商品价格指数以采用到岸价（进口）和离岸价（出口）为宜。

(4) 进出口商品价格指数的计算方法有多种，如派氏综合法、拉氏综合法、加权算术平均法、加权调和平均法、费雪"理想公式"等。从我国的具体情况出发，我国编制进出口商品价格指数应采用加权调和平均公式，即

$$I_p = \frac{\sum p_1 q_1}{\sum \frac{1}{i_p} p_1 q_1} \tag{9-16}$$

式中，I_p 表示进出口商品价格指数；i_p 为个别进出口商品或某类进出口商品的价格指数；$p_1 q_1$ 为权数，表示个别进出口商品或某类进出口商品报告期的进口额或出口额。

按式 (9-16) 计算进出口商品价格指数的步骤为：先计算代表商品或代表规格品的指数，然后加权平均计算小类指数，进而计算中类和大类指数，最后计算总指数。计算过程由小到大，逐步升级，层层平均。

2. 贸易条件指数

贸易条件指数即进出口比价指数，因进出口比价的变动直接影响一个国家或地区从事对外贸易的条件，故又称贸易条件指数。其计算公式为

$$贸易条件指数 = \frac{出口价格指数}{进口价格指数} 或 \frac{进口价格指数}{出口价格指数} \tag{9-17}$$

9.4.4 股票价格指数

股票价格指数是指反映证券市场股票价格涨跌趋势和幅度的指标，是反映国家或地区社会经济和政治形势变动情况的最敏感的指标，被看作经济晴雨表和政治风云录。股票价格指数是根据精心选择的那些具有代表性和敏感性强的样本股票某时点市场价格计算的动态相对数，用以反映某一股市股票价格总的变动趋势。股票价格指数的单位习惯上用"点"表示，即基期为 100（或 1 000），每上升或下降一个单位称为 1 点。股票价格指数计算的方法很多，但一般以发行量为权数进行加权综合。其计算公式为

$$I_p = \frac{\sum_{i=1}^{n} p_{1i} q_{1i}}{\sum_{i=1}^{n} p_{0i} q_{1i}} \tag{9-18}$$

式中，I_p 为当日股价指数；p_{1i} 为报告期第 i 种股票的收盘价；p_{0i} 为基期第 i 种股票的收盘价；q_{1i} 为报告期第 i 种股票的发行量。

在世界各地的股价统计中，较有名的股价指数有美国的道琼斯指数和标准普尔指数、英国的金融时报指数、法国的 CAC 指数、德国的 DAX 指数、日本的日经指数及我国香港的恒生指数等，在此不再详细叙述这些指数的编制方法。

9.4.5 空间价格指数

空间价格指数又称地域价格指数，用于比较不同地区或国家各种商品价格的综合差异程度。它是进行地区对比和国际对比的一种重要分析工具。

与动态指数不同，空间指数的编制和分析有一些特殊要求。假定对 A、B 两个地区进行价格比较，如果以 B 地区为对比基准，采用拉氏公式编制价格指数，得到以下公式：

$$L_p^{A/B} = \frac{\sum p_A q_B}{\sum p_B q_B} \tag{9-19}$$

反之，如果以 A 地区为对比基准，同样采用拉氏公式编制价格指数，又得到：

$$L_p^{B/A} = \frac{\sum p_B q_A}{\sum p_A q_A} \tag{9-20}$$

那么，这两个互换对比基准的地区价格指数彼此是否能够保持一致呢？答案一般是否定的。例如，假定 A 地区的价格水平比 B 地区高出 25%，即 $L_p^{A/B}=125\%$，那么反之，B 地区的价格水平就应该比 A 地区低 20%，即 $L_p^{B/A}=\frac{1}{125\%}=80\%$。但实际上，互换对比基准之后的两个拉氏指数之间并不存在上面的联系，即：

$$L_p^{A/B} = \frac{\sum p_A q_B}{\sum p_B q_B} \neq \frac{\sum p_A q_A}{\sum p_B q_A} = \frac{1}{L_p^{B/A}}$$

派氏价格指数也存在类似的问题。这在空间对比中是非常不利的，因为空间对比的基准往往是人为的，如果一种指数公式给出的结果会随着基准地区的改变而改变，那就不适合于空间对比了。因此，在编制空间价格指数时往往采用埃奇沃斯指数公式：

$$E_p^{B/A} = \frac{\sum p_B(q_A + q_B)}{\sum p_A(q_A + q_B)} \tag{9-21}$$

这样得到的对比结论不会受到对比基准变化的影响，而且其同度量因素反映了两个对比地区的平均商品结构，具有实际经济意义。在国际经济对比中，该指数也获得了广泛的应用。

思考与练习

一、思考题

1. 什么是统计指数？编制统计指数有哪些作用？
2. 什么是数量指标指数和质量指标指数？编制时应遵循的一般原则是什么？
3. 什么是同度量因素？它在综合指数中主要有什么作用？
4. 什么是综合指数？什么是平均指数？作为综合指数之变形的平均指数有哪几种？
5. 什么是因素分析？因素分析包括哪几个方面的内容？
6. 平均指标的因素分析涉及了哪些指数？各指数的分析意义是什么？

二、单项选择题

1. 总指数的基本形式是（　　）。
   A. 个体指数　　　　　　　　　　B. 综合指数
   C. 算术平均指数　　　　　　　　D. 调和平均指数
2. 统计指数按其所反映的指标性质不同可分为（　　）。
   A. 个体指数和总指数　　　　　　B. 数量指标指数和质量指标指数
   C. 综合指数和平均指数　　　　　D. 算术平均指数和调和平均指数

3. 数量指标指数的同度量因素一般是（   ）。
   A. 基期质量指标　　　　　　　　　　B. 报告期质量指标
   C. 基期数量指标　　　　　　　　　　D. 报告期数量指标
4. 质量指标指数的同度量因素一般是（   ）。
   A. 基期质量指标　　　　　　　　　　B. 报告期质量指标
   C. 基期数量指标　　　　　　　　　　D. 报告期数量指标
5. 统计指数是一种反映现象变动的（   ）。
   A. 绝对数　　　　　　　　　　　　　B. 相对数
   C. 平均数　　　　　　　　　　　　　D. 序时平均数
6. 某企业 2016 年比 2015 年产量增长了 10%，产值增长了 20%，则产品的价格提高了（   ）。
   A. 10%　　　　B. 30%　　　　C. 100%　　　　D. 9.09%
7. 某厂 2015 年产品单位成本比去年提高了 6%，产品产量指数为 96%，则该厂总成本（   ）。
   A. 提高了 1.76%　　　　　　　　　　B. 提高了 1.9%
   C. 下降了 4%　　　　　　　　　　　D. 下降了 6.8%
8. 下列是数量指标指数的有（   ）。
   A. 产品产量指数　　　　　　　　　　B. 商品销售额指数
   C. 价格指数　　　　　　　　　　　　D. 产品成本指数
9. 商品销售额的增加额为 400 元，由于销售量增加使销售额增加 410 元，由于价格（   ）。
   A. 增长使销售额增加 10 元　　　　　　B. 增长使销售额增加 205 元
   C. 降低使销售额减少 10 元　　　　　　D. 降低使销售额减少 205 元
10. 某城市商业银行贷款增加 25%，利率提高 20%，则利息额增加（   ）。
    A. 45%　　　　B. 50%　　　　C. 5%　　　　D. 12.5%
11. 我国零售物价指数的编制是采用（   ）方法。
    A. 个体指数　　　　　　　　　　　　B. 综合指数
    C. 平均指数　　　　　　　　　　　　D. 固定加权平均指数
12. 为了反映职工工资水平的变动程度，应计算平均工资（   ）。
    A. 可变构成指数　　　　　　　　　　B. 结构影响指数
    C. 固定构成指数　　　　　　　　　　D. 以上都不是
13. 某企业职工工资总额今年比去年减少了 2%，而平均工资上升 5%，则职工人数减少（   ）。
    A. 3%　　　　B. 10%　　　　C. 7%　　　　D. 6.7%
14. 帕氏价格的综合指数公式是（   ）。
    A. $\dfrac{\sum ip_0q_0}{\sum p_0q_0}$ 　　　　　　　　　　B. $\dfrac{\sum p_1q_0}{\sum p_0q_0}$

C. $\dfrac{\sum p_1 q_1}{\sum \dfrac{p_1 q_1}{i}}$ D. $\dfrac{\sum p_1 q_1}{\sum p_0 q_1}$

15. 拉氏指数的计算公式是（   ）。

A. $\dfrac{\sum q_1 p_0}{\sum q_0 p_0}$ B. $\dfrac{\sum p_1 q_0}{\sum p_0 q_0}$

C. $\dfrac{\sum p_1 q_1}{\sum p_0 q_1}$ D. $\dfrac{\sum q_1 p_1}{\sum q_0 p_1}$

16. 固定权数的加权算术平均价格指数的计算公式是（   ）。

A. $\dfrac{\sum \dfrac{p_1}{p_0} w}{\sum w}$ B. $\dfrac{\sum \dfrac{q_1}{q_0} w}{\sum w}$

C. $\dfrac{\sum w}{\sum \dfrac{1}{K}}$ D. $\dfrac{\sum w}{\sum \dfrac{p_1}{p_0} w}$

17. 两个农贸市场水果的平均价格 5 月份比 4 月份提高了 17%，由于结构的变动使平均价格降低了 10%，则固定构成价格指数为（   ）。

 A. 76.9%   B. 106.4%
 C. 27%   D. 130%

18. 某企业职工人数与去年同期相比减少 2%，全员劳动生产率与去年同期相比则超出 5%，则该企业总产值增长了（   ）。

 A. 7%   B. 2.9%
 C. 3%   D. 10%

19. 销售量指数中指数化指标是（   ）。

 A. 销售量   B. 单位产品价格
 C. 单位产品成本   D. 销售额

20. 某厂 2015 年的产量比 2014 年增长 13.6%，生产费用增加了 12.9%，则该厂 2015 年产品成本（   ）。

 A. 减少了 0.62%   B. 减少了 5.15%
 C. 增加了 12.9%   D. 增加了 1.75%

三、多项选择题

1. 下列属于数量指标指数的是（   ）。

 A. 产品产量指数   B. 商品销售额指数
 C. 价格指数   D. 产品成本指数
 E. 职工人数指数

2. 同度量因素在综合指数中的作用有（   ）。

 A. 比较作用   B. 平衡作用   C. 权数作用

D. 推算作用　　　　E. 媒介作用

3. 平均指数（　　）。
   A. 是综合指数的变形
   B. 是各个个体指数的平均数
   C. 其权数可以是总量指标也可以是相对指标
   D. 是我国目前编制物价指数的常用方法
   E. 有算术平均指数和调和平均指数之分

4. 某种产品的生产总费用 2013 年为 50 万元，比 2012 年多 2 万元，而单位产品成本 2013 年比 2012 年降低 5%，则（　　）。
   A. 生产费用总指数为 104.17%　　B. 生产费用指数为 108.56%
   C. 单位成本指数为 95%　　　　　D. 产量指数为 109.65%
   E. 由于成本降低而节约的生产费用为 2.63 万元

5. 三个地区同一种商品的价格报告期为基期的 108%，这个指数是（　　）。
   A. 个体指数　　　　　　　　　　B. 总指数
   C. 综合指数　　　　　　　　　　D. 平均指数
   E. 质量指标指数

6. 编制综合指数的一般原则是（　　）。
   A. 质量指标指数以报告期数量指标作为同度量因素
   B. 数量指标指数以基期质量指标作为同度量因素
   C. 质量指标指数以基期数量指标作为同度量因素
   D. 数量指标指数以报告期质量指标作为同度量因素
   E. 随便确定

7. 以 q 代表销售量，以 p 代表商品价格，那么 $\sum p_1 q_1 - \sum p_0 q_1$ 的意义是（　　）。
   A. 由于销售额本身变动而增减的绝对额
   B. 由于物价的变动而增减的销售额
   C. 由于销售量变动而增减的销售额
   D. 由于物价变动使居民购买商品多支出或减少的人民币
   E. 由于销售量变动使居民购买商品多支出或少支出的人民币

8. 下列关于综合指数的描述中正确的有（　　）。
   A. 可变形为平均指数
   B. 是总指数的一种形式
   C. 是由两个总量指标对比而形成的指数
   D. 是由两个平均指标对比而形成的指数
   E. 是对个体指数进行加权平均而得到的总指数

9. 下列指数中，属于质量指标指数的有（　　）。
   A. 农产品产量总指数　　　　　　B. 农产品收购价格总指数
   C. 某种工业产品成本总指数　　　D. 全部商品批发价格指数
   E. 职工工资个体指数

四、技能实训题

1. 依据表 9-10 资料计算产量指数和价格指数。

表 9-10　甲、乙、丙产量与及出厂价格资料

产品	计量单位	产量		出厂价格/元	
		2015 年	2016 年	2015 年	2016 年
甲	件	100	100	500	600
乙	台	20	25	3 000	3 000
丙	米	1 000	2 000	6	5

2. 某厂所有产品的生产费用 2015 年为 12.9 万元，比上年多 0.9 万元，单位产品成本平均比上年降低 3%。试确定：

（1）生产费用总指数；

（2）由于成本降低而节约的生产费用。

3. 某工业企业甲、乙、丙三种产品产量及价格资料见表 9-11。

表 9-11　某工业企业甲、乙、丙三种产品产量及价格资料

产品名称	计量单位	产量		价格/元	
		基期	报告期	基期	报告期
甲	套	300	320	360	340
乙	吨	460	540	120	120
丙	台	60	60	680	620

要求：

（1）计算三种产品的产值指数、产量指数和价格指数；

（2）计算三种产品报告期产值增长的绝对额；

（3）从相对数和绝对数上简要分析产量及价格变动对总产值变动的影响。

4. 某市纺织局所属企业有关资料见表 9-12。

表 9-12　某市纺织局所属企业有关资料

企业名称	工人数/人		劳动生产率/元	
	基期	报告期	基期	报告期
甲	6 000	6 400	5 000	6 000
乙	3 000	6 000	4 000	5 000
丙	1 000	3 600	2 500	3 000

要求：计算劳动生产率可变构成指数、固定构成指数和结构影响指数，并从相对数和绝

对数上对劳动生产率的变动原因进行简要分析。

5. 某家具公司生产三种产品的有关数据见表 9-13。

表 9-13　某家具公司生产三种产品的有关数据

产品名称	总生产费用/万元		报告期产量比基期增长/%
	基期	报告期	
写字台	45.4	53.6	14
椅子	30	33.8	13.5
书柜	55.2	58.5	8.6

试计算：

(1) 三种产品的生产费用总量指数；

(2) 以基期生产费用为权数的加权产量指数；

(3) 以报告期生产费用为权数的单位成本总指数；

(4) 分析产量和单位成本变动对总生产费用的影响。

6. 某地区 2015 年社会商品零售总额 4 700 万元，比上年增长 19.8%，若扣除物价因素比上年增长 7.2%，求物价指数并说明由于物价上涨当地居民多支付的货币额。

7. 某菜市场 1、2 月份三种蔬菜的成交额和个体价格指数数据见表 9-14。

表 9-14　某菜市场 1、2 月份三种蔬菜的成交额和个体价格指数数据

蔬菜名称	成交额/万元		个体价格指数/%
	1 月份	2 月份	
芹菜	150	200	115
土豆	240	240	95
青椒	360	420	112

要求：

(1) 计算三种蔬菜的成交额总指数。

(2) 以报告期的成交额为权数，计算三种产品的价格总指数，分析价格变动对成交额变动的影响程度和影响的绝对值。

(3) 推算成交量总指数，分析成交量变动对成交额变动的影响程度和影响的绝对值。

8. 某企业职工人数与总产值资料见表 9-15。

表 9-15　某企业职工人数与总产值资料

	2012 年	2013 年
职工人数/人	1 000	1 100
总产值/万元	2 420	2 783

根据上述资料，要求从绝对数和相对数两方面分析 2013 年比 2012 年该企业总产值变动及其增长因素的变动影响。

第10章

统计分析报告

★ 教学目标

1. 了解统计分析报告的意义与种类
2. 掌握统计分析报告的结构格式
3. 掌握统计分析报告的说理方法
4. 掌握统计分析报告的类型
5. 了解统计分析报告的写作程序

★ 知识结构图

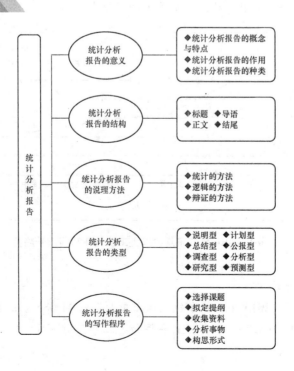

★引 例

2016年广东规模以上工业经济效益情况分析

2016年,面对复杂多变的国内外经济环境,广东以创新驱动发展为核心战略和总抓手,以市场为导向,扎实推进供给侧结构性改革,全省规模以上工业经济保持平稳增长,企业盈利实现两位数增长。

1. 工业经济效益运行情况

(1) 总体效益良好。2016年,广东规模以上工业经济效益综合指数为253.76%。从构成经济效益指数的七项指标看,除资产贡献率和产品销售率同比下降外,其他五项指标同比上升或持平。其中,资产贡献率为13.41%,比上年下降0.3个百分点;产品销售率96.79%,下降0.2个百分点;资本保值增值率113.76%,上升4.6个百分点;流动资产周转次数2.24次,与上年持平;成本费用利润率6.75%,上升0.2个百分点;资产负债率(逆指标)55.97%,下降1.2个百分点。全员劳动生产率稳步提高。2016年广东规模以上工业企业全员劳动生产率23.24万元/人,比上年增长9.7%,增幅比上年提高4.7个百分点。

(2) 主营业务收入增长加快。2016年,广东规模以上工业实现主营业务收入127 363.12亿元,比上年增长7.3%,增幅比上年提高5.0个百分点,比全国平均水平高2.4个百分点,比山东、浙江、上海分别高3.6个、3.2个和6.8个百分点,比江苏略低0.2个百分点。全年主营业务收入超过百亿元的企业有97家,比上年增加11家。

(3) 利润实现两位数增长。2016年,广东规模以上工业企业实现利润总额8 025.42亿元,比上年增长11.0%,增幅比上年提高2.8个百分点,但分别比第一季度、上半年、前三季度回落14.8个、5.3个和3.2个百分点,呈现逐季放缓趋势(图10-1)。从全国范围看,广东利润增幅比全国平均水平(8.5%)高2.5个百分点,比江苏、山东、上海分别高1.0个、9.8个和2.0个百分点,比浙江低5.1个百分点。

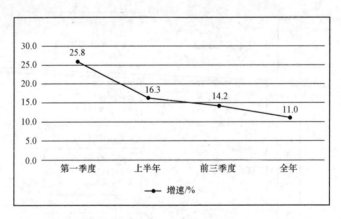

图10-1 2016年广东规模以上工业企业利润增长趋势

(4) 企业亏损状态逐季改善。

①亏损面逐季收窄。2016年,广东规模以上工业企业41 585家;其中,亏损企业5 745家,亏损面13.8%,分别比第一季度、上半年和前三季度收窄11.3个、6.4个和3.8个百

分点。

②亏损额降幅明显。2016年，广东规模以上工业企业亏损额426.39亿元，比上年下降15.0%，比前三季度下降8.1个百分点。

2. 需关注的几个问题

2016年，全省工业企业利润保持较快增长，但受国内外经济环境错综复杂影响，企业效益企稳的基础尚不牢固。

(1) 外资企业贡献率减弱。2016年，受全球经济增长趋缓影响，占全省规模以上工业经济总量四分之一的外商及港澳台投资企业同比仅增长2.3%，增幅比全省平均水平低4.4个百分点，比上年下降3.1个百分点；完成出口交货值21 994.18亿元，下降5.3%，降幅比上年（-3.5%）扩大1.8个百分点，分别比第一季度、上半年、前三季度扩大2.2个、1.3个和0.4个百分点；实现利润3 141.39亿元，增长6.7%，增幅比全省平均水平低4.3个百分点。

(2) 原材料价格上涨，挤压部分企业利润。2016年广东工业生产者购进价格同比指数在下半年摆脱连续4年多的负增长，进入正增长空间，第四季度涨幅快速扩大，同比上涨1.9%，9大类价格全面上涨。进入下半年以来，部分流通领域主要原材料价格连续攀升，导致部分企业成本增加，由此挤压了部分企业利润。

3. 相关对策建议

(1) 坚持以创新驱动发展为核心战略和总抓手，加大工业投资力度，争创新的利润增长源。创新是当今时代的重要特征，也是经济增长的主要动力。要进一步研究和认识工业经济进入新常态的新形势、新特点，坚持以创新驱动发展为突破点和切入点，深入分析和查找工业投资减缓根源，找准供给侧结构性改革方向，相应加大工业投资力度。特别是加强对高新技术产业和先进装备制造业的指导和扶持力度，积极发展"三新"经济，努力培育新的经济成长点和新的利润增长源。

(2) 坚持以市场为导向，加大推进供给侧结构性改革和产业结构调整优化力度，争创新的需求。要着眼市场变化情况，坚持以供给侧结构性改革为主题，以推进产业结构调整优化为主线，努力争创新的需求。一方面，要大力发展新兴性产业和战略性产业；另一方面，要通过技术创新、市场创新、管理创新改造传统产业，提升传统产业的内涵和生命力。坚持以"去库存，调结构，强管理，降成本，提效益"为抓手，通过兼并联合，完善产业链，提高产业集中度；积极推动和引导不符合产业发展方向、不适合发展的行业向其他地区转移；坚决淘汰落后产能及高耗能、高污染行业；进一步提高企业自主创新能力，争创新的市场需求，增强核心竞争力。

(3) 坚持以占领市场为主攻方向，积极实施"互联网+"行动，进一步提高产品竞争力。充分利用大数据资源，以信息化为指引，加大市场研究力度，坚持市场多元化，实现国内外市场同步发展。要扎实推进珠江三角洲国家大数据综合试验区建设，以超高速无线局域网技术应用为重点高标准建设信息基础设施，广泛应用信息技术，在产业发展、政务服务、社会治理等方面培育壮大新动能。进一步深化制造业与互联网融合发展，催生新技术、新业态、新产业、新经济。加快新旧发展动能和生产体系转换，围绕制造业与互联网融合关键环节，强化信息技术产业支撑，以示范应用牵引"一硬一软一云一网"产业发展，深入推进智能制造发展,实施机器人产业发展专项行动计划,大力发展新经济。通过积极实施"互联网+"行动,创造新的需求,增强产品竞争力,抢占市场制高点。

以上资料是关于2016年广东省规模以上工业经济效益情况的统计分析报告,什么是统计分析报告?统计分析报告有何作用?如何撰写统计分析报告?撰写统计分析报告需要注意哪些问题?这正是本章所需要学习的主要内容。

10.1 统计分析报告概述

10.1.1 统计分析报告的概念与特点

1. 统计分析报告的概念

统计分析报告是根据统计学的原理和方法,运用大量统计数据来反映、研究和分析社会经济活动的现状、成因、本质和规律,并做出结论,提出解决问题办法的一种统计应用文体。

对统计分析报告概念的理解应注意以下四点:

(1) 统计分析是统计分析报告写作的前提和基础。要写好统计分析报告,必须首先做好统计分析。

(2) 统计分析报告要遵循统计学的基本原理和方法,主要是社会经济统计和数理统计的原理和方法等。

(3) 统计分析报告的基本特色是运用大量的统计数据。无论是通过研究去认识事物,或通过反映去表现事物,都要运用统计数据。统计部门这一巨大的"数据库"为统计分析提供了丰富的资料来源,写统计分析报告就应充分运用这个资料源,而且要用好、用活。运用大量的统计数据,这是统计分析报告与其他文体最明显的区别。可以说,没有统计数字的运用,就不成其为统计分析报告。

(4) 作为一种文体,统计分析报告既要遵循一般文章写作的普遍规律和要求,同时,在写作格式、写作方法、数据运用等方面也有自身的特点和要求。

2. 统计分析报告的特点

(1) 运用一整套统计特有的科学分析方法(如对比分析法、动态分析法、因素分析法、统计推断等),结合统计指标体系,全面、深刻地研究和分析社会经济现象的发展变化。

(2) 运用数字语言(包括运用统计表和统计图)来描述和分析社会经济现象的发展情况,让统计数字来说话,通过确凿、翔实的数字和简练、生动的文字进行说明和分析。

(3) 注重定量分析。利用统计部门的优势,从数量方面来表现事物的规模、水平、构成、速度、质量、效益等情况,并把定量分析与定性分析结合起来。

(4) 具有很强的针对性。针对各级党政领导和社会各界普遍关心的难点、热点、焦点问题进行分析,只有这样才能有的放矢,针对性强。

(5) 注重准确性和时效性。准确是统计分析报告乃至整个统计工作的生命。

统计分析报告的准确性除了数字准确，不能有丝毫差错，情况真实，不能有虚假之外，还要求论述有理，不能违反逻辑；观点正确，不能出现谬误；建议可行，不能脱离实际。

统计分析报告具有很强的时效性。失去了时效性，也就失去了实用性，统计分析报告写得再好，也成了无效劳动。要保证统计分析报告的时效性，统计人员要有"一叶知秋""见微知著"的敏感，要有争分夺秒的时间观念，要有连续作战的工作作风。争取"雪中送炭"，避免"雨后送伞"，把统计分析报告提供在领导决策之前和社会各界需要之时。

（6）具有很强的实用性。统计分析报告是统计工作的最终成果，不但包含统计数据反映的信息；更为重要的是，还能进行分析研究，能进行预测，能指出工作中的不足和问题，能提出有益于今后工作的措施和建议，从而直接满足党政领导和社会各界在了解形势、制定政策、编制计划、经营管理、检查监督、总结评比、科研教学等方面的实际需要。

10.1.2 统计分析报告的作用

1. 是衡量统计工作水平的综合标准

统计分析报告是统计工作的最终成果。在一定意义上，也就是统计设计、统计调查、统计整理、统计分析与统计分析写作全部工作水平的综合。前面几个环节是统计的基础工作，统计分析才是出成果的阶段。一般来说，高质量的统计分析报告，来自高质量的统计设计、统计调查、统计整理、统计分析和统计分析写作。如果仅有较好的写作水平，统计设计、统计调查、统计整理和统计分析都是低质量的，也不可能产生高质量的统计分析报告。因此，统计分析报告写不好，当然是统计工作水平不高的表现，更重要的是，应该看到，还要具备方方面面的科学文化知识，包括统计专业知识需要掌握党和国家的方针政策，需要具备较强的观察能力、思维能力、创新能力、组织能力等。所以，统计分析报告的质量如何，也反映了统计工作水平如何，这是一个非常重要的综合标准。另外，统计分析的结果虽可以用多种形式表达（如表格式、图形式、文章式等），但文章式统计分析报告为最好，也最为常用。统计分析报告是表现统计成果的好形式。

2. 是传播统计信息的有效工具

现代社会是信息的时代，信息已成为重要资源。统计信息又是社会信息的主体，而且是最全面、最稳定、较准确的信息。统计信息要通过载体传播，而统计分析报告是主要载体之一，适合于报纸杂志上发表，传播条件比较简便，具有较大的信息覆盖面，是传播统计信息的有效工具。

3. 是党政领导决策的重要依据

现代社会经济管理必须科学决策，而科学的决策又必须依据准确、真实的统计数据。统计分析报告把原始资料信息加工成决策信息，比一般的统计资料更能深入地反映客观现实实际，更便于党政领导和社会各界接受利用。因而，统计分析报告是党政领导决策的重要依据。

4. 是统计服务与统计监督的主要手段

统计分析报告把数据、情况、问题、建议等融为一体，既有定量分析，又有定性分析，比一般的统计数据更集中、更系统、更鲜明、更生动地反映了客观实际，又便于人们阅读、理解和利用，是表现统计成果的好形式与传播统计信息的有效工具，自然也就成了统计服与统计监督的主要手段。

5. 是增进社会了解，提高统计社会地位的主要窗口

由于历史的原因、体制的原因等，一般人缺乏统计知识，对统计不够了解，对统计工作不够重视，认为统计是"三分统计，七分估计"，统计工作只是加加减减，填个表而已，把统计置于可有可无的地位。要改变这种状况，一方面要加强统计宣传工作，扩大统计的影响，提高人们的认识；另一方面，则要提高统计工作水平，写好统计分析报告，做好统计服务和统计监督工作，提高统计工作的社会地位。

6. 有利于促进统计工作自身的发展

统计分析报告的质量，反映了统计工作的水平。在统计分析报告的写作过程中，能有效地检验统计工作各个环节的工作质量，发现问题，及时改进，使统计工作得到改善、加强和提高。另外，经常撰写统计分析报告，能综合锻炼提高写作人员的素质，全面增长统计人员的才干。

总之，写好统计分析报告十分重要，那种认为"统计报表是硬任务，统计分析是软任务"的说法，是完全错误的。

10.1.3 统计分析报告的种类

统计分析报告的应用是很广泛的。由于它主要是报告社会经济情况的一种文体，因而属于应用文范畴。统计分析报告可以从不同角度来划分种类。

1. 按统计领域分

按统计领域分，统计分析报告可分为工业、农业、商业、科技、教育、文化、卫生、体育、人口、财政、金融、政法、人民生活、国民经济综合、核算等统计分析报告。

2. 按写作对象的层次分

按写作对象的层次分，统计分析报告可分为微观、中观和宏观统计分析报告。

对于微观、中观、宏观的划分，目前尚无统一的标准。一般来讲，基层企事业单位、村、家庭及个人，属于社会经济的"细胞"，可视为"微观"；乡镇、县一级可视为"中观"；而地（市）及地（市）以上的地区和部门，由于地域较广，社会经济门类比较复杂，需要较多地注意平衡关系，可视为"宏观"。

3. 按内容范围分

按内容范围分，统计分析报告可分为综合与专题统计分析报告。

综合统计分析报告是研究和反映一个地区、部门或单位的全面情况的分析报告。这种分析报告一般是定期的。综合，既包括各方面的意思，也包含综合方法的意思。专题统计分析报告是研究和反映某一方面或某个专门问题的分析报告。专题统计分析报告有定期的，也有不定期的，而以不定期的居多。

4. 按照时间长度分

按时间长度分，统计分析报告可分为定期与不定期的统计分析报告。

定期统计分析报告一般是利用当年的定期统计报表制度的统计资料来定期研究和反映社会经济情况。根据期限不同，定期统计分析报告又可分为日、周、旬、半月、月度、季度、上半年、年度等统计分析报告。不定期的统计分析报告主要是用于研究和反映不需要经常性

定期调查的社会经济情况。

5. 按写作类型分

按写作类型分，统计分析报告可分为说明型、快报型、计划型、总结型、公报型、调查型、分析型、研究型、预测型、资料型、信息型、微型、综合型、文学型、系列型等统计分析报告。

10.2 统计分析报告的结构格式

结构，就是文章的内部组织、内部构造，是对文章内容进行安排的形式。统计分析报告的结构，在过去有个约定俗成的格式，就是"一情况、二问题、三建议"这种三段式。还有一种就是：提出问题—分析问题—解决问题。这是最常见也是经常用的两种格式。但统计分析报告的格式应该是多样化的，例如，有的统计分析报告是由情况、问题、根源、预测建议五个部分组成的；有的是由情况、问题、根源、建议四个部分组成的；有的虽然也是三段式，但组成部分是情况、问题、根源或者是问题、根源、建议；还有的是两部分：情况、问题，或问题、根源，或问题、建议，或情况、建议；也有的则专门写情况，或专门写问题，或专门写建议。总之，统计分析报告的结构应该不局限于三段式，应该是多种形式。统计分析报告的结构形式归纳起来，有以下五类：序时式、序事式、总分式、平列式和简要式。

10.2.1 标题

标题也称为题目。俗话说："看人先看脸，看脸先看眼。"人们阅读文章，第一眼是看标题，加之标题常常是文章中心内容、基本思想的集中体现，因而标题也就成了文章的"眼睛"，在文章的结构中占有重要的地位。

1. 拟定标题的要求

一般来说，拟定标题有以下具体要求：第一，确切，指标题要准确概括统计分析报告的内容，做到题文相符；第二，简洁，指标题要精练、扼要、通俗易懂，以尽可能少的文字来概括全文的内容；第三，新颖，指标题要不落俗套，具有鲜明的观点和独特的风格。

2. 拟定标题的方式

标题的拟定有以下几种常见的方式：

（1）以分析目的为标题。如"我市能源消费形势分析及对策""我厂生产经营情况分析"等。

（2）以主要论点为标题。如"我市工业经济效益大幅增长"，既分析我市工业经济效益情况，又说明了主要论点"大幅增长"，就比"我市工业经济效益分析"生动。

（3）以主要结论为标题。如"产品销售是关键""兼并重组是国有企业发展之路"等。

（4）以提问的方式为标题。如"发展高新技术产业路在何方？""金融危机的启示在哪里？"等。

制作好标题，一般来说有正题和辅题。正题也叫主题或大标题，辅题包括引题和副题。引题（也叫肩题、眉题或小题）是正题的引子；副题（也叫次题或提要题）是正题的辅助标题，用于进一步补充和说明正题，使正题的意思更完整。

要使标题新颖醒目,扣人心弦,增加吸引力,引起人们的重视,可以采取以下方法:

①多用"论点题"和"事实题",少用"对象题"。试比较以下两题:乡镇工业大有作为;关于乡镇工业的调查。

②适当采用"设问题"。试比较以下两题:商品库存为什么升高?商品库存情况的分析。

③用具体事实做标题。试比较以下两题:我县夏粮增产 2 000 万千克;我县夏粮获得丰收。

④用突出的事实做标题。试比较以下两题:我区工业总产值突破 1 000 亿大关;我区工业生产大幅度增长。

⑤加重语气。试比较以下两题:我市蔬菜价格猛涨 2.65 元;我市蔬菜价格上涨 26%。

⑥运用对比手法。试比较以下两题:改革前我厂长期亏损共达 87 000 元,改革后一年盈利足有 10 800 元;改革后我厂扭亏为盈全年盈利 10 800。

⑦适当运用比喻。试比较以下两题:××地区大力营造"绿色宝库";××地区开展植树造林情况。

⑧适当运用诗词、成语、古语、警句。试比较下面两题:安得广厦千万间,黎民百姓尽开颜;我区房地产情况调查。

⑨适当运用副题。试比较以下两题:××县葡萄生产情况——今年全县葡萄产量可达 25 万吨,比上年增长 24%;××县葡萄生产情况。

⑩适当运用提示语和有强调作用的语句。试比较以下两题:请注意:我区耕地面积大量减少;我区耕地面积大量减少,差距惊人。

10.2.2 导语

1. 导语的要求

导语是文章的开头,要交代分析和论述问题的背景,指出分析的目的,揭示全文的中心内容,使读者对所要论述的全文有一个概括的了解。其要求一是要能够抓住读者,引起读者的注意和兴趣;二是要为全文的展开理清脉络,牵出头绪,做好铺垫;三是要短、精、新。

2. 导语的形式

导语一般有以下几种形式:

(1) 开门见山。紧紧围绕文章的基本观点,简明扼要,直叙主题。这是最基本的形式。

(2) 造成悬念。在分析问题或阐述观点之前,先根据文章要旨提出问题,以引起读者的注意和思考。

(3) 交代动机。以交代动机的方式开头,分析动机清楚,写作目的明确。

导语的语言要精练、新颖,避免用套话,还要注意导语语言与全文的协调,杜绝脱离文章主题地一味求新。

10.2.3 正文

1. 注意事项

统计分析报告的正文是它的主体。正文要围绕主体,层次分明、条理清晰地展开;要依据事物发展的客观规律，循序渐进地分析论述；要考虑读者的认识程度，按先易后难、先简后繁的原则出发。这就需要对内容的先后次序、展开的步骤及论述的详略从全局出发进行合理的组织。

2. 常见结构

统计分析报告的常见结构有以下三种：

（1）递进结构。文章的各部分之间一层进一层，层层深入地衔接。这种结构通常用于整篇文章的结构安排。其主要形式有按事物之间的因果关系、事物的逻辑关系及读者的理解顺序展开，如"现状—原因—对策""历史—现状—未来"等。

（2）并列结构。一般是按所要表述的情况，分成并列的几部分横向展开来表达主题。如在分析企业经营状况时，按偿债能力、盈利能力、营运能力、发展能力等进行叙述。

（3）序时结构。总结过去、把握现在、预测未来，按照事物发展的经过和时间的先后顺序进行表述。这种结构多用于反映客观事物随着时间的变化而变化的分析，如中华人民共和国成立60年××市国民经济分析，可以对每个五年计划进行分析。

10.2.4 结尾

1. 结尾的种类

结尾是文章的结束语，好的结尾可以帮助读者明确题旨，加深认识。结尾的种类有以下几种：

（1）总结全文。在结束时归纳总结，强调基本观点，突出中心思想。统计分析报告在分析事物发展变化的主客观原因，论证多层次观点后，在结束全文时予以归纳总结，加强基本观点，突出中心思想。总结全文式结尾的文章一般有明显的"总起—分说—总结"的结构特点，且结尾的起始句通常使用"综上所述""总之""总而言之"等概括性词语，然后再把文章前面叙述的内容进行简要回顾概括，使读者进一步明确全文的中心思想。

（2）提出建议。在文中结尾段，提出针对性建议。统计分析报告以建议结束全篇的居多，并且形式各异，归纳起来主要有以下两大类：一是没有结尾段，以最后一个层次的若干条建议来收笔；二是专门有个建议结尾段，用简练的语言把建议内容概括在终篇段内。

（3）首尾呼应。在导语中提出问题，通过分析归纳，在结尾时给予回答。

（4）篇末点题。此种分析报告在开题不亮出基本观点，经过一系列分析、论证，最后在文章收尾处点明题意。这种点题，含义深刻，富有概括力、表现力。

统计分析报告结尾的形式除了以上几种外，还有展望前景，提出看法；强调问题，引起重视；对事物的未来做出预测等，意在引起人们进一步的思索；补充、强调导语和正文中未提到的问题，以使分析报告更加全面系统；以饱满的热情、有力的语言来结束全篇分析报告；等等。

2. 结尾的要求

对结尾有以下要求：

（1）当止则止。在统计分析报告的结尾，只要把意思表达完整，就应该收笔，防止画蛇添足。

（2）合情合理。结尾应是水到渠成，从前文的分析论述中自然形成，与前文内容相呼应，避免"尾"不对题。

（3）首尾照应。结尾要在内容和形式上呼应开头，与开头相一致，避免"有头无尾"、"虎头蛇尾"。

（4）准确简洁。结尾提出的问题或对策建议应准确，语言表述应简洁，避免过于冗长。

10.3 统计分析报告的说理方法

统计分析报告是研究和反映社会经济情况的文章。这种文章的目的在于实用性，也就是让党政领导和社会各界采用报告、接受观点、采纳建议。但是统计分析报告中的情况、观点和建议，不能强加于人，要让别人接受、采纳唯一的办法就是说理。要说理，首先必须明确什么是"理"。"理"就是马克思主义认识论所讲的真理。真理则是客观事物及其规律在人们意识中的正确反映。说理，就是通过语言或文字，把正确的主观认识表达出来，用以传播和交流。

统计分析报告的说理方法主要有三大类：一是统计的方法；二是逻辑的方法；三是辩证的方法。

10.3.1 统计的方法

在说理中运用的统计计算及统计分析的方法是很多的，主要有以下几种：

总量分析法是指通过计算和分析总量指标（绝对指数）来认识社会经济现象的总规模或总水平的方法。

比较分析法是指通过计算和分析比较指标（相对指标），来认识社会经济现象的总体结构、比例、强度、速度及计划完成程度的方法。

平均分析法是指通过计算和分析平均指标来认识社会经济现象的平均水平，并以此为依据与同类社会经济现象比较的方法。

动态分析法是指通过计算和分析动态指标（时间数列），来认识社会经济现象的方法。

因素分析法是指通过计算和分析统计指数，来认识社会经济现象的总体变动中，各因素影响程度和方向的方法。

相关分析法是指通过计算和分析，来认识有相关关系的社会经济现象所表现的相关形式、密切程度及数量联系的方法。

平衡分析法是指通过计算和分析，来认识有平衡关系的社会经济现象之间的对应关系、数量联系及其综合平衡问题的方法。

预测分析法是指通过数学模型或其他统计方法的计算和分析，来认识社会经济发展方向及其数量表现的方法。

抽样分析法是指通过抽样调查资料计算分析和推断，来认识社会经济现象总体情况的方法。

重点分析法是指通过重点调查资料的计算和分析，来认识重点单位的社会经济情况的方法。

典型分析法是指通过典型调查资料的计算和分析，来认识社会经济现象的典型情况，进而加深对总体情况认识的方法。

分组分析法是指通过统计分组的计算和分析，来认识社会经济现象的不同类型，并在此基础上认识其不同特征、不同性质及相互关系的方法。

10.3.2 逻辑的方法

统计分析报告的说理，离不开逻辑的方法。现将统计分析报告中常用的推理及论证的方法分述如下：

归纳法是指从若干个具体事实做出一般性结论的方法。

演绎法是以一般性道理对具体事实做出结论的方法。

类比法是通过两个或若干同类的具体事实进行比较而得出结论的方法。

引证法是引用某些伟人、经典作家的言论或科学上的公理、尽人皆知的常理来推论观点的方法。

反证法是借否定对立的观点来证明自己观点正确的方法。

归谬法是顺着错误的观点、错误的现象继续延伸，进而引出荒谬的结论，以间接证明自己观点正确的方法。

10.3.3 辩证的方法

辩证的方法是运用马列主义哲学的唯物辩证法来说理的方法。例如物质与意识、认识与实践、对立统一规律、质量互变规律、否定之否定规律等。

10.3.4 综合运用说理方法

掌握单个的说理方法还不够，还要学会综合运用。

第一，综合运用多种分析方法从多方面、多角度进行分析。例如，分析一家企业的生产情况，只看全年的总产值很难说明问题。如果用多种方法来分析，用动态数列法分析近几年工业总产值水平的高低和生产发展速度的快慢；用分组法对全厂车间班组进行解剖，对比分析各部门任务完成情况；用平衡法把现价工业总产值同销售收入、成品资金占有额进行分析，观察产销平衡情况；再联系报告期的利润、税金、劳动生产率、产品质量、物资消耗等情况分析经济效益，那么对这家企业的基本情况就有了总体的认识和了解。然后在此基础上抓住其中的主要矛盾和关键问题，就可以把分析引向深入。当然，并不是分析每个问题都必须综合运用多种分析方法，这要针对分析对象灵活选择。

第二，定性分析与定量分析相结合。定性分析是根据现有资料和经验，主要运用演绎、归纳、类比以及矛盾分析的方法，对事物的性质进行分析研究。定性分析主要从实地调查收集资料，通过选择能代表事物本质特征的典型进行研究而获得结论。定性分析可以较快地从纷繁复杂的事物中找出其本质要素。但由于定性分析忽略了同类事物在数量上的差异，结论多具有概貌性，并带有一定程度的主观成分，因此不容易根据定性分析的结论来推断所涉及的社会经济现象的总体。定量分析是研究社会经济现象的数量特征、数量关系和发展过程中的数量变化的方法,定量分析可以为认识社会经济现象提供量的说明,可以反映事物总体的数量情况。定量分析是现代统计调查分析的主要方法,但定量分析也有一定的局限性,只有把定量分析与定性分析结合起来,才能形成完整的、科学的分析方法体系。

第三,善于使用比较分析的方法。比较是认识事物的基本方法,也是统计分析的基本方法。统计分析离不开比较,如分组法、动态数列法、指数法等统计分析方法,它们有一个共同的特点,都是通过比较来说明问题的。比较可以分为纵向比较和横向比较。纵向比较是事物现状与历史的比较,它可以反映事物前后的变化,揭示事物的内部联系。横向比较是一事物与其他同类事物的比较,它可以反映事物之间的差距,找出事物的外部联系。

在统计分析中使用比较的地方较多,如实际完成数与计划数比、本期与上期比、本期与上年同期比、本单位与外单位比等。使用比较应注意可比性。指标的口径范围、计算方法、计量单位必须一致;比较的指标类型必须统一;比较单位的性质必须相同。

第四,善于进行系统分析。社会是一个错综复杂、互相联系的有机整体。在分析过程中,不但要注意研究对象所包括的各因素之间相互联系、相互制约的关系,而且要用系统的眼光将所研究的对象放在社会的大系统中去考察。如1985年我国工业超高速发展,单从工业本身看,似乎没有多大问题,速度虽然快一点,但轻重工业比较协调,经济效益也较好。但是当把这个现象放在整个国民经济大系统中来分析,能源、原材料、交通运输、外汇信贷等就缺少相应的负担能力。因此,工业超高速发展是不能持久的。这就是从系统分析中得出的观点。

只要从多层次、多角度去进行分析,就可以使人们的认识不断深化,逐步由感性认识上升到理性认识,弄清事物的本质和规律。

10.4 统计分析报告的类型

10.4.1 说明型

说明型统计分析报告是对统计报表进行说明的统计分析报告,也称为"文字说明",也就是通常所说的报表说明。这种说明主要是对报表的数据做文字的补充叙述,配合报表进一步反映社会经济情况。这种补充叙述主要是针对报表中某些变化较大的统计数字,也可以帮助本单位领导审查报表,以保证数字的质量。这是说明型统计分析报告的基本作用。

严格地说,这种说明型统计分析报告只是附属于统计报表,不能独立成篇,也无完整的文字形式。但由于它也具备统计分析报告的基本特点,可以把它看成统计分析报告的雏形。

写这种说明型统计分析报告,并没有严格的要求,但要掌握以下几个要点:

第一,文字说明的情况要与统计报表的情况有关,与报表无关的内容不应写进文字中。

第二,写文字说明时,既可以对整个报表做综合说明,也可以只对报表中的某些统计数字加以说明。

第三,写文字说明时可做出简要的分析,但不宜论述过多。如需要深入研究,应另写专题分析。

第四，说明型统计分析报告没有标题，一般也没有开头和结尾。文中的各个段落，各有其独立的内容，结构呈并列式。最好用"一、二、三、四……"来分段叙述，使说明更有条理、更清晰。

第五，文字要简明，直截了当。全篇文字一般为五六百字，多者为 1 000 字左右。

10.4.2 计划型

计划型统计分析报告是检查计划执行情况的统计分析报告，按月、季、半年和年度检查计划执行情况的定期统计分析报告，都属于这种。

计划型统计分析报告的写作要点：

第一，检查计划是文章的中心。不但要有实际数、计划数，而且要有计划完成相对数。

第二，检查计划执行情况的主要目的，不是单纯地进行数字对比，而是通过分析，找出计划执行过程中存在的问题，提出对策建议，以保证计划的顺利完成。

第三，统计指标要相对稳定。在同一个计划期内，统计指标与计划指标的项目要一致，并相对稳定，以便进行对比检查。

第四，标题有两种形式：一种比较固定，例如，我厂四月份计划执行情况、我厂五月份计划执行情况；另一种是可以有变化，以突出某些特点，例如，"战高温夺高产完成 1 000 台——我厂八月份计划执行情况分析"，这是运用了双标题，有正题和副题。

第五，正文的结构多是总分式。开头总说计划完成情况，然后进行分析，提出一些建议等。

10.4.3 总结型

总结型统计分析报告是对一定时期社会经济发展情况进行总结分析的统计分析报告。通过分析总结，可以全面认识一个地区、部门或单位的社会经济形势，或某个方面的情况，以便发扬成绩，总结经验教训，制定新的措施，为今后的工作创造更好的条件。

总结型统计分析报告大多是半年、一年或三五年的统计分析报告。从内容上看，有综合总结、部门总结及专题总结综合总结是对地区的整个社会经济或企业整个生产经营的总结；部门总结是对部门经济（农业、工业、商业）或某个车间的总结；专题总结是对某些方面进行的专题总结。

总结型统计分析报告的写作要点：

第一，总结型统计分析报告的对象应是本地区、本部门或本单位的社会经济发展情况，并不是工作情况。

第二，总结型统计分析报告一般有三个写作重点：一是分析社会经济发展形势；二是总结经验教训；三是提出建设性的意见。

第三，要注意运用统计资料和统计分析方法。主要采用统计数字与文字论述相结合的方法，从数量上分析社会经济现象，从定量认识发展到定性认识。

第四，正文结构大都采用总分式。开头是简要总说，接着写情况、形势（包括成绩与问题），再写经验体会与教训，然后写今后的方向和目标，最后写几点建议，每个部分应设小标题，使层次更分明。

第五,标题可以适当变化,形式不拘一格。文字可以稍长一点,但语句要简洁精练,全篇文字宜在两三千字,地区与部门的也不应超过四五千字。

10.4.4 公报型

公报型统计分析报告是政府统计机关向社会公告重大社会经济情况的统计分析报告。统计公报是政府的一种文件,一般应由级别较高的统计机关发布。级别较低的统计机关不宜发表公报,但是采用统计公报的写作形式公布本地的社会经济发展情况的,也应列入公报型。

公报型统计分析报告的写作要点是:

第一,统计公报具有较强的政策性和权威性。

第二,统计公报要充分反映本地区社会经济的全面情况,主要由反映事实的统计资料来直接阐述,不做过多的分析。

第三,统计公报的标题是一种公文式的标题;正文的结构是总分式。

第四,公报型统计分析报告要求行文严肃,用语郑重,文字简练明确,情况高度概括。地区性的公报,文字在三五千字为宜。

10.4.5 调查型

1. 特点

调查型统计报告型是通过非全面的专门调查来反映部分单位社会经济情况的统计分析报告。其基本特点是:

(1) 只反映部分单位的社会经济情况,一般不直接反映和推论总体情况。

(2) 它的资料和情况源于非全面调查(即抽样调查、重点调查和典型调查等),并非主要来自全面统计。

2. 写作要点

调查型统计分析报告的写作要点如下:

(1) 文章要有明显的针对性。要有具体、明确的调查目的。

(2) 要大量占有第一手材料,用事实说话,要有一定的深度,要解剖"麻雀",以发现其实质和典型意义。

(3) 统计资料和生动情况相结合,对于调查方法和过程应该少写或不写。

(4) 标题应灵活多样,结构形式也可以不拘一格。一般采用序事式:先概述调查目的、调查形式和调查单位,之后用较大篇幅阐述调查情况,然后是概况的分析研究,并做出结论,最后可提出一些建议。全篇文字以 1 000~3 000 字为宜。

10.4.6 分析型

分析型统计分析报告是通过分析着重反映社会经济现象具体状态的统计分析报告。它同调查型的主要区别是:它既反映部分单位的情况,也反映总体的情况,并以总体情况为主;它的资料和情况来源是多方面的,可以是部分单位的调查资料,也可以是全面统计报表资料、历史资料的横向对比资料等,其中又以全面统计中的报表资料居多。目前统计人员写作的统计分析报告,大多属于分析型。

分析型统计分析报告的写作要点如下：

（1）它的主要内容和写作重点是反映某个社会经济现象的具体状态，一般不涉及规律性问题，要做到具体事情具体分析。

具体分析的主要方法：一是从总体的各个方面来分解和比较。比如一家企业有产、供、销，居民家庭有收、支、存，地区有经济、社会、科技、环境等。二是从结构上分解和比较。所有制结构、产业结构（第一、第二、第三产业）、产品结构、轻重工业结构、农民收入构成等。三是从因素上分解和比较。比如影响农民收入增长的各种因素，影响工业增加值的各种因素等。四是从联系上分解和比较。比如 GDP 与发电量的联系，农民收入与社会消费品零售总额的联系等。五是从心理、思想上分解和比较。比如问卷调查对改革的看法，对物价的看法，对婚姻的各种心理等。六是从时间上分解和比较。如报告期与基期的比较，"十二五"时期与"十一五"时期的比较等。七是从地域上分解和比较。比如与别的地区之间的比较，与外省的对比等。

（2）标题应该灵活多样，结构也要有多种形式，整篇文章以 3 000 字左右为宜。

10.4.7 研究型

研究型统计分析报告是着重研究解决问题的办法和进行理论探讨的统计分析报告。它同分析型统计分析报告的主要区别是：分析型统计分析报告对社会现象的认识仍停留在具体状态，而研究型统计分析报告则是对具体的状态上升到理论的高度，提出理论性的见解或新的观点。所以，研究型统计分析报告比分析型统计分析报告的意义又进一步，是一种高层次的统计分析报告。

研究型统计分析报告的写作要点如下：

（1）在研究的题目确定之后可以拟定一个研究提纲，主要内容是：研究的目的是什么，内容有哪些，需要哪些资料，如何收集，需要哪些参考书籍和文章等。

（2）要进行抽象与概括。抽象，就是在具体分析的基础上，将事物的非本质属性抛在一边，而抽出其本质属性来认识事物的方法。概括，就是在抽象的基础上，把个别事物的本质属性，推及为一般事物的本质属性。有了正确的概括，就能认识社会经济现象中的共性、普遍性和规律性。

（3）要多方论证。要做到论述严密、说理充分，没有漏洞。从多方面、多角度、多种资料、多件事实及多种逻辑方法来论证。

（4）标题有适当变化，但要做到题文一致，用词准确、郑重。文字容量可以大一些，全篇文字两三千字，以不超过 5 000 字为宜。

10.4.8 预测型

预测型统计分析报告是估量社会经济发展前景的统计分析报告。它与研究型统计分析报告的主要区别是：研究型统计分析报告着重对趋势性、规律性进行定性研究，而预测型统计分析报告是在认识趋势及规律的基础上，着重对前景进行具体的定向和定量的研究。通过预测，人们可以超前认识社会经济发展前景，对制定方针、发展策略、编制计划、搞好管理具有很大的帮助。因此，预测型分析报告的作用很大，也属于高层次的统计分析报告。

预测型统计分析报告的写作要点如下：

(1) 全文要以统计预测为中心，其他内容都要为预测服务。

(2) 写推算过程要注意读者对象。如果是写给统计同行或统计专家看的，可以写数学模型的计算过程。如果读者是党政领导和广大群众，数字模型和计算过程可以略写或不写。

(3) 应注意预测期的长短。一般来说，中、长期及未来的预测，要体现战略性和规划性，不可能写得那么具体，文字可以概略一些；对近、短期预测（也称预计），主要是具体地分析和估量一些实际问题，所提的措施和建议要有一定的针对性和现实性，不可写得太笼统，文字应详细、具体一些。

(4) 可用课题或论点做标题，也可用预测的结果做标题。

10.5 统计分析报告的写作程序

10.5.1 选择分析课题

选题是编写统计分析报告的第一步，也是决定统计分析报告价值的首要条件。只有明确了"写什么"，才能考虑"怎么写"。题目选准了，可以起到事半功倍的效果。

1. 选题的原则

统计分析报告的题目有三种：一是任务题，这是领导交办或上级布置的题目；二是固定题，这是结合定期报表制度进行分析的题目，这种题目一般不变化；三是自选题，这是作者自己选择的题目。这里所说的选题就是针对自选题而言的。

统计分析报告的选题，应同时具备两个基本条件：一是有实用价值；二是有新颖性，必须有新的内容或新的见解。

选择题目应该遵循以下几条原则：一是要根据社会经济发展的实际情况来选题；二是要根据服务对象的需要来选题；三是要根据本身的工作条件来选题。

一般条件下，最好是结合自己的专业工作，选择自己熟悉的、适合自己业务水平的、各项资料比较齐全的课题来写。这样，成功的把握较大。切不可好高骛远，选题过大过难，以致力不从心，半途而废，即使勉强写出来了，也不会有较好的质量。

2. 选题的方法

统计分析报告的课题虽然很多，但不等于什么都可以写而是要抓住党政领导和社会各界需要知道、了解他们尚未认识或未充分认识的社会经济情况。这是主观与客观应该结合之点，常常表现为注意点、矛盾点和发生点。统计分析报告的选题应该抓住这三点。

注意点，就是党政领导和社会各界比较关注的热点问题。比如前几年的通货膨胀到近年来的通货紧缩和需求不足，农民收入等都是人们比较关注的社会热点问题。矛盾点，就是问题比较集中，影响比较大，争议比较多，但长期得不到很好解决的社会难点问题。比如国有企业改革、下岗职工再就业问题等。发生点，就是常说的新情况、新问题、新联系和新趋势。比如经济由卖方市场转入买方市场，居民消费启而不动等。抓住发生点来写作统计分析报告，意义是重大的。

那么统计人员在实际工作中如何才能发现注意点、矛盾点和发生点呢？可以采取以下做法：

（1）经常深入实际、深入群众、深入生产第一线。只有经常到基层去，到实际中去，才能掌握丰富、生动、真实、具体的第一手材料，才可以发现问题、研究问题。这样，积累的问题多了，材料多了，写起文章来就会深刻得多，不至于枯燥贫乏、空洞无力。

（2）经常了解党政领导的意图和工作动向。主要是向领导多请示、多汇报，参看必要的文件，了解领导意图及工作动向。

（3）经常走访有关主管部门。各主管部门由于分管具体业务工作，对其分管的某个领域的情况是比较熟悉的，经常走访这些主管部门，了解其业务获得，参加其有关会议，搜集其有关资料，既可以帮助其熟悉情况，又能其了解这些部门所关心的注意点和矛盾点，并从中得到启示，进一步发现发生点。

（4）经常研究统计资料。统计报表、统计台账、统计历史资料等，包含了丰富的社会经济信息，比较全面地反映了社会经济活动的过程，并能暴露一些问题，因此要细心地研究这些资料，有意识地进行一些纵向、横向比较，注意剖析其中的内部结构以及各种联系的变化，这些统计数据也往往能揭示社会经济活动的注意点、矛盾点和发生点。

（5）加强理论学习，经常阅读报刊，掌握必要的理论知识。

3. 选题的内容

在实际写作统计分析报告时，可以参考以下内容来选题：

（1）围绕方针政策选题。可以从以下方面来选择题目：①研究社会经济发展中的新苗头、新动向和新情况，为制定新的政策提供依据；②研究政策贯彻执行情况，反映新成就、新经验；③研究政策执行中的新问题，分析原因，提出建议，为检验和校正政策提供依据。

（2）围绕中心工作选题。中心工作，就是党政领导在一段时间内集中力量开展的某项工作。应该看到，在不同时期、不同地区、不同部门和单位，其中心工作是不同的，比如西部开发是国家当前比较大的中心工作。

（3）围绕重点选题。重点，就是在全局中处于举足轻重地位的某些部位或某项工作。

（4）围绕经济效益选题。提高经济效益是经济发展的重要问题，应当作为写作统计分析报告的经常课题。

（5）围绕人们的生活选题。社会主义生产的目的，是不断满足社会和人们日益增长的物质和文化生活的需要，如人民生活状况如何，城乡居民收入与外省、外市的差距有多大等。

（6）围绕民意选题。社会主义国家是人民当家做主。如对党和政府的方针政策、出台的一些重大问题的看法和意见，真实地表达人民群众的意向和要求。

（7）围绕横向比较选题。

（8）围绕较大的变化选题。

（9）围绕薄弱环节选题。

（10）围绕形势宣传选题。

（11）围绕重要会议选题。

（12）围绕发展战略选题。

（13）围绕理论研究选题。

（14）围绕空白选题。

10.5.2 拟定分析提纲

为了达到分析的目的，在选定分析题目之后，需要拟定分析提纲。分析提纲是统计分析前的一种设想，包括分析目的和要求；从哪些方面分析；分析指标体系；分析所需的资料以及资料来源和资料取得的方式；分析所用的方法；分析结果的表达形式等。分析提纲的拟定，可以节省统计分析工作的时间，提高统计分析工作的质量，有利于统计分析工作有步骤地顺利进行。

其中最重要的一个环节是建立统计分析指标体系。建立统计分析指标体系应遵循五个原则：一是指标体系的设计要紧扣选题；二是要注意指标体系的全面性和系统性；三是要讲求简捷有效；四是要注意指标的敏感性；五是要注意指标的可行性。

例如，分析全市经济运行状况，选取 GDP、三次产业结构，投资、消费、出口、城乡居民收入、CPI 等指标构建指标体系。

10.5.3 收集加工资料

统计分析所需的材料主要是统计资料，是指用来提炼和表现主题的各种统计数据和相关的文字材料。事实胜于雄辩，巧妇难为无米之炊。资料是说明情况的依据，是形成和支撑观点的论据，是一篇文章的"血肉"。缺乏资料的统计分析，必然形如骷髅，没有生命力，不会给人好的印象，不能产生好的影响。因此，必须认真做好收集资料的工作。

统计分析报告的材料有多种分类，按材料的形式有以下分类：

1. 统计资料

统计资料是写作统计分析报告用得最多，也是最主要的材料，可分为以下几种：①定期报表资料，主要指当年的定期报表数字资料，也包括定期的原始记录资料；②一次性调查资料，指统计普查、抽样调查、重点调查和典型调查的数字资料；③统计整理资料，主要指历史统计资料和统计台账资料，仍是数字资料；④统计分析资料，指已经印发的各种统计分析素材及统计分析报告；⑤统计图表资料，指各种形式的统计图；⑥统计书刊，指统计部门编印的有统计资料内容的书刊，如《中国统计年鉴》《中国统计》《中国国情国力》《中国统计月报》等。

2. 调查资料

调查资料是在特定的统计调查中所取得的情况或资料，是指在统计报表以外的，尚未写成统计分析资料的情况，主要通过观察、访谈、发问卷、座谈等方法获得。

3. 业务材料

业务材料是反映社会经济有关业务活动情况的文字材料。这些材料大多来自各业务部门以及有关的业务会议，比如计划会议、财政会议、经济工作会议等。

4. 见闻材料

见闻材料是通过非统计调查的日常见闻所取得的活情况。有两种情况，一是指有文字记载的，如报刊发表的一些社会现象；二是指没有文字记载的，是作者耳闻目睹的某些社会现象（如在街上发生的一些突发事件等）。这些并非特意调查的见闻，有时也成为统计分析报告的材料。

5. 政策法规

政策法规是党和政府的有关方针、政策、法律、条例、规定、决定、决议等文件材料。

6. 有关言论

有关言论是革命导师、领袖、党政领导、古今中外的专家、学者的有关言论。它也是统计分析报告论事说理的重要材料。

7. 书籍材料

书籍材料是有关的教科书、论著、专著、资料书与参考性的工具书等，在书籍材料中，主要是理论材料。

8. 报刊材料

报刊材料是报纸、期刊发表的各类材料，包括内部的、不定期的报刊材料。

9. 横向材料

横向材料是指同类地区以及市际、省际、国际的材料。有了这种材料，在写作统计分析报告时就便于进行横向比较。

此外，还要掌握一些必要的文字材料，如诗歌、成语、典故、谚语等。这些文学材料若在写作中运用得好，必能增加统计分析报告的生动性与可读性。

在搜集资料的过程中，重在"多"上下功夫，提倡"博众"。但是一旦占有大量资料后，就要进行筛选。筛选的第一步是"鉴别"，就是把材料的真伪、主次、典型和一般等弄清楚、搞透彻；第二步是"取舍"，即在"鉴别"的基础上，围绕报告的主旨对资料进行取舍。搜集资料时，提倡"以十当一"，以"多"为佳；选择资料时，则应当"以一当十"，以"严"至上。

10.5.4 分析认识事物

在充分占有资料的基础上，在进行去粗取精、去伪存真、由表及里的分析研究后，对收集的资料进行认真的判断，提炼出鲜明的观点。提炼观点的过程的就是对占有的材料加工分析的过程，主要有两种方法：

（1）利用统计分析方法对统计资料进行深入分析，引出新观点；

（2）运用逻辑思维方法，分析研究事物的本质，"升华"认识。

10.5.5 构思内容形式

在动笔写作之前，必须对统计分析报告的内容与形式进行全面而缜密的构思。这是统计分析报告整个写作过程中非常重要的一环，不仅是孕育统计分析报告"胎儿"的过程，而且是深化和完善统计认识的过程。

构思首先要考虑的是确立文意（即文章的基本观点）。通过统计分析，作者对社会经济现象有了较深入的认识，但这些认识往往还不能直接成为文章的基本观点。构思文意就是要把对事物的认识经过精心选择，反复提炼，转化为统计分析报告的观点，使之成为统率全文的主脑。然后要考虑的是文章的内容，全文写些什么，大体内容有哪些，分为几大部分，各部分是什么关系,有些什么观点,需要哪些材料来说明等。对全文的内容进行构思后,还要对各部分进行构思,最后考虑报告的层次、段落、表现形式等问题。经过这一系列的构思,统计分析报告的构架就基本形成,于是就可以动笔进行具体的写作了。

一篇好的统计分析报告必须具有正确性、鲜明性和生动性。要做到观点明确、态度鲜明;简明扼要、中心突出;材料集中、数字精练;论据准确、判断推理合乎逻辑;观点和资料相统一、数字和情况相符合;有叙有议、结构严密,既要注意形式服从内容,又要注意表达效果。

思考与练习

一、思考题

1. 什么是统计分析报告?它有哪些特点?
2. 统计分析报告有什么作用?
3. 统计分析报告可以分为哪些种类?
4. 统计分析报告的结构由哪几个部分构成?
5. 选题时应遵循哪些原则?
6. 统计分析报告的说理方法有哪些?
7. 统计分析报告有哪几种类型?
8. 统计分析报告的写作一般要经过哪几个步骤?

二、单项选择题

1. (　　)是对研究过程进行表述的文章,是统计分析结果的最终形式。
   A. 统计数据分析　　　　　　　　B. 统计分析报告
   C. 动态分析方法　　　　　　　　D. 定性分析方法
2. (　　)是对文章基本思想的浓缩,在文章中占有重要的地位。
   A. 标题　　　　　　　　　　　　B. 导语
   C. 结尾　　　　　　　　　　　　D. 论点
3. 按照"现状—原因""现状—原因—结果""历史—现状—未来""简单—复杂"等整体结构的统计分析报告的结构是(　　)。
   A. 并列结构　　　　　　　　　　B. 序时结构
   C. 递进结构　　　　　　　　　　D. 以上三者都不是
4. 以下是统计分析报告的生命的是(　　)。
   A. 资料　　　　　　　　　　　　B. 整理
   C. 准确　　　　　　　　　　　　D. 选题
5. 以下不属于统计分析报告特点的是(　　)。
   A. 目的性　　　　　　　　　　　B. 时效性
   C. 实用性　　　　　　　　　　　D. 通俗性
6. 下面表明作者观点的标题是(　　)。
   A. 我市在全省经济发展中的战略地位
   B. 平价住房哪去了

C. 近20年我省农业发展状况
D. 调整产业结构是农村致富的必由之路

7. 以下不属于统计分析报告的是（　　）。
   A. 统计公报　　　　　　　　　　B. 进度统计分析报告
   C. 阶段统计分析报告　　　　　　D. 调查报告

8. 以下不属于统计分析报告的选题关键的是（　　）。
   A. 注意点　　　　　　　　　　　B. 关注点
   C. 矛盾点　　　　　　　　　　　D. 发生点

9. 以下不是统计分析报告的结构组成部分的是（　　）。
   A. 内容　　　　　　　　　　　　B. 导语
   C. 结尾　　　　　　　　　　　　D. 标题

10. 以下不是统计分析报告的结构形式的是（　　）。
    A. 并列式　　　　　　　　　　　B. 总分式
    C. 缩进式　　　　　　　　　　　D. 序时式

11. 统计分析报告按内容范围可分为综合统计分析报告和（　　）。
    A. 定期统计分析报告　　　　　　B. 不定期统计分析报告
    C. 专题统计分析报告　　　　　　D. 微观统计分析报告

12. 以下不属于统计分析报告的说理方法的是（　　）。
    A. 统计的方法　　　　　　　　　B. 逻辑的方法
    C. 概述的方法　　　　　　　　　D. 辩证的方法

三、多项选择题

1. 统计分析报告的特点有（　　）。
   A. 以统计数据为语言　　　　　　B. 以定性分析为主
   C. 具有简明的表达方式和结构　　D. 是对研究过程的高度概括

2. 统计分析报告的作用主要有（　　）。
   A. 是表现统计成果最理想的形式之一　　B. 是发挥统计整体功能的重要手段
   C. 有利于提高统计工作者的业务素质　　D. 是增进社会了解的窗口

3. 撰写统计分析报告的基本知识包括（　　）。
   A. 标题的拟定　　　　　　　　　B. 导语的撰写
   C. 报告的整体层次结构　　　　　D. 结尾的撰写

4. 常见的标题拟定方式有（　　）。
   A. 以分析目的为标题　　　　　　B. 以主要论点为标题
   C. 以主要结论为标题　　　　　　D. 以提问的方式为标题

5. 导语的形式主要有（　　）。
   A. 开门见山　　　　　　　　　　B. 造成悬念
   C. 交代动机　　　　　　　　　　D. 精练新颖

6. 统计分析报告中结尾的常见种类有（　　）。
   A. 总括全文　　　　　　　　　　B. 提出建议

C. 首尾呼应　　　　　　　　　　D. 篇末点题
7. 无论用什么形式的结尾要注意的方面有（　　）。
   A. 当止则止　　　　　　　　　B. 合情合理
   C. 首尾照应　　　　　　　　　D. 准确简洁
8. 数字运用中常见的问题有（　　）。
   A. 数字罗列过多，缺乏重点
   B. 作为论据的统计数字不能说明论点
   C. 数字运用含义不清或表述不当
   D. 数字运用不准
   E. 数字搬家
9. 统计分析报告的评价标准有（　　）。
   A. 针对性　　　B. 科学性　　　C. 逻辑性
   D. 创新性　　　E. 时效性
10. 撰写统计分析报告的程序有（　　）。
    A. 拟定分析提纲　　　　　　　B. 收集加工资料
    C. 选择分析课题　　　　　　　D. 构思内容形式
    E. 分析认识事物
11. 统计分析报告的类型包括（　　）。
    A. 统计公报　　　　　　　　　B. 综合统计分析报告
    C. 进度统计分析报告　　　　　D. 调查报告
    E. 专业统计分析报告
12. 统计分析报告的写作技巧有（　　）。
    A. 主题突出　　　B. 多个中心　　　C. 结构严谨
    D. 语言精练　　　E. 认真修改
13. 统计分析报告按写作的层次可分为（　　）。
    A. 宏观统计分析报告　　　　　B. 微观统计分析报告
    C. 专题统计分析报告　　　　　D. 中观统计分析报告
    E. 综合统计分析报告
14. 统计分析报告的常见结构有（　　）。
    A. 递进结构　　　　　　　　　B. 并列结构
    C. 总分结构　　　　　　　　　D. 缩进结构
    E. 序时结构

四、技能实训题

1. 试就熟悉的某一社会经济现象写一篇统计分析报告。
2. 表10-1为某厂2015年和2016年的主要经济指标数值和变动情况，试根据这些数据分析该厂2016年的经济效益状况，写出统计分析报告。

表 10-1　某厂 2015 年、2016 年的主要经济指标数值

指标名称	单位	2015 年	2016 年	变动百分比/%
工业总产值	万元	33 896	28 378	19.44
工业销售产值	万元	31 954	23 007	38.89
工业增加值	万元	6 569	4 927	33.33
平均资产合计	万元	25 582	23 280	9.89
流动资产年平均余额	万元	16 258	14 632	11.11
负债合计	万元	18 256	15 883	14.94
期初所有者权益	万元	5 156	4 897	5.29
期末所有者权益	万元	6 235	5 156	20.93
产品销售收入	万元	35 624	27 074	31.58
成本费用总额	万元	68 258	60 756	12.35
其中：利息支出	万元	500	425	17.65
职工平均人数	人	3 568	3 211	11.12
实现利税总额	万元	3 452	2 654	30.07
其中：利润总额	万元	2 996	2 214	35.32

3. 某日用机械厂 2013 年、2014 年各项主要经济指标及相应的国内同行业先进水平的指标资料见表 10-2。

表 10-2　某日用机械厂 2013 年、2014 年各项主要经济指标

指标	单位	该企业水平		同行业先进水平
		2013 年	2014 年	
成本利润率	%	12.95	18.65	19.42
资金利润率	%	10.72	12.19	20.66
人均利润	元/人	2 400	2 500	2 550
产品销售率	%	96.83	91.26	98.32
销售成本率	%	79.22	75.20	75.53
优质产品率	%	70.60	75.02	78.10
新产品产值率	%	3.43	21.57	34.04
流动资金周转次数	次	3.7	3.52	5.24
资产比率	%	1.90	1.81	2.11

续表

指标	单位	该企业水平		同行业先进水平
		2013 年	2014 年	
支付能力系数		0.82	0.97	1.12
全员劳动生产率	元/人	15 000	16 000	18 000
生产能力利用率	%	92.32	95.08	98.02
原材料利用率	%	85.17	90.20	93.39
万元产值综合能耗	标准煤；吨	8	6	7
资金产值率	%	110	115	115
利润增长率（比上年）	%	24.01	23.74	37.96
销售增长率（比上年）	%	11.41	11.03	27.55
净产值增长率（比上年）	%	6.11	5.27	7.02
品种更新换代率	%	5.15	6.27	6.24
主要产品产量计划完成率	%	99.95	99.80	100
上缴利润率	%	80.20	81.70	83.01

要求：根据表 10-2 的资料，对该企业生产经营状况进行综合评价。

附 录

附表 1 标准正态分布表

$$\Phi(x) = \int_{-\infty}^{x} \frac{1}{\sqrt{2\pi}} e^{-\frac{t^2}{2}} dt = P(X \leq x)$$

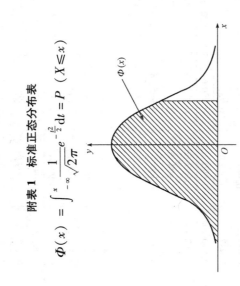

x	0.00	0.01	0.02	0.03	0.04	0.05	0.06	0.07	0.08	0.09
0.0	0.500 00	0.503 99	0.507 98	0.511 97	0.515 95	0.519 94	0.523 92	0.527 90	0.531 88	0.535 86
0.1	0.539 83	0.543 80	0.547 76	0.551 72	0.555 67	0.559 62	0.563 56	0.567 49	0.571 42	0.575 35
0.2	0.579 26	0.583 17	0.587 06	0.590 95	0.594 83	0.598 71	0.602 57	0.606 42	0.610 26	0.614 09
0.3	0.617 91	0.621 72	0.625 52	0.629 30	0.633 07	0.636 83	0.640 58	0.644 31	0.648 03	0.651 73
0.4	0.655 42	0.659 10	0.662 76	0.666 40	0.670 03	0.673 64	0.677 24	0.680 82	0.684 39	0.687 93
0.5	0.691 46	0.694 97	0.698 47	0.701 94	0.705 40	0.708 84	0.712 26	0.715 66	0.719 04	0.722 40
0.6	0.725 75	0.729 07	0.732 37	0.735 65	0.738 91	0.742 15	0.745 37	0.748 57	0.751 75	0.754 90
0.7	0.758 04	0.761 15	0.764 24	0.767 30	0.770 35	0.773 37	0.776 37	0.779 35	0.782 30	0.785 24
0.8	0.788 14	0.791 03	0.793 89	0.796 73	0.799 55	0.802 34	0.805 11	0.807 85	0.810 57	0.813 27
0.9	0.815 94	0.818 59	0.821 21	0.823 81	0.826 39	0.828 94	0.831 47	0.833 98	0.836 46	0.838 91
1.0	0.841 34	0.843 75	0.846 14	0.848 49	0.850 83	0.853 14	0.855 43	0.857 69	0.859 93	0.862 14

续表

x	0.00	0.01	0.02	0.03	0.04	0.05	0.06	0.07	0.08	0.09
1.1	0.864 33	0.866 50	0.868 64	0.870 76	0.872 86	0.874 93	0.876 98	0.879 00	0.881 00	0.882 98
1.2	0.884 93	0.886 86	0.888 77	0.890 65	0.892 51	0.894 35	0.896 17	0.897 96	0.899 73	0.901 47
1.3	0.903 20	0.904 90	0.906 58	0.908 24	0.909 88	0.911 49	0.913 09	0.914 66	0.916 21	0.917 74
1.4	0.919 24	0.920 73	0.922 20	0.923 64	0.925 07	0.926 47	0.927 85	0.929 22	0.930 56	0.931 89
1.5	0.933 19	0.934 48	0.935 74	0.936 99	0.938 22	0.939 43	0.940 62	0.941 79	0.942 95	0.944 08
1.6	0.945 20	0.946 30	0.947 38	0.948 45	0.949 50	0.950 53	0.951 54	0.952 54	0.953 52	0.954 49
1.7	0.955 43	0.956 37	0.957 28	0.958 18	0.959 07	0.959 94	0.960 80	0.961 64	0.962 46	0.963 27
1.8	0.964 07	0.964 85	0.965 62	0.966 38	0.967 12	0.967 84	0.968 56	0.969 26	0.969 95	0.970 62
1.9	0.971 28	0.971 93	0.972 57	0.973 20	0.973 81	0.974 41	0.975 00	0.975 58	0.976 15	0.976 70
2.0	0.977 25	0.977 78	0.978 31	0.978 82	0.979 32	0.979 82	0.980 30	0.980 77	0.981 24	0.981 69
2.1	0.982 14	0.982 57	0.983 00	0.983 41	0.983 82	0.984 22	0.984 61	0.985 00	0.985 37	0.985 74
2.2	0.986 10	0.986 45	0.986 79	0.987 13	0.987 45	0.987 78	0.988 09	0.988 40	0.988 70	0.988 99
2.3	0.989 28	0.989 56	0.989 83	0.990 10	0.990 36	0.990 61	0.990 86	0.991 11	0.991 34	0.991 58
2.4	0.991 80	0.992 02	0.992 24	0.992 45	0.992 66	0.992 86	0.993 05	0.993 24	0.993 43	0.993 61
2.5	0.993 79	0.993 96	0.994 13	0.994 30	0.994 46	0.994 61	0.994 77	0.994 92	0.995 06	0.995 20
2.6	0.995 34	0.995 47	0.995 60	0.995 73	0.995 85	0.995 98	0.996 09	0.996 21	0.996 32	0.996 43
2.7	0.996 53	0.996 64	0.996 74	0.996 83	0.996 93	0.997 02	0.997 11	0.997 20	0.997 28	0.997 36
2.8	0.997 44	0.997 52	0.997 60	0.997 67	0.997 74	0.997 81	0.997 88	0.997 95	0.998 01	0.998 07
2.9	0.998 13	0.998 19	0.998 25	0.998 31	0.998 36	0.998 41	0.998 46	0.998 51	0.998 56	0.998 61
3.0	0.998 65	0.998 69	0.998 74	0.998 78	0.998 82	0.998 86	0.998 89	0.998 93	0.998 96	0.999 00
3.1	0.999 03	0.999 06	0.999 10	0.999 13	0.999 16	0.999 18	0.999 21	0.999 24	0.999 26	0.999 29
3.2	0.999 31	0.999 34	0.999 36	0.999 38	0.999 40	0.999 42	0.999 44	0.999 46	0.999 48	0.999 50
3.3	0.999 52	0.999 53	0.999 55	0.999 57	0.999 58	0.999 60	0.999 61	0.999 62	0.999 64	0.999 65
3.4	0.999 66	0.999 68	0.999 69	0.999 70	0.999 71	0.999 72	0.999 73	0.999 74	0.999 75	0.999 76
3.5	0.999 77	0.999 78	0.999 78	0.999 79	0.999 80	0.999 81	0.999 81	0.999 82	0.999 83	0.999 83
3.6	0.999 84	0.999 85	0.999 85	0.999 86	0.999 86	0.999 87	0.999 87	0.999 88	0.999 88	0.999 89
3.7	0.999 89	0.999 90	0.999 90	0.999 90	0.999 91	0.999 91	0.999 92	0.999 92	0.999 92	0.999 92
3.8	0.999 93	0.999 93	0.999 93	0.999 94	0.999 94	0.999 94	0.999 94	0.999 95	0.999 95	0.999 95
3.9	0.999 95	0.999 95	0.999 96	0.999 96	0.999 96	0.999 96	0.999 96	0.999 96	0.999 97	0.999 97
4.0	0.999 97	0.999 97	0.999 97	0.999 97	0.999 97	0.999 97	0.999 98	0.999 98	0.999 98	0.999 98

附表 2　标准正态分布分位数表

如果有 $P(X \leq x) = \Phi(x) = p$

p	0.000	0.001	0.002	0.003	0.004	0.005	0.006	0.007	0.008	0.009
0.50	0.000 00	0.002 51	0.005 01	0.007 52	0.010 03	0.012 53	0.015 04	0.017 55	0.020 05	0.022 56
0.51	0.025 07	0.027 58	0.030 08	0.032 59	0.035 10	0.037 61	0.040 12	0.042 63	0.045 13	0.047 64
0.52	0.050 15	0.052 66	0.055 17	0.057 68	0.060 20	0.062 71	0.065 22	0.067 73	0.070 24	0.072 76
0.53	0.075 27	0.077 78	0.080 30	0.082 81	0.085 33	0.087 84	0.090 36	0.092 88	0.095 40	0.097 91
0.54	0.100 43	0.102 95	0.105 47	0.107 99	0.110 52	0.113 04	0.115 56	0.118 09	0.120 61	0.123 14
0.55	0.125 66	0.128 19	0.130 72	0.133 24	0.135 77	0.138 30	0.140 84	0.143 37	0.145 90	0.148 43
0.56	0.150 97	0.153 51	0.156 04	0.158 58	0.161 12	0.163 66	0.166 20	0.168 74	0.171 28	0.173 83
0.57	0.176 37	0.178 92	0.181 47	0.184 02	0.186 57	0.189 12	0.191 67	0.194 22	0.196 78	0.199 34
0.58	0.201 89	0.204 45	0.207 01	0.209 57	0.212 14	0.214 70	0.217 27	0.219 83	0.222 40	0.224 97
0.59	0.227 54	0.230 12	0.232 69	0.235 27	0.237 85	0.240 43	0.243 01	0.245 59	0.248 17	0.250 76
0.60	0.253 35	0.255 94	0.258 53	0.261 12	0.263 71	0.266 31	0.268 91	0.271 51	0.274 11	0.276 71
0.61	0.279 32	0.281 93	0.284 54	0.287 15	0.289 76	0.292 37	0.294 99	0.297 61	0.300 23	0.302 86
0.62	0.305 48	0.308 11	0.310 74	0.313 37	0.316 00	0.318 64	0.321 28	0.323 92	0.326 56	0.329 21
0.63	0.331 85	0.334 50	0.337 16	0.339 81	0.342 47	0.345 13	0.347 79	0.350 45	0.353 12	0.355 79
0.64	0.358 46	0.361 13	0.363 81	0.366 49	0.369 17	0.371 86	0.374 54	0.377 23	0.379 93	0.382 62
0.65	0.385 32	0.388 02	0.390 73	0.393 43	0.396 14	0.398 86	0.401 57	0.404 29	0.407 01	0.409 74
0.66	0.412 46	0.415 19	0.417 93	0.420 66	0.423 40	0.426 15	0.428 89	0.431 64	0.434 40	0.437 15
0.67	0.439 91	0.442 68	0.445 44	0.448 21	0.450 99	0.453 76	0.456 54	0.459 33	0.462 11	0.464 90
0.68	0.467 70	0.470 50	0.473 30	0.476 10	0.478 91	0.481 73	0.484 54	0.487 36	0.490 19	0.493 02
0.69	0.495 85	0.498 69	0.501 53	0.504 37	0.507 22	0.510 07	0.512 93	0.515 79	0.518 66	0.521 53
0.70	0.524 40	0.527 28	0.530 16	0.533 05	0.535 94	0.538 84	0.541 74	0.544 64	0.547 55	0.550 47
0.71	0.553 38	0.556 31	0.559 24	0.562 17	0.565 11	0.568 05	0.571 00	0.573 95	0.576 91	0.579 87
0.72	0.582 84	0.585 81	0.588 79	0.591 78	0.594 77	0.597 76	0.600 76	0.603 76	0.606 78	0.609 79
0.73	0.612 81	0.615 84	0.618 87	0.621 91	0.624 96	0.628 01	0.631 06	0.634 12	0.637 19	0.640 27
0.74	0.643 35	0.646 43	0.649 52	0.652 62	0.655 73	0.658 84	0.661 96	0.665 08	0.668 21	0.671 35

续表

p	0.000	0.001	0.002	0.003	0.004	0.005	0.006	0.007	0.008	0.009
0.75	0.674 49	0.677 64	0.680 80	0.683 96	0.687 13	0.690 31	0.693 49	0.696 68	0.699 88	0.703 09
0.76	0.706 30	0.709 52	0.712 75	0.715 99	0.719 23	0.722 48	0.725 74	0.729 00	0.732 28	0.735 56
0.77	0.738 85	0.742 14	0.745 45	0.748 76	0.752 08	0.755 42	0.758 75	0.762 10	0.765 46	0.768 82
0.78	0.772 19	0.775 57	0.778 97	0.782 37	0.785 77	0.789 19	0.792 62	0.796 06	0.799 50	0.802 96
0.79	0.806 42	0.809 90	0.813 38	0.816 87	0.820 38	0.823 89	0.827 42	0.830 95	0.834 50	0.838 05
0.80	0.841 62	0.845 20	0.848 79	0.852 39	0.856 00	0.859 62	0.863 25	0.866 89	0.870 55	0.874 22
0.81	0.877 90	0.881 59	0.885 29	0.889 01	0.892 73	0.896 47	0.900 23	0.903 99	0.907 77	0.911 56
0.82	0.915 37	0.919 18	0.923 01	0.926 86	0.930 72	0.934 59	0.938 48	0.942 38	0.946 29	0.950 22
0.83	0.954 17	0.958 12	0.962 10	0.966 09	0.970 09	0.974 11	0.978 15	0.982 20	0.986 27	0.990 36
0.84	0.994 46	0.998 58	1.002 71	1.006 86	1.011 03	1.015 22	1.019 43	1.023 65	1.027 89	1.032 15
0.85	1.036 43	1.040 73	1.045 05	1.049 39	1.053 74	1.058 12	1.062 52	1.066 94	1.071 38	1.075 84
0.86	1.080 32	1.084 82	1.089 35	1.093 90	1.098 47	1.103 06	1.107 68	1.112 32	1.116 99	1.121 68
0.87	1.126 39	1.131 13	1.135 90	1.140 69	1.145 51	1.150 35	1.155 22	1.160 12	1.165 05	1.170 00
0.88	1.174 99	1.180 00	1.185 04	1.190 12	1.195 22	1.200 36	1.205 53	1.210 73	1.215 96	1.221 23
0.89	1.226 53	1.231 86	1.237 23	1.242 64	1.248 08	1.253 57	1.259 08	1.264 64	1.270 24	1.275 87
0.90	1.281 55	1.287 27	1.293 03	1.298 84	1.304 69	1.310 58	1.316 52	1.322 51	1.328 54	1.334 62
0.91	1.340 76	1.346 94	1.353 17	1.359 46	1.365 81	1.372 20	1.378 66	1.385 17	1.391 74	1.398 38
0.92	1.405 07	1.411 83	1.418 65	1.425 54	1.432 50	1.439 53	1.446 63	1.453 81	1.461 06	1.468 38
0.93	1.475 79	1.483 28	1.490 85	1.498 51	1.506 26	1.514 10	1.522 04	1.530 07	1.538 20	1.546 43
0.94	1.554 77	1.563 22	1.571 79	1.580 47	1.589 27	1.598 19	1.607 25	1.616 44	1.625 76	1.635 23
0.95	1.644 85	1.654 63	1.664 56	1.674 66	1.684 94	1.695 40	1.706 04	1.716 89	1.727 93	1.739 20
0.96	1.750 69	1.762 41	1.774 38	1.786 61	1.799 12	1.811 91	1.825 01	1.838 42	1.852 18	1.866 30
0.97	1.880 79	1.895 70	1.911 04	1.926 84	1.943 13	1.959 96	1.977 37	1.995 39	2.014 09	2.033 52
0.98	2.053 75	2.074 85	2.096 93	2.120 07	2.144 41	2.170 09	2.197 29	2.226 21	2.257 13	2.290 37
0.99	2.326 35	2.365 62	2.408 92	2.457 26	2.512 14	2.575 83	2.652 07	2.747 78	2.878 16	3.090 23

附表3 t 分布表

$P\{t(n) > t_\alpha(n)\} = \alpha$

α\n	0.20	0.15	0.10	0.05	0.025	0.01	0.005
1	1.376	1.963	3.078	6.314	12.706	31.821	63.656
2	1.061	1.386	1.886	2.92	4.303	6.965	9.925
3	0.978	1.25	1.638	2.353	3.182	4.541	5.841
4	0.941	1.19	1.533	2.132	2.776	3.747	4.604
5	0.92	1.156	1.476	2.015	2.571	3.365	4.032
6	0.906	1.134	1.44	1.943	2.447	3.143	3.707
7	0.896	1.119	1.415	1.895	2.365	2.998	3.499
8	0.889	1.108	1.397	1.86	2.306	2.896	3.355
9	0.883	1.1	1.383	1.833	2.262	2.821	3.25
10	0.879	1.093	1.372	1.812	2.228	2.764	3.169
11	0.876	1.088	1.363	1.796	2.201	2.718	3.106
12	0.873	1.083	1.356	1.782	2.179	2.681	3.055
13	0.87	1.079	1.35	1.771	2.16	2.65	3.012
14	0.868	1.076	1.345	1.761	2.145	2.624	2.977
15	0.866	1.074	1.341	1.753	2.131	2.602	2.947
16	0.865	1.071	1.337	1.746	2.12	2.583	2.921
17	0.863	1.069	1.333	1.74	2.11	2.567	2.898
18	0.862	1.067	1.33	1.734	2.101	2.552	2.878

续表

n α	0.20	0.15	0.10	0.05	0.025	0.01	0.005
19	0.861	1.066	1.328	1.729	2.093	2.539	2.861
20	0.86	1.064	1.325	1.725	2.086	2.528	2.845
21	0.859	1.063	1.323	1.721	2.08	2.518	2.831
22	0.858	1.061	1.321	1.717	2.074	2.508	2.819
23	0.858	1.06	1.319	1.714	2.069	2.5	2.807
24	0.857	1.059	1.318	1.711	2.064	2.492	2.797
25	0.856	1.058	1.316	1.708	2.06	2.485	2.787
26	0.856	1.058	1.315	1.706	2.056	2.479	2.779
27	0.855	1.057	1.314	1.703	2.052	2.473	2.771
28	0.855	1.056	1.313	1.701	2.048	2.467	2.763
29	0.854	1.055	1.311	1.699	2.045	2.462	2.756
30	0.854	1.055	1.31	1.697	2.042	2.457	2.75
31	0.8535	1.0541	1.3095	1.6955	2.0395	2.453	2.7441
32	0.8531	1.0536	1.3086	1.6939	2.037	2.449	2.7385
33	0.8527	1.0531	1.3078	1.6924	2.0345	2.445	2.7333
34	0.8524	1.0526	1.307	1.6909	2.0323	2.441	2.7284
35	0.8521	1.0521	1.3062	1.6896	2.0301	2.438	2.7239
36	0.8518	1.0516	1.3055	1.6883	2.0281	2.434	2.7195
37	0.8515	1.0512	1.3049	1.6871	2.0262	2.431	2.7155
38	0.8512	1.0508	1.3042	1.686	2.0244	2.428	2.7116
39	0.851	1.0504	1.3037	1.6849	2.0227	2.426	2.7079
40	0.8507	1.0501	1.303	1.684	2.021	2.423	2.704
60	0.8477	1.0455	1.296	1.671	2.000	2.390	2.660
120	0.8446	1.0409	1.289	1.658	1.98	2.358	2.617
∞	0.8416	1.0364	1.282	1.645	1.96	2.326	2.576

附表 4 χ^2 分布上侧分位数表

$$P\{\chi^2(n) > \chi^2_\alpha(n)\} = \alpha$$

n \ α	0.995	0.99	0.975	0.95	0.90	0.75	0.50	0.25	0.10	0.05	0.025	0.01	0.005
1	0.000 04	0.000 16	0.001	0.004	0.016	0.102	0.455	1.323	2.706	3.841	5.024	6.635	7.879
2	0.010	0.020	0.051	0.103	0.211	0.575	1.386	2.773	4.605	5.991	7.378	9.210	10.597
3	0.072	0.115	0.216	0.352	0.584	1.213	2.366	4.108	6.251	7.815	9.348	11.345	12.838
4	0.207	0.297	0.484	0.711	1.064	1.923	3.357	5.385	7.779	9.488	11.143	13.277	14.860
5	0.412	0.554	0.831	1.145	1.610	2.675	4.351	6.626	9.236	11.070	12.833	15.086	16.750
6	0.676	0.872	1.237	1.635	2.204	3.455	5.348	7.841	10.645	12.592	14.449	16.812	18.548
7	0.989	1.239	1.690	2.167	2.833	4.255	6.346	9.037	12.017	14.067	16.013	18.475	20.278
8	1.344	1.646	2.180	2.733	3.490	5.071	7.344	10.219	13.362	15.507	17.535	20.090	21.955
9	1.735	2.088	2.700	3.325	4.168	5.899	8.343	11.389	14.684	16.919	19.023	21.666	23.589
10	2.156	2.558	3.247	3.940	4.865	6.737	9.342	12.549	15.987	18.307	20.483	23.209	25.188
11	2.603	3.053	3.816	4.575	5.578	7.584	10.341	13.701	17.275	19.675	21.920	24.725	26.757
12	3.074	3.571	4.404	5.226	6.304	8.438	11.340	14.845	18.549	21.026	23.337	26.217	28.300
13	3.565	4.107	5.009	5.892	7.042	9.299	12.340	15.984	19.812	22.362	24.736	27.688	29.819
14	4.075	4.660	5.629	6.571	7.790	10.165	13.339	17.117	21.064	23.685	26.119	29.141	31.319
15	4.601	5.229	6.262	7.261	8.547	11.037	14.339	18.245	22.307	24.996	27.488	30.578	32.801
16	5.142	5.812	6.908	7.962	9.312	11.912	15.338	19.369	23.542	26.296	28.845	32.000	34.267
17	5.697	6.408	7.564	8.672	10.085	12.792	16.338	20.489	24.769	27.587	30.191	33.409	35.718
18	6.265	7.015	8.231	9.390	10.865	13.675	17.338	21.605	25.989	28.869	31.526	34.805	37.156
19	6.844	7.633	8.907	10.117	11.651	14.562	18.338	22.718	27.204	30.144	32.852	36.191	38.582
20	7.434	8.260	9.591	10.851	12.443	15.452	19.337	23.828	28.412	31.410	34.170	37.566	39.997
21	8.034	8.897	10.283	11.591	13.240	16.344	20.337	24.935	29.615	32.671	35.479	38.932	41.401
22	8.643	9.542	10.982	12.338	14.041	17.240	21.337	26.039	30.813	33.924	36.781	40.289	42.796
23	9.260	10.196	11.689	13.091	14.848	18.137	22.337	27.141	32.007	35.172	38.076	41.638	44.181
24	9.886	10.856	12.401	13.848	15.659	19.037	23.337	28.241	33.196	36.415	39.364	42.980	45.559
25	10.520	11.524	13.120	14.611	16.473	19.939	24.337	29.339	34.382	37.652	40.646	44.314	46.928

续表

α\n	0.995	0.99	0.975	0.95	0.90	0.75	0.50	0.25	0.10	0.05	0.025	0.01	0.005
26	11.160	12.198	13.844	15.379	17.292	20.843	25.336	30.435	35.563	38.885	41.923	45.642	48.290
27	11.808	12.879	14.573	16.151	18.114	21.749	26.336	31.528	36.741	40.113	43.195	46.963	49.645
28	12.461	13.565	15.308	16.928	18.939	22.657	27.336	32.620	37.916	41.337	44.461	48.278	50.993
29	13.121	14.256	16.047	17.708	19.768	23.567	28.336	33.711	39.087	42.557	45.722	49.588	52.336
30	13.787	14.953	16.791	18.493	20.599	24.478	29.336	34.800	40.256	43.773	46.979	50.892	53.672
31	14.458	15.655	17.539	19.281	21.434	25.390	30.336	35.887	41.422	44.985	48.232	52.191	55.003
32	15.134	16.362	18.291	20.072	22.271	26.304	31.336	36.973	42.585	46.194	49.480	53.486	56.328
33	15.815	17.074	19.047	20.867	23.110	27.219	32.336	38.058	43.745	47.400	50.725	54.776	57.648
34	16.501	17.789	19.806	21.664	23.952	28.136	33.336	39.141	44.903	48.602	51.966	56.061	58.964
35	17.192	18.509	20.569	22.465	24.797	29.054	34.336	40.223	46.059	49.802	53.203	57.342	60.275
36	17.887	19.233	21.336	23.269	25.643	29.973	35.336	41.304	47.212	50.998	54.437	58.619	61.581
37	18.586	19.960	22.106	24.075	26.492	30.893	36.336	42.383	48.363	52.192	55.668	59.893	62.883
38	19.289	20.691	22.878	24.884	27.343	31.815	37.335	43.462	49.513	53.384	56.896	61.162	64.181
39	19.996	21.426	23.654	25.695	28.196	32.737	38.335	44.539	50.660	54.572	58.120	62.428	65.476
40	20.707	22.164	24.433	26.509	29.051	33.660	39.335	45.616	51.805	55.758	59.342	63.691	66.766
41	21.421	22.906	25.215	27.326	29.907	34.585	40.335	46.692	52.949	56.942	60.561	64.950	68.053
42	22.138	23.650	25.999	28.144	30.765	35.510	41.335	47.766	54.090	58.124	61.777	66.206	69.336
43	22.859	24.398	26.785	28.965	31.625	36.436	42.335	48.840	55.230	59.304	62.990	67.459	70.616
44	23.584	25.148	27.575	29.787	32.487	37.363	43.335	49.913	56.369	60.481	64.201	68.710	71.893
45	24.311	25.901	28.366	30.612	33.350	38.291	44.335	50.985	57.505	61.656	65.410	69.957	73.166
46	25.041	26.657	29.160	31.439	34.215	39.220	45.335	52.056	58.641	62.830	66.617	71.201	74.437
47	25.775	27.416	29.956	32.268	35.081	40.149	46.335	53.127	59.774	64.001	67.821	72.443	75.704
48	26.511	28.177	30.755	33.098	35.949	41.079	47.335	54.196	60.907	65.171	69.023	73.683	76.969
49	27.249	28.941	31.555	33.930	36.818	42.010	48.335	55.265	62.038	66.339	70.222	74.919	78.231
50	27.991	29.707	32.357	34.764	37.689	42.942	49.335	56.334	63.167	67.505	71.420	76.154	79.490

附表5 F 分布上侧分位数表

$$(P\{F(n_1, n_2) > F_\alpha(n_1, n_2)\} = \alpha)$$
$$\alpha = 0.10$$

n_2 \ n_1	1	2	3	4	5	6	7	8	9	10	12	15	20	24	30	40	60	120	∞
1	39.86	49.50	53.59	55.83	57.24	58.20	58.91	59.44	59.86	60.19	60.71	61.22	61.74	62.00	62.26	62.53	62.79	63.06	63.33
2	8.53	9.00	9.16	9.24	9.29	9.33	9.35	9.37	9.38	9.39	9.41	9.42	9.44	9.45	9.46	9.47	9.47	9.48	9.49
3	5.54	5.46	5.39	5.34	5.31	5.28	5.27	5.25	5.24	5.23	5.22	5.20	5.18	5.18	5.17	5.16	5.15	5.14	5.13
4	4.54	4.32	4.19	4.11	4.05	4.01	3.98	3.95	3.94	3.92	3.90	3.87	3.84	3.83	3.82	3.80	3.79	3.78	3.76
5	4.06	3.78	3.62	3.52	3.45	3.40	3.37	3.34	3.32	3.30	3.27	3.24	3.21	3.19	3.17	3.16	3.14	3.12	3.10
6	3.78	3.46	3.29	3.18	3.11	3.05	3.01	2.98	2.96	2.94	2.90	2.87	2.84	2.82	2.80	2.78	2.76	2.74	2.72
7	3.59	3.26	3.07	2.96	2.88	2.83	2.78	2.75	2.72	2.70	2.67	2.63	2.59	2.58	2.56	2.54	2.51	2.49	2.47
8	3.46	3.11	2.92	2.81	2.73	2.67	2.62	2.59	2.56	2.54	2.50	2.46	2.42	2.40	2.38	2.36	2.34	2.32	2.29
9	3.36	3.01	2.81	2.69	2.61	2.55	2.51	2.47	2.44	2.42	2.38	2.34	2.30	2.28	2.25	2.23	2.21	2.18	2.16
10	3.29	2.92	2.73	2.61	2.52	2.46	2.41	2.38	2.35	2.32	2.28	2.24	2.20	2.18	2.16	2.13	2.11	2.08	2.06
11	3.23	2.86	2.66	2.54	2.45	2.39	2.34	2.30	2.27	2.25	2.21	2.17	2.12	2.10	2.08	2.05	2.03	2.00	1.97
12	3.18	2.81	2.61	2.48	2.39	2.33	2.28	2.24	2.21	2.19	2.15	2.10	2.06	2.04	2.01	1.99	1.96	1.93	1.90
13	3.14	2.76	2.56	2.43	2.35	2.28	2.23	2.20	2.16	2.14	2.10	2.05	2.01	1.98	1.96	1.93	1.90	1.88	1.85
14	3.10	2.73	2.52	2.39	2.31	2.24	2.19	2.15	2.12	2.10	2.05	2.01	1.96	1.94	1.91	1.89	1.86	1.83	1.80
15	3.07	2.70	2.49	2.36	2.27	2.21	2.16	2.12	2.09	2.06	2.02	1.97	1.92	1.90	1.87	1.85	1.82	1.79	1.76
16	3.05	2.67	2.46	2.33	2.24	2.18	2.13	2.09	2.06	2.03	1.99	1.94	1.89	1.87	1.84	1.81	1.78	1.75	1.72
17	3.03	2.64	2.44	2.31	2.22	2.15	2.10	2.06	2.03	2.00	1.96	1.91	1.86	1.84	1.81	1.78	1.75	1.72	1.69
18	3.01	2.62	2.42	2.29	2.20	2.13	2.08	2.04	2.00	1.98	1.93	1.89	1.84	1.81	1.78	1.75	1.72	1.69	1.66
19	2.99	2.61	2.40	2.27	2.18	2.11	2.06	2.02	1.98	1.96	1.91	1.86	1.81	1.79	1.76	1.73	1.70	1.67	1.63
20	2.97	2.59	2.38	2.25	2.16	2.09	2.04	2.00	1.96	1.94	1.89	1.84	1.79	1.77	1.74	1.71	1.68	1.64	1.61
21	2.96	2.57	2.36	2.23	2.14	2.08	2.02	1.98	1.95	1.92	1.87	1.83	1.78	1.75	1.72	1.69	1.66	1.62	1.59
22	2.95	2.56	2.35	2.22	2.13	2.06	2.01	1.97	1.93	1.90	1.86	1.81	1.76	1.73	1.70	1.67	1.64	1.60	1.57
23	2.94	2.55	2.34	2.21	2.11	2.05	1.99	1.95	1.92	1.89	1.84	1.80	1.74	1.72	1.69	1.66	1.62	1.59	1.55
24	2.93	2.54	2.33	2.19	2.10	2.04	1.98	1.94	1.91	1.88	1.83	1.78	1.73	1.70	1.67	1.64	1.61	1.57	1.53
25	2.92	2.53	2.32	2.18	2.09	2.02	1.97	1.93	1.89	1.87	1.82	1.77	1.72	1.69	1.66	1.63	1.59	1.56	1.52
26	2.91	2.52	2.31	2.17	2.08	2.01	1.96	1.92	1.88	1.86	1.81	1.76	1.71	1.68	1.65	1.61	1.58	1.54	1.50
27	2.90	2.51	2.30	2.17	2.07	2.00	1.95	1.91	1.87	1.85	1.80	1.75	1.70	1.67	1.64	1.60	1.57	1.53	1.49
28	2.89	2.50	2.29	2.16	2.06	2.00	1.94	1.90	1.87	1.84	1.79	1.74	1.69	1.66	1.63	1.59	1.56	1.52	1.48
29	2.89	2.50	2.28	2.15	2.06	1.99	1.93	1.89	1.86	1.83	1.78	1.73	1.68	1.65	1.62	1.58	1.55	1.51	1.47
30	2.88	2.49	2.28	2.14	2.05	1.98	1.93	1.88	1.85	1.82	1.77	1.72	1.67	1.64	1.61	1.57	1.54	1.50	1.46
40	2.84	2.44	2.23	2.09	2.00	1.93	1.87	1.83	1.79	1.76	1.71	1.66	1.61	1.57	1.54	1.51	1.47	1.42	1.38
60	2.79	2.39	2.18	2.04	1.95	1.87	1.82	1.77	1.74	1.71	1.66	1.60	1.54	1.51	1.48	1.44	1.40	1.35	1.29
120	2.75	2.35	2.13	1.99	1.90	1.82	1.77	1.72	1.68	1.65	1.60	1.55	1.48	1.45	1.41	1.37	1.32	1.26	1.19
∞	2.71	2.30	2.08	1.94	1.85	1.77	1.72	1.67	1.63	1.60	1.55	1.49	1.42	1.38	1.34	1.30	1.24	1.17	1.00

$\alpha = 0.05$

n_2 \ n_1	1	2	3	4	5	6	7	8	9	10	12	15	20	24	30	40	60	120	∞
1	161.4	199.5	215.7	224.6	230.2	234.0	236.8	238.9	240.5	241.9	243.9	245.9	248.0	249.1	250.1	251.1	252.2	253.3	254.3
2	18.51	19.00	19.16	19.25	19.30	19.33	19.35	19.37	19.38	19.40	19.41	19.43	19.45	19.45	19.46	19.47	19.48	19.49	19.50
3	10.13	9.55	9.28	9.12	9.01	8.94	8.89	8.85	8.81	8.79	8.74	8.70	8.66	8.64	8.62	8.59	8.57	8.55	8.53
4	7.71	6.94	6.59	6.39	6.26	6.16	6.09	6.04	6.00	5.96	5.91	5.86	5.80	5.77	5.75	5.72	5.69	5.66	5.63
5	6.61	5.79	5.41	5.19	5.05	4.95	4.88	4.82	4.77	4.74	4.68	4.62	4.56	4.53	4.50	4.46	4.43	4.40	4.36
6	5.99	5.14	4.76	4.53	4.39	4.28	4.21	4.15	4.10	4.06	4.00	3.94	3.87	3.84	3.81	3.77	3.74	3.70	3.67
7	5.59	4.74	4.35	4.12	3.97	3.87	3.79	3.73	3.68	3.64	3.57	3.51	3.44	3.41	3.38	3.34	3.30	3.27	3.23
8	5.32	4.46	4.07	3.84	3.69	3.58	3.50	3.44	3.39	3.35	3.28	3.22	3.15	3.12	3.08	3.04	3.01	2.97	2.93
9	5.12	4.26	3.86	3.63	3.48	3.37	3.29	3.23	3.18	3.14	3.07	3.01	2.94	2.90	2.86	2.83	2.79	2.75	2.71
10	4.96	4.10	3.71	3.48	3.33	3.22	3.14	3.07	3.02	2.98	2.91	2.85	2.77	2.74	2.70	2.66	2.62	2.58	2.54
11	4.84	3.98	3.59	3.36	3.20	3.09	3.01	2.95	2.90	2.85	2.79	2.72	2.65	2.61	2.57	2.53	2.49	2.45	2.40
12	4.75	3.89	3.49	3.26	3.11	3.00	2.91	2.85	2.80	2.75	2.69	2.62	2.54	2.51	2.47	2.43	2.38	2.34	2.30
13	4.67	3.81	3.41	3.18	3.03	2.92	2.83	2.77	2.71	2.67	2.60	2.53	2.46	2.42	2.38	2.34	2.30	2.25	2.21
14	4.60	3.74	3.34	3.11	2.96	2.85	2.76	2.70	2.65	2.60	2.53	2.46	2.39	2.35	2.31	2.27	2.22	2.18	2.13
15	4.54	3.68	3.29	3.06	2.90	2.79	2.71	2.64	2.59	2.54	2.48	2.40	2.33	2.29	2.25	2.20	2.16	2.11	2.07
16	4.49	3.63	3.24	3.01	2.85	2.74	2.66	2.59	2.54	2.49	2.42	2.35	2.28	2.24	2.19	2.15	2.11	2.06	2.01
17	4.45	3.59	3.20	2.96	2.81	2.70	2.61	2.55	2.49	2.45	2.38	2.31	2.23	2.19	2.15	2.10	2.06	2.01	1.96
18	4.41	3.55	3.16	2.93	2.77	2.66	2.58	2.51	2.46	2.41	2.34	2.27	2.19	2.15	2.11	2.06	2.02	1.97	1.92
19	4.38	3.52	3.13	2.90	2.74	2.63	2.54	2.48	2.42	2.38	2.31	2.23	2.16	2.11	2.07	2.03	1.98	1.93	1.88
20	4.35	3.49	3.10	2.87	2.71	2.60	2.51	2.45	2.39	2.35	2.28	2.20	2.12	2.08	2.04	1.99	1.95	1.90	1.84
21	4.32	3.47	3.07	2.84	2.68	2.57	2.49	2.42	2.37	2.32	2.25	2.18	2.10	2.05	2.01	1.96	1.92	1.87	1.81
22	4.30	3.44	3.05	2.82	2.66	2.55	2.46	2.40	2.34	2.30	2.23	2.15	2.07	2.03	1.98	1.94	1.89	1.84	1.78
23	4.28	3.42	3.03	2.80	2.64	2.53	2.44	2.37	2.32	2.27	2.20	2.13	2.05	2.01	1.96	1.91	1.86	1.81	1.76
24	4.26	3.40	3.01	2.78	2.62	2.51	2.42	2.36	2.30	2.25	2.18	2.11	2.03	1.98	1.94	1.89	1.84	1.79	1.73
25	4.24	3.39	2.99	2.76	2.60	2.49	2.40	2.34	2.28	2.24	2.16	2.09	2.01	1.96	1.92	1.87	1.82	1.77	1.71
26	4.23	3.37	2.98	2.74	2.59	2.47	2.39	2.32	2.27	2.22	2.15	2.07	1.99	1.95	1.90	1.85	1.80	1.75	1.69
27	4.21	3.35	2.96	2.73	2.57	2.46	2.37	2.31	2.25	2.20	2.13	2.06	1.97	1.93	1.88	1.84	1.79	1.73	1.67
28	4.20	3.34	2.95	2.71	2.56	2.45	2.36	2.29	2.24	2.19	2.12	2.04	1.96	1.91	1.87	1.82	1.77	1.71	1.65
29	4.18	3.33	2.93	2.70	2.55	2.43	2.35	2.28	2.22	2.18	2.10	2.03	1.94	1.90	1.85	1.81	1.75	1.70	1.64
30	4.17	3.32	2.92	2.69	2.53	2.42	2.33	2.27	2.21	2.16	2.09	2.01	1.93	1.89	1.84	1.79	1.74	1.68	1.62
40	4.08	3.23	2.84	2.61	2.45	2.34	2.25	2.18	2.12	2.08	2.00	1.92	1.84	1.79	1.74	1.69	1.64	1.58	1.51
60	4.00	3.15	2.76	2.53	2.37	2.25	2.17	2.10	2.04	1.99	1.92	1.84	1.75	1.70	1.65	1.59	1.53	1.47	1.39
120	3.92	3.07	2.68	2.45	2.29	2.18	2.09	2.02	1.96	1.91	1.83	1.75	1.66	1.61	1.55	1.50	1.43	1.35	1.25
∞	3.84	3.00	2.60	2.37	2.21	2.10	2.01	1.94	1.88	1.83	1.75	1.67	1.57	1.52	1.46	1.39	1.32	1.22	1.00

$\alpha = 0.025$

n_2 \ n_1	1	2	3	4	5	6	7	8	9	10	12	15	20	24	30	40	60	120	∞
1	647.8	799.5	864.2	899.6	921.8	937.1	948.2	956.7	963.3	968.6	976.7	984.9	993.1	997.2	1001	1006	1010	1014	1018
2	38.51	39.00	39.17	39.25	39.30	39.33	39.36	39.37	39.39	39.40	39.41	39.43	39.45	39.46	39.46	39.47	39.48	39.49	39.50
3	17.44	16.04	15.44	15.10	14.88	14.73	14.62	14.54	14.47	14.42	14.34	14.25	14.17	14.12	14.08	14.04	13.99	13.95	13.90
4	12.22	10.65	9.98	9.60	9.36	9.20	9.07	8.98	8.90	8.84	8.75	8.66	8.56	8.51	8.46	8.41	8.36	8.31	8.26
5	10.01	8.43	7.76	7.39	7.15	6.98	6.85	6.76	6.68	6.62	6.52	6.43	6.33	6.28	6.23	6.18	6.12	6.07	6.02
6	8.81	7.26	6.60	6.23	5.99	5.82	5.70	5.60	5.52	5.46	5.37	5.27	5.17	5.12	5.07	5.01	4.96	4.90	4.85
7	8.07	6.54	5.89	5.52	5.29	5.12	4.99	4.90	4.82	4.76	4.67	4.57	4.47	4.41	4.36	4.31	4.25	4.20	4.14
8	7.57	6.06	5.42	5.05	4.82	4.65	4.53	4.43	4.36	4.30	4.20	4.10	4.00	3.95	3.89	3.84	3.78	3.73	3.67
9	7.21	5.71	5.08	4.72	4.48	4.32	4.20	4.10	4.03	3.96	3.87	3.77	3.67	3.61	3.56	3.51	3.45	3.39	3.33
10	6.94	5.46	4.83	4.47	4.24	4.07	3.95	3.85	3.78	3.72	3.62	3.52	3.42	3.37	3.31	3.26	3.20	3.14	3.08
11	6.72	5.26	4.63	4.28	4.04	3.88	3.76	3.66	3.59	3.53	3.43	3.33	3.23	3.17	3.12	3.06	3.00	2.94	2.88
12	6.55	5.10	4.47	4.12	3.89	3.73	3.61	3.51	3.44	3.37	3.28	3.18	3.07	3.02	2.96	2.91	2.85	2.79	2.72
13	6.41	4.97	4.35	4.00	3.77	3.60	3.48	3.39	3.31	3.25	3.15	3.05	2.95	2.89	2.84	2.78	2.72	2.66	2.60
14	6.30	4.86	4.24	3.89	3.66	3.50	3.38	3.29	3.21	3.15	3.05	2.95	2.84	2.79	2.73	2.67	2.61	2.55	2.49
15	6.20	4.77	4.15	3.80	3.58	3.41	3.29	3.20	3.12	3.06	2.96	2.86	2.76	2.70	2.64	2.59	2.52	2.46	2.40
16	6.12	4.69	4.08	3.73	3.50	3.34	3.22	3.12	3.05	2.99	2.89	2.79	2.68	2.63	2.57	2.51	2.45	2.38	2.32
17	6.04	4.62	4.01	3.66	3.44	3.28	3.16	3.06	2.98	2.92	2.82	2.72	2.62	2.56	2.50	2.44	2.38	2.32	2.25
18	5.98	4.56	3.95	3.61	3.38	3.22	3.10	3.01	2.93	2.87	2.77	2.67	2.56	2.50	2.44	2.38	2.32	2.26	2.19
19	5.92	4.51	3.90	3.56	3.33	3.17	3.05	2.96	2.88	2.82	2.72	2.62	2.51	2.45	2.39	2.33	2.27	2.20	2.13
20	5.87	4.46	3.86	3.51	3.29	3.13	3.01	2.91	2.84	2.77	2.68	2.57	2.46	2.41	2.35	2.29	2.22	2.16	2.09
21	5.83	4.42	3.82	3.48	3.25	3.09	2.97	2.87	2.80	2.73	2.64	2.53	2.42	2.37	2.31	2.25	2.18	2.11	2.04
22	5.79	4.38	3.78	3.44	3.22	3.05	2.93	2.84	2.76	2.70	2.60	2.50	2.39	2.33	2.27	2.21	2.14	2.08	2.00
23	5.75	4.35	3.75	3.41	3.18	3.02	2.90	2.81	2.73	2.67	2.57	2.47	2.36	2.30	2.24	2.18	2.11	2.04	1.97
24	5.72	4.32	3.72	3.38	3.15	2.99	2.87	2.78	2.70	2.64	2.54	2.44	2.33	2.27	2.21	2.15	2.08	2.01	1.94
25	5.69	4.29	3.69	3.35	3.13	2.97	2.85	2.75	2.68	2.61	2.51	2.41	2.30	2.24	2.18	2.12	2.05	1.98	1.91
26	5.66	4.27	3.67	3.33	3.10	2.94	2.82	2.73	2.65	2.59	2.49	2.39	2.28	2.22	2.16	2.09	2.03	1.95	1.88
27	5.63	4.24	3.65	3.31	3.08	2.92	2.80	2.71	2.63	2.57	2.47	2.36	2.25	2.19	2.13	2.07	2.00	1.93	1.85
28	5.61	4.22	3.63	3.29	3.06	2.90	2.78	2.69	2.61	2.55	2.45	2.34	2.23	2.17	2.11	2.05	1.98	1.91	1.83
29	5.59	4.20	3.61	3.27	3.04	2.88	2.76	2.67	2.59	2.53	2.43	2.32	2.21	2.15	2.09	2.03	1.96	1.89	1.81
30	5.57	4.18	3.59	3.25	3.03	2.87	2.75	2.65	2.57	2.51	2.41	2.31	2.20	2.14	2.07	2.01	1.94	1.87	1.79
40	5.42	4.05	3.46	3.13	2.90	2.74	2.62	2.53	2.45	2.39	2.29	2.18	2.07	2.01	1.94	1.88	1.80	1.72	1.64
60	5.29	3.93	3.34	3.01	2.79	2.63	2.51	2.41	2.33	2.27	2.17	2.06	1.94	1.88	1.82	1.74	1.67	1.58	1.48
120	5.15	3.80	3.23	2.89	2.67	2.52	2.39	2.30	2.22	2.16	2.05	1.94	1.82	1.76	1.69	1.61	1.53	1.43	1.31
∞	5.02	3.69	3.12	2.79	2.57	2.41	2.29	2.19	2.11	2.05	1.94	1.83	1.71	1.64	1.57	1.48	1.39	1.27	1.00

$\alpha = 0.01$

n_2 \ n_1	1	2	3	4	5	6	7	8	9	10	12	15	20	24	30	40	60	120	∞
1	4 052	4 999	5 403	5 625	5 764	5 859	5 928	5 981	6 022	6 056	6 106	6 157	6 209	6 235	6 261	6 287	6 313	6 339	6 366
2	98.50	99.00	99.17	99.25	99.30	99.33	99.36	99.37	99.39	99.40	99.42	99.43	99.45	99.46	99.47	99.47	99.48	99.49	99.50
3	34.12	30.82	29.46	28.71	28.24	27.91	27.67	27.49	27.35	27.23	27.05	26.87	26.69	26.60	26.50	26.41	26.32	26.22	26.13
4	21.20	18.00	16.69	15.98	15.52	15.21	14.98	14.80	14.66	14.55	14.37	14.20	14.02	13.93	13.84	13.75	13.65	13.56	13.46
5	16.26	13.27	12.06	11.39	10.97	10.67	10.46	10.29	10.16	10.05	9.89	9.72	9.55	9.47	9.38	9.29	9.20	9.11	9.02
6	13.75	10.92	9.78	9.15	8.75	8.47	8.26	8.10	7.98	7.87	7.72	7.56	7.40	7.31	7.23	7.14	7.06	6.97	6.88
7	12.25	9.55	8.45	7.85	7.46	7.19	6.99	6.84	6.72	6.62	6.47	6.31	6.16	6.07	5.99	5.91	5.82	5.74	5.65
8	11.26	8.65	7.59	7.01	6.63	6.37	6.18	6.03	5.91	5.81	5.67	5.52	5.36	5.28	5.20	5.12	5.03	4.95	4.86
9	10.56	8.02	6.99	6.42	6.06	5.80	5.61	5.47	5.35	5.26	5.11	4.96	4.81	4.73	4.65	4.57	4.48	4.40	4.31
10	10.04	7.56	6.55	5.99	5.64	5.39	5.20	5.06	4.94	4.85	4.71	4.56	4.41	4.33	4.25	4.17	4.08	4.00	3.91
11	9.65	7.21	6.22	5.67	5.32	5.07	4.89	4.74	4.63	4.54	4.40	4.25	4.10	4.02	3.94	3.86	3.78	3.69	3.60
12	9.33	6.93	5.95	5.41	5.06	4.82	4.64	4.50	4.39	4.30	4.16	4.01	3.86	3.78	3.70	3.62	3.54	3.45	3.36
13	9.07	6.70	5.74	5.21	4.86	4.62	4.44	4.30	4.19	4.10	3.96	3.82	3.66	3.59	3.51	3.43	3.34	3.25	3.17
14	8.86	6.51	5.56	5.04	4.69	4.46	4.28	4.14	4.03	3.94	3.80	3.66	3.51	3.43	3.35	3.27	3.18	3.09	3.00
15	8.68	6.36	5.42	4.89	4.56	4.32	4.14	4.00	3.89	3.80	3.67	3.52	3.37	3.29	3.21	3.13	3.05	2.96	2.87
16	8.53	6.23	5.29	4.77	4.44	4.20	4.03	3.89	3.78	3.69	3.55	3.41	3.26	3.18	3.10	3.02	2.93	2.84	2.75
17	8.40	6.11	5.18	4.67	4.34	4.10	3.93	3.79	3.68	3.59	3.46	3.31	3.16	3.08	3.00	2.92	2.83	2.75	2.65
18	8.29	6.01	5.09	4.58	4.25	4.01	3.84	3.71	3.60	3.51	3.37	3.23	3.08	3.00	2.92	2.84	2.75	2.66	2.57
19	8.18	5.93	5.01	4.50	4.17	3.94	3.77	3.63	3.52	3.43	3.30	3.15	3.00	2.92	2.84	2.76	2.67	2.58	2.49
20	8.10	5.85	4.94	4.43	4.10	3.87	3.70	3.56	3.46	3.37	3.23	3.09	2.94	2.86	2.78	2.69	2.61	2.52	2.42
21	8.02	5.78	4.87	4.37	4.04	3.81	3.64	3.51	3.40	3.31	3.17	3.03	2.88	2.80	2.72	2.64	2.55	2.46	2.36
22	7.95	5.72	4.82	4.31	3.99	3.76	3.59	3.45	3.35	3.26	3.12	2.98	2.83	2.75	2.67	2.58	2.50	2.40	2.31
23	7.88	5.66	4.76	4.26	3.94	3.71	3.54	3.41	3.30	3.21	3.07	2.93	2.78	2.70	2.62	2.54	2.45	2.35	2.26
24	7.82	5.61	4.72	4.22	3.90	3.67	3.50	3.36	3.26	3.17	3.03	2.89	2.74	2.66	2.58	2.49	2.40	2.31	2.21
25	7.77	5.57	4.68	4.18	3.85	3.63	3.46	3.32	3.22	3.13	2.99	2.85	2.70	2.62	2.54	2.45	2.36	2.27	2.17
26	7.72	5.53	4.64	4.14	3.82	3.59	3.42	3.29	3.18	3.09	2.96	2.81	2.66	2.58	2.50	2.42	2.33	2.23	2.13
27	7.68	5.49	4.60	4.11	3.78	3.56	3.39	3.26	3.15	3.06	2.93	2.78	2.63	2.55	2.47	2.38	2.29	2.20	2.10
28	7.64	5.45	4.57	4.07	3.75	3.53	3.36	3.23	3.12	3.03	2.90	2.75	2.60	2.52	2.44	2.35	2.26	2.17	2.06
29	7.60	5.42	4.54	4.04	3.73	3.50	3.33	3.20	3.09	3.00	2.87	2.73	2.57	2.49	2.41	2.33	2.23	2.14	2.03
30	7.56	5.39	4.51	4.02	3.70	3.47	3.30	3.17	3.07	2.98	2.84	2.70	2.55	2.47	2.39	2.30	2.21	2.11	2.01
40	7.31	5.18	4.31	3.83	3.51	3.29	3.12	2.99	2.89	2.80	2.66	2.52	2.37	2.29	2.20	2.11	2.02	1.92	1.80
60	7.08	4.98	4.13	3.65	3.34	3.12	2.95	2.82	2.72	2.63	2.50	2.35	2.20	2.12	2.03	1.94	1.84	1.73	1.60
120	6.85	4.79	3.95	3.48	3.17	2.96	2.79	2.66	2.56	2.47	2.34	2.19	2.03	1.95	1.86	1.76	1.66	1.53	1.38
∞	6.63	4.61	3.78	3.32	3.02	2.80	2.64	2.51	2.41	2.32	2.18	2.04	1.88	1.79	1.70	1.59	1.47	1.32	1.00

$\alpha = 0.005$

n_1 \ n_2	1	2	3	4	5	6	7	8	9	10	12	15	20	24	30	40	60	120	∞
1	16 211	20 000	21 615	22 500	23 056	23 437	23 715	23 925	24 091	24 224	24 426	24 630	24 836	24 940	25 044	25 148	25 253	25 359	25 463
2	198.5	199.0	199.2	199.2	199.3	199.3	199.4	199.4	199.4	199.4	199.4	199.4	199.4	199.5	199.5	199.5	199.5	199.5	199.5
3	55.55	49.80	47.47	46.19	45.39	44.84	44.43	44.13	43.88	43.69	43.39	43.08	42.78	42.62	42.47	42.31	42.15	41.99	41.83
4	31.33	26.28	24.26	23.15	22.46	21.97	21.62	21.35	21.14	20.97	20.70	20.44	20.17	20.03	19.89	19.75	19.61	19.47	19.32
5	22.78	18.31	16.53	15.56	14.94	14.51	14.20	13.96	13.77	13.62	13.38	13.15	12.90	12.78	12.66	12.53	12.40	12.27	12.14
6	18.63	14.54	12.92	12.03	11.46	11.07	10.79	10.57	10.39	10.25	10.03	9.81	9.59	9.47	9.36	9.24	9.12	9.00	8.88
7	16.24	12.40	10.88	10.05	9.52	9.16	8.89	8.68	8.51	8.38	8.18	7.97	7.75	7.64	7.53	7.42	7.31	7.19	7.08
8	14.69	11.04	9.60	8.81	8.30	7.95	7.69	7.50	7.34	7.21	7.01	6.81	6.61	6.50	6.40	6.29	6.18	6.06	5.95
9	13.61	10.11	8.72	7.96	7.47	7.13	6.88	6.69	6.54	6.42	6.23	6.03	5.83	5.73	5.62	5.52	5.41	5.30	5.19
10	12.83	9.43	8.08	7.34	6.87	6.54	6.30	6.12	5.97	5.85	5.66	5.47	5.27	5.17	5.07	4.97	4.86	4.75	4.64
11	12.23	8.91	7.60	6.88	6.42	6.10	5.86	5.68	5.54	5.42	5.24	5.05	4.86	4.76	4.65	4.55	4.45	4.34	4.23
12	11.75	8.51	7.23	6.52	6.07	5.76	5.52	5.35	5.20	5.09	4.91	4.72	4.53	4.43	4.33	4.23	4.12	4.01	3.90
13	11.37	8.19	6.93	6.23	5.79	5.48	5.25	5.08	4.94	4.82	4.64	4.46	4.27	4.17	4.07	3.97	3.87	3.76	3.65
14	11.06	7.92	6.68	6.00	5.56	5.26	5.03	4.86	4.72	4.60	4.43	4.25	4.06	3.96	3.86	3.76	3.66	3.55	3.44
15	10.80	7.70	6.48	5.80	5.37	5.07	4.85	4.67	4.54	4.42	4.25	4.07	3.88	3.79	3.69	3.58	3.48	3.37	3.26
16	10.58	7.51	6.30	5.64	5.21	4.91	4.69	4.52	4.38	4.27	4.10	3.92	3.73	3.64	3.54	3.44	3.33	3.22	3.11
17	10.38	7.35	6.16	5.50	5.07	4.78	4.56	4.39	4.25	4.14	3.97	3.79	3.61	3.51	3.41	3.31	3.21	3.10	2.98
18	10.22	7.21	6.03	5.37	4.96	4.66	4.44	4.28	4.14	4.03	3.86	3.68	3.50	3.40	3.30	3.20	3.10	2.99	2.87
19	10.07	7.09	5.92	5.27	4.85	4.56	4.34	4.18	4.04	3.93	3.76	3.59	3.40	3.31	3.21	3.11	3.00	2.89	2.78
20	9.94	6.99	5.82	5.17	4.76	4.47	4.26	4.09	3.96	3.85	3.68	3.50	3.32	3.22	3.12	3.02	2.92	2.81	2.69
21	9.83	6.89	5.73	5.09	4.68	4.39	4.18	4.01	3.88	3.77	3.60	3.43	3.24	3.15	3.05	2.95	2.84	2.73	2.61
22	9.73	6.81	5.65	5.02	4.61	4.32	4.11	3.94	3.81	3.70	3.54	3.36	3.18	3.08	2.98	2.88	2.77	2.66	2.55
23	9.63	6.73	5.58	4.95	4.54	4.26	4.05	3.88	3.75	3.64	3.47	3.30	3.12	3.02	2.92	2.82	2.71	2.60	2.48
24	9.55	6.66	5.52	4.89	4.49	4.20	3.99	3.83	3.69	3.59	3.42	3.25	3.06	2.97	2.87	2.77	2.66	2.55	2.43
25	9.48	6.60	5.46	4.84	4.43	4.15	3.94	3.78	3.64	3.54	3.37	3.20	3.01	2.92	2.82	2.72	2.61	2.50	2.38
26	9.41	6.54	5.41	4.79	4.38	4.10	3.89	3.73	3.60	3.49	3.33	3.15	2.97	2.87	2.77	2.67	2.56	2.45	2.33
27	9.34	6.49	5.36	4.74	4.34	4.06	3.85	3.69	3.56	3.45	3.28	3.11	2.93	2.83	2.73	2.63	2.52	2.41	2.29
28	9.28	6.44	5.32	4.70	4.30	4.02	3.81	3.65	3.52	3.41	3.25	3.07	2.89	2.79	2.69	2.59	2.48	2.37	2.25
29	9.23	6.40	5.28	4.66	4.26	3.98	3.77	3.61	3.48	3.38	3.21	3.04	2.86	2.76	2.66	2.56	2.45	2.33	2.21
30	9.18	6.35	5.24	4.62	4.23	3.95	3.74	3.58	3.45	3.34	3.18	3.01	2.82	2.73	2.63	2.52	2.42	2.30	2.18
40	8.83	6.07	4.98	4.37	3.99	3.71	3.51	3.35	3.22	3.12	2.95	2.78	2.60	2.50	2.40	2.30	2.18	2.06	1.93
60	8.49	5.79	4.73	4.14	3.76	3.49	3.29	3.13	3.01	2.90	2.74	2.57	2.39	2.29	2.19	2.08	1.96	1.83	1.69
120	8.18	5.54	4.50	3.92	3.55	3.28	3.09	2.93	2.81	2.71	2.54	2.37	2.19	2.09	1.98	1.87	1.75	1.61	1.43
∞	7.88	5.30	4.28	3.72	3.35	3.09	2.90	2.74	2.62	2.52	2.36	2.19	2.00	1.90	1.79	1.67	1.53	1.36	1.00

$\alpha = 0.001$

n_1 n_2	1	2	3	4	5	6	7	8	9	10	12	15	20	24	30	40	60	120	∞
1	405 284	500 000	540 379	562 500	576 405	585 937	592 873	598 144	602 284	605 621	610 668	615 764	620 908	623 497	626 099	628 712	631 337	633 972	636 588
2	998.5	999.0	999.2	999.2	999.3	999.3	999.4	999.4	999.4	999.4	999.4	999.4	999.4	999.5	999.5	999.5	999.5	999.5	999.5
3	167.0	148.5	141.1	137.1	134.6	132.8	131.6	130.6	129.9	129.2	128.3	127.4	126.4	125.9	125.4	125.0	124.5	124.0	123.5
4	74.14	61.25	56.18	53.44	51.71	50.53	49.66	49.00	48.47	48.05	47.41	46.76	46.10	45.77	45.43	45.09	44.75	44.40	44.05
5	47.18	37.12	33.20	31.09	29.75	28.83	28.16	27.65	27.24	26.92	26.42	25.91	25.39	25.13	24.87	24.60	24.33	24.06	23.79
6	35.51	27.00	23.70	21.92	20.80	20.03	19.46	19.03	18.69	18.41	17.99	17.56	17.12	16.90	16.67	16.44	16.21	15.98	15.75
7	29.25	21.69	18.77	17.20	16.21	15.52	15.02	14.63	14.33	14.08	13.71	13.32	12.93	12.73	12.53	12.33	12.12	11.91	11.70
8	25.41	18.49	15.83	14.39	13.48	12.86	12.40	12.05	11.77	11.54	11.19	10.84	10.48	10.30	10.11	9.92	9.73	9.53	9.33
9	22.86	16.39	13.90	12.56	11.71	11.13	10.70	10.37	10.11	9.89	9.57	9.24	8.90	8.72	8.55	8.37	8.19	8.00	7.81
10	21.04	14.91	12.55	11.28	10.48	9.93	9.52	9.20	8.96	8.75	8.45	8.13	7.80	7.64	7.47	7.30	7.12	6.94	6.76
11	19.69	13.81	11.56	10.35	9.58	9.05	8.66	8.35	8.12	7.92	7.63	7.32	7.01	6.85	6.68	6.52	6.35	6.18	6.00
12	18.64	12.97	10.80	9.63	8.89	8.38	8.00	7.71	7.48	7.29	7.00	6.71	6.40	6.25	6.09	5.93	5.76	5.59	5.42
13	17.82	12.31	10.21	9.07	8.35	7.86	7.49	7.21	6.98	6.80	6.52	6.23	5.93	5.78	5.63	5.47	5.30	5.14	4.97
14	17.14	11.78	9.73	8.62	7.92	7.44	7.08	6.80	6.58	6.40	6.13	5.85	5.56	5.41	5.25	5.10	4.94	4.77	4.60
15	16.59	11.34	9.34	8.25	7.57	7.09	6.74	6.47	6.26	6.08	5.81	5.54	5.25	5.10	4.95	4.80	4.64	4.47	4.31
16	16.12	10.97	9.01	7.94	7.27	6.80	6.46	6.19	5.98	5.81	5.55	5.27	4.99	4.85	4.70	4.54	4.39	4.23	4.06
17	15.72	10.66	8.73	7.68	7.02	6.56	6.22	5.96	5.75	5.58	5.32	5.05	4.78	4.63	4.48	4.33	4.18	4.02	3.85
18	15.38	10.39	8.49	7.46	6.81	6.35	6.02	5.76	5.56	5.39	5.13	4.87	4.59	4.45	4.30	4.15	4.00	3.84	3.67
19	15.08	10.16	8.28	7.27	6.62	6.18	5.85	5.59	5.39	5.22	4.97	4.70	4.43	4.29	4.14	3.99	3.84	3.68	3.51
20	14.82	9.95	8.10	7.10	6.46	6.02	5.69	5.44	5.24	5.08	4.82	4.56	4.29	4.15	4.00	3.86	3.70	3.54	3.38
21	14.59	9.77	7.94	6.95	6.32	5.88	5.56	5.31	5.11	4.95	4.70	4.44	4.17	4.03	3.88	3.74	3.58	3.42	3.26
22	14.38	9.61	7.80	6.81	6.19	5.76	5.44	5.19	4.99	4.83	4.58	4.33	4.06	3.92	3.78	3.63	3.48	3.32	3.15
23	14.20	9.47	7.67	6.70	6.08	5.65	5.33	5.09	4.89	4.73	4.48	4.23	3.96	3.82	3.68	3.53	3.38	3.22	3.05
24	14.03	9.34	7.55	6.59	5.98	5.55	5.23	4.99	4.80	4.64	4.39	4.14	3.87	3.74	3.59	3.45	3.29	3.14	2.97
25	13.88	9.22	7.45	6.49	5.89	5.46	5.15	4.91	4.71	4.56	4.31	4.06	3.79	3.66	3.52	3.37	3.22	3.06	2.89
26	13.74	9.12	7.36	6.41	5.80	5.38	5.07	4.83	4.64	4.48	4.24	3.99	3.72	3.59	3.44	3.30	3.15	2.99	2.82
27	13.61	9.02	7.27	6.33	5.73	5.31	5.00	4.76	4.57	4.41	4.17	3.92	3.66	3.52	3.38	3.23	3.08	2.92	2.75
28	13.50	8.93	7.19	6.25	5.66	5.24	4.93	4.69	4.50	4.35	4.11	3.86	3.60	3.46	3.32	3.18	3.02	2.86	2.69
29	13.39	8.85	7.12	6.19	5.59	5.18	4.87	4.64	4.45	4.29	4.05	3.80	3.54	3.41	3.27	3.12	2.97	2.81	2.64
30	13.29	8.77	7.05	6.12	5.53	5.12	4.82	4.58	4.39	4.24	4.00	3.75	3.49	3.36	3.22	3.07	2.92	2.76	2.59
40	12.61	8.25	6.59	5.70	5.13	4.73	4.44	4.21	4.02	3.87	3.64	3.40	3.14	3.01	2.87	2.73	2.57	2.41	2.23
60	11.97	7.77	6.17	5.31	4.76	4.37	4.09	3.86	3.69	3.54	3.32	3.08	2.83	2.69	2.55	2.41	2.25	2.08	1.89
120	11.38	7.32	5.79	4.95	4.42	4.04	3.77	3.55	3.38	3.24	3.02	2.78	2.53	2.40	2.26	2.11	1.95	1.77	1.54
∞	10.83	6.91	5.42	4.62	4.10	3.74	3.47	3.27	3.10	2.96	2.74	2.51	2.27	2.13	1.99	1.84	1.66	1.45	1.00

参 考 答 案

(为发散学生思维,本部分仅提供客观题答案)

第1章

一、单项选择题

1-5　CCBDC

二、多项选择题

1. ACDE　　2. ABCD　　3. BC　　4. BC

5. ABCD　　6. BCD　　7. ACE

第2章

单项选择题

1-5　DBAAA　　6-10　BCBAB

11-15　CDBBC　　16-20　ACDBB

第3章

单项选择题

1-5　BDDCD　　6-10　BBBDC

11-15　CBBDB　　16-20　DCCCA

第4章

单项选择题

1-5　ABBAB　　6-10　BAACA

11-15　BADAD　　16-18　DDB

第5章

单项选择题

1-5　CDDCB　　6-10　DBABC

11-15　BBAAB　　16-20　CABCD

第6章

一、判断题

1-5　√×√×√　　6-10　×√××√

二、单项选择题

1-5　ABBAD　　6-10　CABCC

11-15　BDCAA　　16-20　CACDA

21-25　BACAA　　26-29　BDBB

三、多项选择题

1. AB　　2. BE　　3. ACDE

4. ACE　　5. BD

第7章

单项选择题

1-5　BBCBA　　6-10　CCAAA

11-15　CDDBB　　16-20　BAABC

21-25　BABBA

第8章

单项选择题

1-5　BBACC　　6-10　DDBDB

11-15　ACDCA　　16-20　BDBBA

第9章

一、单项选择题

1-5　BBADB　　6-10　DAACB

11-15　DCDDA　　16-20　ADBAA

二、多项选择题

1. AE　　2. CE　　3. ABDE

4. ACDE　　5. AE　　6. AB

7. BD　　8. ABC　　9. BCDE

第10章

一、单项选择题

1-5　BACCD　6-10　DCBAC　11-12　CC

二、多项选择题

1. ACD　　2. ABCD　　3. ABCD

4. ABCD　　5. ABC　　6. ABCD

7. ABCD　　8. ABCDE　　9. ABCDE

10. ABCDE　　11. ABCD　　12. ACDE

13. ABD　　14. ABE

参 考 文 献

[1] 曾五一. 统计学概论 [M]. 2版. 北京：首都经济贸易大学出版社, 2003.
[2] 管于华. 统计学 [M]. 3版. 北京：高等教育出版社, 2013.
[3] 贾俊平, 何晓群, 金勇进. 统计学 [M]. 6版. 北京：中国人民大学出版社, 2015.
[4] 刘太平. 统计学原理 [M]. 北京：北京理工大学出版社, 2014.
[5] 陶立新. 应用统计学 [M]. 北京：北京交通大学出版社, 2012.
[6] 梁前德, 陈元江. 统计学 [M]. 2版. 北京：高等教育出版社, 2008.
[7] 黄良文. 统计学原理 [M]. 北京：中国统计出版社, 2000.
[8] 岂爱妮, 史翠云. 统计学基础 [M]. 2版. 北京：电子工业出版社, 2014.
[9] 刘美荣. 新编统计学 [M]. 长沙：湖南师范大学出版社, 2012.
[10] 李金昌, 苏为华. 统计学 [M]. 北京：机械工业出版社, 2007.
[11] 向蓉美, 王青华, 马丹. 统计学 [M]. 北京：机械工业出版社, 2013.
[12] 贾俊平. 统计学 [M]. 2版. 北京：清华大学出版社, 2006.
[13] 袁卫, 庞皓, 曾五一, 等. 统计学 [M]. 2版. 北京：高等教育出版社, 2005.
[14] 袁卫, 庞皓, 曾五一, 等. 统计学习题与案例 [M]. 2版. 北京：高等教育出版社, 2006.
[15] 杨孝安. 统计学原理 [M]. 北京：北京理工大学出版社, 2012.
[16] 张松山. 统计学 [M]. 北京：科学出版社, 2015.